税务管理｜税务稽查｜税务风险管控｜典型案例

企业税务风险防控

翟继光 郭宇泰 ◎ 主编

中华工商联合出版社

图书在版编目（CIP）数据

企业税务风险防控一本通 / 翟继光，郭宇泰主编.
北京：中华工商联合出版社，2024. 11. -- ISBN 978-7
-5158-4149-6

Ⅰ. F810.423

中国国家版本馆CIP数据核字第2024FE0760号

企业税务风险防控一本通

主　　编：	翟继光　郭宇泰
出 品 人：	刘　刚
责任编辑：	李红霞　孟　丹
装帧设计：	首山品牌设计
责任审读：	付德华
责任印制：	陈德松
出版发行：	中华工商联合出版社有限责任公司
印　　刷：	三河市中晟雅豪印务有限公司
版　　次：	2025年1月第1版
印　　次：	2025年1月第1次印刷
开　　本：	710mm×1000mm　1/16
字　　数：	346千字
印　　张：	18.75
书　　号：	ISBN 978-7-5158-4149-6
定　　价：	69.80元

服务热线：010—58301130—0（前台）
销售热线：010—58302977（网店部）
　　　　　010—58302166（门店部）
　　　　　010—58302837（馆配部、新媒体部）
　　　　　010—58302813（团购部）
地址邮编：北京市西城区西环广场A座
　　　　　19—20层，100044
http：//www.chgslcbs.cn
投稿热线：010—58302907（总编室）
投稿邮箱：1621239583@qq.com

工商联版图书
版权所有　侵权必究

凡本社图书出现印装质量问题，请与印务部联系。
联系电话：010—58302915

前言
PREFACE

随着金税四期的全面上线,纳税人偷逃税款等违法行为被税务机关查处的风险越来越高,为帮助广大纳税人和税务人员了解税务风险,特别是了解税务风险的构成要件,以便防范和化解税务风险,我们组织专家编写了《企业税务风险防控一本通》一书。

本书分为十章。第一章为税务管理领域风险,包括税务登记风险、账簿凭证管理风险以及纳税申报风险。第二章为税款征收领域风险,包括违法征税风险、税收保全风险、强制执行与追缴税款风险以及纳税担保风险。第三章为税务稽查与检查领域风险,包括拒绝检查风险、拒绝调查取证风险以及税务人员不依法稽查风险。第四章为增值税缴纳风险,包括隐瞒增值税收入风险、虚开增值税发票风险、骗取留抵退税风险、骗取出口退税风险以及增值税优惠政策风险。第五章为消费税缴纳风险,包括消费税偷税风险以及消费税优惠政策风险。第六章为企业所得税缴纳风险,包括企业所得税偷税风险、企业所得税税前扣除风险以及企业所得税优惠政策风险。第七章为个人所得税缴纳风险,包括个人所得税偷税风险、个人所得税优惠政策风险以及个人所得税汇算清缴风险。第八章为财产税缴纳风险,包括房产税缴纳风险、契税缴纳风险、土地增值税缴纳风险以及城镇土地使用税缴纳风险。第九章为行为税缴纳风险,包括印花税缴纳风险以及环境保护税缴纳风险。第十章为涉税犯罪风险,包括税款类犯罪风险、发票类犯罪风险以及税务人员犯罪风险。

本书具有以下三大特点:第一,风险介绍全面,本书全面介绍了纳税人和税务人员在税收征管整个领域涉嫌违法犯罪的风险；第二，管控阐述详细，本书详细阐述了每一种涉税违法犯罪行为的构成要件，只要纳税人和税务人员不构成这些要件，就不会构成涉税违法犯罪行为；第三，案例真实权威，本书使用的案例均为真实发生的，其中大部分引用了法院的判决书，具有很高的权威性，参考价值非常高。

本书适宜作为广大纳税人和财务、会计专业人士防范税务风险的指导手册，也适宜作为各级税务机关和广大税务人员研究涉税违法犯罪行为的参考书。

本书由中国政法大学翟继光教授和贵州耀阳律师事务所郭宇泰主任担任主编，由欧云塔娜（新疆维吾尔自治区政府办公厅）、杨巍（北京市两高律师事务所）、徐占全（苏州雅睿生物技术股份有限公司）担任副主编。由于时间紧、涉及的法律法规烦琐，本书难免会有疏漏，恳请广大读者批评指正。

作者

2024年11月1日

目录
CONTENTS

第一章　税务管理领域风险 …………………………………………… 001

　　第一节　税务登记风险 ………………………………………… 001

　　第二节　账簿凭证管理风险 …………………………………… 008

　　第三节　纳税申报风险 ………………………………………… 027

第二章　税款征收领域风险 …………………………………………… 034

　　第一节　违法征税风险 ………………………………………… 034

　　第二节　税收保全风险 ………………………………………… 044

　　第三节　强制执行与追缴税款风险 …………………………… 052

　　第四节　纳税担保风险 ………………………………………… 060

第三章　税务稽查与检查领域风险 …………………………………… 068

　　第一节　拒绝检查风险 ………………………………………… 068

　　第二节　拒绝调查取证风险 …………………………………… 071

　　第三节　税务人员不依法稽查风险 …………………………… 076

第四章　增值税缴纳风险 ……………………………………………… 093

　　第一节　隐瞒增值税收入风险 ………………………………… 093

　　第二节　虚开增值税发票风险 ………………………………… 097

　　第三节　骗取留抵退税风险 …………………………………… 110

第四节　骗取出口退税风险 ……………………………………… 116
第五节　增值税优惠政策风险 …………………………………… 122

第五章　消费税缴纳风险 …………………………………………… 131
第一节　消费税偷税风险 ………………………………………… 131
第二节　消费税优惠政策风险 …………………………………… 136

第六章　企业所得税缴纳风险 ……………………………………… 142
第一节　企业所得税偷税风险 …………………………………… 142
第二节　企业所得税税前扣除风险 ……………………………… 152
第三节　企业所得税优惠政策风险 ……………………………… 167

第七章　个人所得税缴纳风险 ……………………………………… 174
第一节　个人所得税偷税风险 …………………………………… 174
第二节　个人所得税优惠政策风险 ……………………………… 182
第三节　个人所得税汇算清缴风险 ……………………………… 188

第八章　财产税缴纳风险 …………………………………………… 201
第一节　房产税缴纳风险 ………………………………………… 201
第二节　契税缴纳风险 …………………………………………… 203
第三节　土地增值税缴纳风险 …………………………………… 213
第四节　城镇土地使用税缴纳风险 ……………………………… 236

第九章　行为税缴纳风险 …………………………………………… 242
第一节　印花税缴纳风险 ………………………………………… 242
第二节　环境保护税缴纳风险 …………………………………… 246

第十章　涉税犯罪风险 ……………………………………………… 250
第一节　税款类犯罪风险 ………………………………………… 250
第二节　发票类犯罪风险 ………………………………………… 256
第三节　税务人员犯罪风险 ……………………………………… 282

第一章 税务管理领域风险

第一节 税务登记风险

一、未依法办理税务登记

（一）违法主体

企业，企业在外地设立的分支机构和从事生产、经营的场所，个体工商户和从事生产、经营的事业单位等依法应当办理税务登记的主体。

（二）构成要件

1. 企业，企业在外地设立的分支机构和从事生产、经营的场所，个体工商户和从事生产、经营的事业单位（以下统称从事生产、经营的纳税人），向生产、经营所在地税务机关申报办理税务登记：

（1）从事生产、经营的纳税人领取工商营业执照的，应当自领取工商营业执照之日起30日内申报办理税务登记，税务机关发放税务登记证及副本。

（2）从事生产、经营的纳税人未办理工商营业执照但经有关部门批准设立的，应当自有关部门批准设立之日起30日内申报办理税务登记，税务机关发放税务登记证及副本。

（3）从事生产、经营的纳税人未办理工商营业执照也未经有关部门批准设立的，应当自纳税义务发生之日起30日内申报办理税务登记，税务机关发放临时税务登记证及副本。

（4）有独立的生产经营权、在财务上独立核算并定期向发包人或者出租人上交承包费或租金的承包承租人，应当自承包承租合同签订之日起30日内，向其承包承租业务发生地税务机关申报办理税务登记,税务机关发放临时税务登记证及副本。

(5)境外企业在中国境内承包建筑、安装、装配、勘探工程和提供劳务的,应当自项目合同或协议签订之日起30日内,向项目所在地税务机关申报办理税务登记,税务机关发放临时税务登记证及副本。

2.上述规定以外的其他纳税人,除国家机关、个人和无固定生产、经营场所的流动性农村小商贩外,均应当自纳税义务发生之日起30日内,向纳税义务发生地税务机关申报办理税务登记,税务机关发放税务登记证及副本。

3.税务机关对纳税人税务登记地点发生争议的,由其共同的上级税务机关指定管辖。

4.纳税人在申报办理税务登记时,应当根据不同情况向税务机关如实提供以下证件和资料:

(1)工商营业执照或其他核准执业证件;

(2)有关合同、章程、协议书;

(3)组织机构统一代码证书;

(4)法定代表人或负责人或业主的居民身份证、护照或者其他合法证件。

其他需要提供的有关证件、资料由省、自治区、直辖市税务机关确定。

5.纳税人在申报办理税务登记时,应当如实填写税务登记表。税务登记表的主要内容包括:

(1)单位名称、法定代表人或者业主姓名及其居民身份证、护照或者其他合法证件的号码;

(2)住所、经营地点;

(3)登记类型;

(4)核算方式;

(5)生产经营方式;

(6)生产经营范围;

(7)注册资金(资本)、投资总额;

(8)生产经营期限;

(9)财务负责人、联系电话;

(10)国家税务总局确定的其他有关事项。

6.纳税人提交的证件和资料齐全且税务登记表的填写内容符合规定的,税务机关应当日办理并发放税务登记证件。纳税人提交的证件和资料不齐全或税务登记表的填写内容不符合规定的,税务机关应当场通知其补正或重新填报。

7.税务登记证件的主要内容包括:纳税人名称、税务登记代码、法定代表人或负责人、生产经营地址、登记类型、核算方式、生产经营范围（主营、兼营）、发证日期、证件有效期等。

8.已办理税务登记的扣缴义务人应当自扣缴义务发生之日起30日内，向税务登记地税务机关申报办理扣缴税款登记。税务机关在其税务登记证件上登记扣缴税款事项，税务机关不再发放扣缴税款登记证件。根据税收法律、行政法规的规定可不办理税务登记的扣缴义务人，应当自扣缴义务发生之日起30日内，向机构所在地税务机关申报办理扣缴税款登记。税务机关发放扣缴税款登记证件。

（三）法律责任

1.纳税人不办理税务登记的，税务机关应当自发现之日起3日内责令其限期改正；逾期不改正的，由税务机关责令限期改正，可以处2 000元以下的罚款；情节严重的，处2 000元以上5 000元以下的罚款。

2.纳税人通过提供虚假的证明资料等手段骗取税务登记证的，处2 000元以下的罚款；情节严重的，处2 000元以上1万元以下的罚款。纳税人涉嫌其他违法行为的，按有关法律、行政法规的规定处理。

3.扣缴义务人未按照规定办理扣缴税款登记的，税务机关应当自发现之日起3日内责令其限期改正，并可处以1 000元以下的罚款。

二、未依法办理变更税务登记

（一）违法主体

税务登记内容发生变化的纳税人。

（二）构成要件

1.从事生产、经营的纳税人，税务登记内容发生变化的，自工商行政管理机关办理变更登记之日起30日内或者在向工商行政管理机关申请办理注销登记之前，持有关证件向税务机关申报办理变更或者注销税务登记。

2.纳税人税务登记内容发生变化的，应当向原税务登记机关申报办理变更税务登记。

3.纳税人已在工商行政管理机关办理变更登记的，应当自工商行政管理机关变更登记之日起30日内，向原税务登记机关如实提供下列证件、资料，申报办理变更税务登记：

（1）工商登记变更表；

（2）纳税人变更登记内容的有关证明文件；

（3）税务机关发放的原税务登记证件（登记证正、副本和登记表等）；

（4）其他有关资料。

4.纳税人按照规定不需要在工商行政管理机关办理变更登记，或者其变更登记的内容与工商登记内容无关的，应当自税务登记内容实际发生变化之日起30日内，或者自有关机关批准或者宣布变更之日起30日内，持下列证件到原税务登记机关申报办理变更税务登记：

（1）纳税人变更登记内容的有关证明文件；

（2）税务机关发放的原税务登记证件（登记证正、副本和税务登记表等）；

（3）其他有关资料。

5.纳税人提交的有关变更登记的证件、资料齐全的，应如实填写税务登记变更表，符合规定的，税务机关应当日办理；不符合规定的，税务机关应通知其补正。

6.税务机关应当于受理当日办理变更税务登记。纳税人税务登记表和税务登记证中的内容都发生变更的，税务机关按变更后的内容重新发放税务登记证件；纳税人税务登记表的内容发生变更而税务登记证中的内容未发生变更的，税务机关不重新发放税务登记证件。

（三）法律责任

1.纳税人不办理税务登记的，税务机关应当自发现之日起3日内责令其限期改正；逾期不改正的，由税务机关责令限期改正，可以处2 000元以下的罚款；情节严重的，处2 000元以上5 000元以下的罚款。

2.纳税人通过提供虚假的证明资料等手段，骗取税务登记证的，处2 000元以下的罚款；情节严重的，处2 000元以上10 000元以下的罚款。纳税人涉嫌其他违法行为的，按有关法律、行政法规的规定处理。

三、未依法办理停业、复业登记

（一）违法主体

已经办理税务登记且计划停业、复业的主体。

（二）构成要件

1.实行定期定额征收方式的个体工商户需要停业的，应当在停业前向税务机关申报办理停业登记。纳税人的停业期限不得超过一年。

2. 纳税人在申报办理停业登记时，应如实填写停业复业报告书，说明停业理由、停业期限、停业前的纳税情况和发票的领、用、存情况，并结清应纳税款、滞纳金、罚款。税务机关应收存其税务登记证件及副本、发票领购簿、未使用完的发票和其他税务证件。

3. 纳税人在停业期间发生纳税义务的，应当按照税收法律、行政法规的规定申报缴纳税款。

4. 纳税人应当于恢复生产经营之前，向税务机关申报办理复业登记，如实填写《停业复业报告书》，领回并启用税务登记证件、发票领购簿及其停业前领购的发票。

5. 纳税人停业期满不能及时恢复生产经营的，应当在停业期满前到税务机关办理延长停业登记，并如实填写《停业复业报告书》。

（三）法律责任

1. 纳税人不办理税务登记的，税务机关应当自发现之日起3日内责令其限期改正；逾期不改正的，由税务机关责令限期改正，可以处2 000元以下的罚款；情节严重的，处2 000元以上5 000元以下的罚款。

2. 纳税人通过提供虚假的证明资料等手段，骗取税务登记证的，处2 000元以下的罚款；情节严重的，处2 000元以上1万元以下的罚款。纳税人涉嫌其他违法行为的，按有关法律、行政法规的规定处理。

四、未依法办理注销税务登记

（一）违法主体

已经办理税务登记的主体。

（二）构成要件

1. 纳税人发生解散、破产、撤销以及其他情形，依法终止纳税义务的，应当在向工商行政管理机关或者其他机关办理注销登记前，持有关证件和资料向原税务登记机关申报办理注销税务登记；按规定不需要在工商行政管理机关或者其他机关办理注册登记的，应当自有关机关批准或者宣告终止之日起15日内，持有关证件和资料向原税务登记机关申报办理注销税务登记。纳税人被工商行政管理机关吊销营业执照或者被其他机关予以撤销登记的，应当自营业执照被吊销或者被撤销登记之日起15日内，向原税务登记机关申报办理注销税务登记。

2.纳税人因住所、经营地点变动，涉及改变税务登记机关的，应当在向工商行政管理机关或者其他机关申请办理变更、注销登记前，或者住所、经营地点变动前，持有关证件和资料，向原税务登记机关申报办理注销税务登记，并自注销税务登记之日起30日内向迁达地税务机关申报办理税务登记。

3.境外企业在中国境内承包建筑、安装、装配、勘探工程和提供劳务的，应当在项目完工、离开中国前15日内，持有关证件和资料，向原税务登记机关申报办理注销税务登记。

4.纳税人办理注销税务登记前，应当向税务机关提交相关证明文件和资料，结清应纳税款、多退（免）税款、滞纳金和罚款，缴销发票、税务登记证件和其他税务证件，经税务机关核准后，办理注销税务登记手续。

（三）法律责任

1.纳税人不办理税务登记的，税务机关应当自发现之日起3日内责令其限期改正；逾期不改正的，由税务机关责令限期改正，可以处2 000元以下的罚款；情节严重的，处2 000元以上5 000元以下的罚款。

2.纳税人通过提供虚假的证明资料等手段，骗取税务登记证的，处2 000元以下的罚款；情节严重的，处2 000元以上10 000元以下的罚款。纳税人涉嫌其他违法行为的，按有关法律、行政法规的规定处理。

五、未依法办理外出经营报验登记

（一）违法主体

外出经营的已办理税务登记的纳税人。

（二）构成要件

1.纳税人到外县（市）临时从事生产经营活动的，应当在外出生产经营以前，持税务登记证到主管税务机关开具《外出经营活动税收管理证明》（以下简称《外管证》）。

2.税务机关按照一地一证的原则，发放《外管证》。《外管证》的有效期限一般为30日，最长不得超过180天。

3.纳税人应当在《外管证》注明地进行生产经营前向当地税务机关报验登记，并提交下列证件、资料：

（1）税务登记证件副本；

（2）《外管证》。

纳税人在《外管证》注明地销售货物的，除提交以上证件、资料外，应如实填写《外出经营货物报验单》，申报查验货物。

4.纳税人外出经营活动结束，应当向经营地税务机关填报《外出经营活动情况申报表》，并结清税款、缴销发票。

5.纳税人应当在《外管证》有效期届满后10日内，持《外管证》回原税务登记地税务机关办理《外管证》缴销手续。

（三）法律责任

1.纳税人不办理税务登记的，税务机关应当自发现之日起3日内责令其限期改正；逾期不改正的，由税务机关责令限期改正，可以处2000元以下的罚款；情节严重的，处2000元以上5000元以下的罚款。

2.纳税人通过提供虚假的证明资料等手段，骗取税务登记证的，处2000元以下的罚款；情节严重的，处2000元以上1万元以下的罚款。纳税人涉嫌其他违法行为的，按有关法律、行政法规的规定处理。

六、税务人员未依法办理税务登记

（一）违法主体

办理税务登记以及负责税务证件管理的税务人员。

（二）构成要件

1.税务机关应当加强税务登记证件的管理，采取实地调查、上门验证等方法进行税务登记证件的管理。

2.已办理税务登记的纳税人未按照规定的期限申报纳税，在税务机关责令其限期改正后。逾期不改正的，税务机关应当派员实地检查，查无下落并且无法强制其履行纳税义务的，由检查人员制作非正常户认定书，存入纳税人档案，税务机关暂停其税务登记证件、发票领购簿和发票的使用。

（三）法律责任

税务人员徇私舞弊或玩忽职守，违反规定为纳税人办理税务登记相关手续，或者滥用职权，故意刁难纳税人、扣缴义务人的，调离工作岗位，并依法给予行政处分。

第二节　账簿凭证管理风险

一、未依法设置账簿

（一）违法主体

从事生产、经营的纳税人、扣缴义务人。

（二）构成要件

1. 纳税人、扣缴义务人按照有关法律、行政法规和国务院财政、税务主管部门的规定设置账簿，根据合法、有效凭证记账，进行核算。

2. 从事生产、经营的纳税人应当自领取营业执照或者发生纳税义务之日起15日内，按照国家有关规定设置账簿。

3. 账簿，是指总账、明细账、日记账以及其他辅助性账簿。总账、日记账应当采用订本式。

4. 生产、经营规模小又确无建账能力的纳税人，可以聘请经批准从事会计代理记账业务的专业机构或者财会人员代为建账和办理账务。

5. 扣缴义务人应当自税收法律、行政法规规定的扣缴义务发生之日起10日内，按照所代扣、代收的税种，分别设置代扣代缴、代收代缴税款账簿。

6. 纳税人、扣缴义务人会计制度健全，能够通过计算机正确、完整计算其收入和所得或者代扣代缴、代收代缴税款情况的，其计算机输出的完整的书面会计记录，可视同会计账簿。

7. 纳税人、扣缴义务人会计制度不健全，不能通过计算机正确、完整计算其收入和所得或者代扣代缴、代收代缴税款情况的，应当建立总账及与纳税或者代扣代缴、代收代缴税款有关的其他账簿。

8. 账簿、会计凭证和报表，应当使用中文。民族自治地方可以同时使用当地通用的一种民族文字。外商投资企业和外国企业可以同时使用一种外国文字。

（三）法律责任

1. 纳税人未按照规定设置账簿的，由税务机关责令限期改正，可以处2 000元以下的罚款；情节严重的，处2 000元以上10 000元以下的罚款。

2. 扣缴义务人未按照规定设置代扣代缴、代收代缴税款账簿的，由税务机关责令限期改正，可以处 2 000 元以下的罚款；情节严重的，处 2 000 元以上 5 000 元以下的罚款。

3. 纳税人依照法律、行政法规的规定可以不设置账簿、依照法律、行政法规的规定应当设置账簿但未设置的，税务机关有权核定其应纳税额。

二、未按照规定将财务、会计制度报送税务机关备查

（一）违法主体

从事生产、经营的纳税人。

（二）构成要件

1. 从事生产、经营的纳税人的财务、会计制度或者财务、会计处理办法和会计核算软件，应当报送税务机关备案。

2. 从事生产、经营的纳税人应当自领取税务登记证件之日起 15 日内，将其财务、会计制度或者财务、会计处理办法报送主管税务机关备案。

3. 纳税人使用计算机记账的，应当在使用前将会计电算化系统的会计核算软件、使用说明书及有关资料报送主管税务机关备案。

4. 纳税人建立的会计电算化系统应当符合国家有关规定，并能正确、完整核算其收入或者所得。

5. 纳税人、扣缴义务人的财务、会计制度或财务、会计处理办法与国务院或者国务院财政、税务主管部门有关税收的规定抵触的，依照国务院或者国务院财政、税务主管部门有关税收的规定计算应纳税款、代扣代缴和代收代缴税款。

（三）法律责任

纳税人未按照规定将财务、会计制度或财务、会计处理办法和会计核算软件报送税务机关备查的，由税务机关责令限期改正，可以处 2 000 元以下的罚款；情节严重的，处 2 000 元以上 1 万元以下的罚款。

三、未按照规定安装、使用税控装置

（一）违法主体

从事生产、经营的应当安装税控装置的纳税人。

（二）构成要件

1. 国家根据税收征收管理的需要，积极推广使用税控装置。纳税人应当按照规定安装、使用税控装置，不得损毁或者擅自改动税控装置。

2. 纳税人应当按照税务机关的要求安装、使用税控装置，并按照税务机关的规定报送有关数据和资料。

（三）法律责任

纳税人未按照规定安装、使用税控装置，或者损毁或者擅自改动税控装置的，由税务机关责令限期改正，可以处 2 000 元以下的罚款；情节严重的，处 2 000 元以上 10 000 元以下的罚款。

四、伪造、变造或者擅自损毁涉税资料

（一）违法主体

从事生产、经营的纳税人。

（二）构成要件

1. 账簿、记账凭证、报表、完税凭证、发票、出口凭证以及其他有关涉税资料应当合法、真实、完整。

2. 账簿、记账凭证、完税凭证及其他有关资料不得伪造、变造或者擅自损毁。

（三）法律责任

1. 纳税人、扣缴义务人编造虚假计税依据的，由税务机关责令限期改正，并处 50 000 元以下的罚款。

2. 纳税人虽设置账簿，但账目混乱或者成本资料、收入凭证、费用凭证残缺不全，难以查账的，税务机关有权核定其应纳税额。

五、未依法保管涉税资料

（一）违法主体

从事生产、经营应当依法保管涉税资料的纳税人。

（二）构成要件

1. 从事生产、经营的纳税人、扣缴义务人必须按照国务院财政、税务主管部门规定的保管期限保管账簿、记账凭证、完税凭证及其他有关资料。

2. 账簿、记账凭证、报表、完税凭证、发票、出口凭证以及其他有关涉税资料应当保存10年；但是，法律、行政法规另有规定的除外。

3. 扣缴义务人未按照规定保管代扣代缴、代收代缴税款账簿或者保管代扣代缴、代收代缴税款记账凭证及有关资料的，由税务机关责令限期改正，可以处2 000元以下的罚款；情节严重的，处2 000元以上5 000元以下的罚款。

（三）法律责任

1. 纳税人未按照规定保管账簿或者保管记账凭证和有关资料的，由税务机关责令限期改正，可以处2 000元以下的罚款；情节严重的，处2 000元以上1万元以下的罚款。

2. 纳税人擅自销毁账簿或者拒不提供纳税资料的，税务机关有权核定其应纳税额。

六、未依法印制发票

（一）违法主体

发票印制企业、主管税务人员。

（二）构成要件

1. 增值税专用发票由国务院税务主管部门确定的企业印制；其他发票，按照国务院税务主管部门的规定，由省、自治区、直辖市税务机关确定的企业印制。禁止私自印制、伪造、变造发票。

2. 印制发票的企业应当具备下列条件：
（1）取得印刷经营许可证和营业执照；
（2）设备、技术水平能够满足印制发票的需要；
（3）有健全的财务制度和严格的质量监督、安全管理、保密制度。
税务机关应当按照政府采购有关规定确定印制发票的企业。

4. 印制发票应当使用国务院税务主管部门确定的全国统一的发票防伪专用品。禁止非法制造发票防伪专用品。

5. 发票应当套印全国统一发票监制章。全国统一发票监制章的式样和发票版面印刷的要求由国务院税务主管部门规定。发票监制章由省、自治区、直辖市税务机关制作。禁止伪造发票监制章。发票实行不定期换版制度。

6.印制发票的企业按照税务机关的统一规定，建立发票印制管理制度和保管措施。发票监制章和发票防伪专用品的使用和管理实行专人负责制度。

7.印制发票的企业必须按照税务机关确定的式样和数量印制发票。

8.发票应当使用中文印制。民族自治地方的发票，可以加印当地一种通用的民族文字。有实际需要的，也可以同时使用中外两种文字印制。

9.各省、自治区、直辖市内的单位和个人使用的发票，除增值税专用发票外，应当在本省、自治区、直辖市内印制；确有必要到外省、自治区、直辖市印制的，应当由省、自治区、直辖市税务机关商印制地省、自治区、直辖市税务机关同意后确定印制发票的企业。禁止在境外印制发票。

（三）法律责任

1.违反《中华人民共和国税收征收管理法》第二十二条规定，非法印制发票的，由税务机关销毁非法印制的发票，没收违法所得和作案工具，并处1万元以上5万元以下的罚款；构成犯罪的，依法追究刑事责任。

2.私自印制、伪造、变造发票，非法制造发票防伪专用品，伪造发票监制章，窃取、截留、篡改、出售、泄露发票数据的，由税务机关没收违法所得，没收、销毁作案工具和非法物品，并处1万元以上5万元以下的罚款；情节严重的，并处5万元以上50万元以下的罚款；构成犯罪的，依法追究刑事责任。

3.有下列情形之一的，由税务机关处1万元以上5万元以下的罚款；情节严重的，处5万元以上50万元以下的罚款；有以下违法所得的予以没收：

（1）转借、转让、介绍他人转让发票、发票监制章和发票防伪专用品的；

（2）知道或者应当知道是私自印制、伪造、变造、非法取得或者废止的发票而受让、开具、存放、携带、邮寄、运输的。

4.对违反发票管理规定2次以上或者情节严重的单位和个人，税务机关可以向社会公告。

5.违反发票管理法规，导致其他单位或者个人未缴、少缴或者骗取税款的，由税务机关没收违法所得，可以并处未缴、少缴或者骗取的税款1倍以下的罚款。

6.税务人员利用职权之便，故意刁难印制、使用发票的单位和个人，或者有违反发票管理法规行为的，依照国家有关规定给予处分；构成犯罪的，依法追究刑事责任。

七、未依法领用发票

（一）违法主体

需要领用发票的单位和个人、主管税务人员。

（二）构成要件

1.需要领用发票的单位和个人应当持设立登记证件或者税务登记证件，以及经办人身份证明，向主管税务机关办理发票领用手续。领用纸质发票的，还应当提供按照国务院税务主管部门规定式样制作的发票专用章的印模。主管税务机关根据领用单位和个人的经营范围、规模和风险等级，在5个工作日内确认领用发票的种类、数量以及领用方式。单位和个人领用发票时，应当按照税务机关的规定报告发票使用情况，税务机关应当按照规定进行查验。

2.需要临时使用发票的单位和个人，可以凭购销商品、提供或者接受服务以及从事其他经营活动的书面证明、经办人身份证明，直接向经营地税务机关申请代开发票。依照税收法律、行政法规规定应当缴纳税款的，税务机关应当先征收税款，再开具发票。税务机关根据发票管理的需要，可以按照国务院税务主管部门的规定委托其他单位代开发票。禁止非法代开发票。

3.临时到本省、自治区、直辖市以外从事经营活动的单位或者个人，应当凭所在地税务机关的证明，向经营地税务机关领用经营地的发票。临时在本省、自治区、直辖市以内跨市、县从事经营活动领用发票的办法，由省、自治区、直辖市税务机关规定。

（三）法律责任

1.违反《中华人民共和国发票管理办法》的规定，以其他凭证代替发票使用的，由税务机关责令改正，可以处1万元以下的罚款；有违法所得的予以没收。

2.对违反发票管理规定2次以上或者情节严重的单位和个人，税务机关可以向社会公告。

3.违反发票管理法规，导致其他单位或者个人未缴、少缴或者骗取税款的，由税务机关没收违法所得，可以并处未缴、少缴或者骗取的税款1倍以下的罚款。

4.税务人员利用职权之便，故意刁难印制、使用发票的单位和个人，或者有违反发票管理法规行为的，依照国家有关规定给予处分；构成犯罪的，依法追究刑事责任。

八、未依法开具和保管发票

(一)违法主体

从事经营活动、应当依法开具发票的单位和个人。

(二)构成要件

1. 销售商品、提供服务以及从事其他经营活动的单位和个人,对外发生经营业务收取款项,收款方应当向付款方开具发票;特殊情况下,由付款方向收款方开具发票。

2. 所有单位和从事生产、经营活动的个人在购买商品、接受服务以及从事其他经营活动支付款项,应当向收款方取得发票。取得发票时,不得要求变更品名和金额。

3. 不符合规定的发票不得作为财务报销凭证,任何单位和个人有权拒收。

4. 开具发票应当按照规定的时限、顺序、栏目,全部联次一次性如实开具,开具纸质发票应当加盖发票专用章。任何单位和个人不得有下列虚开发票行为:

(1) 为他人、为自己开具与实际经营业务情况不符的发票;

(2) 让他人为自己开具与实际经营业务情况不符的发票;

(3) 介绍他人开具与实际经营业务情况不符的发票。

5. 安装税控装置的单位和个人,应当按照规定使用税控装置开具发票,并按期向主管税务机关报送开具发票的数据。使用非税控电子器具开具发票的,应当将非税控电子器具使用的软件程序说明资料报主管税务机关备案,并按照规定保存、报送开具发票的数据。单位和个人开发电子发票信息系统自用或者为他人提供电子发票服务的,应当遵守国务院税务主管部门的规定。

6. 任何单位和个人应当按照发票管理规定使用发票,不得有下列行为:

(1) 转借、转让、介绍他人转让发票、发票监制章和发票防伪专用品;

(2) 知道或者应当知道是私自印制、伪造、变造、非法取得或者废止的发票而受让、开具、存放、携带、邮寄、运输;

(3) 拆本使用发票;

(4) 扩大发票使用范围;

(5) 以其他凭证代替发票使用;

(6) 窃取、截留、篡改、出售、泄露发票数据。

税务机关应当提供查询发票真伪的便捷渠道。

7. 除国务院税务主管部门规定的特殊情形外,纸质发票限于领用单位和个人在本省、自治区、直辖市内开具。省、自治区、直辖市税务机关可以规定跨市、县开具纸质发票的办法。

8. 除国务院税务主管部门规定的特殊情形外，任何单位和个人不得跨规定的使用区域携带、邮寄、运输空白发票。禁止携带、邮寄或者运输空白发票出入境。

9. 开具发票的单位和个人应当建立发票使用登记制度，配合税务机关进行身份验证，并定期向主管税务机关报告发票使用情况。

10. 开具发票的单位和个人应当在办理变更或者注销税务登记的同时，办理发票的变更、缴销手续。

11. 开具发票的单位和个人应当按照国家有关规定存放和保管发票，不得擅自损毁。已经开具的发票存根联应当保存5年。

（三）法律责任

1. 违反《中华人民共和国发票管理办法》的规定，有下列情形之一的，由税务机关责令改正，可以处1万元以下的罚款；有违法所得的予以没收。

（1）应当开具而未开具发票，或者未按照规定的时限、顺序、栏目，全部联次一次性开具发票，或者未加盖发票专用章的；

（2）使用税控装置开具发票，未按期向主管税务机关报送开具发票的数据的；

（3）使用非税控电子器具开具发票，未将非税控电子器具使用的软件程序说明资料报主管税务机关备案，或者未按照规定保存、报送开具发票的数据的；

（4）拆本使用发票的；

（5）扩大发票使用范围的；

（6）跨规定区域开具发票的；

（7）未按照规定缴销发票的；

（8）未按照规定存放和保管发票的。

2. 跨规定的使用区域携带、邮寄、运输空白发票，以及携带、邮寄或者运输空白发票出入境的，由税务机关责令改正，可以处1万元以下的罚款；情节严重的，处1万元以上3万元以下的罚款；有违法所得的予以没收。丢失发票或者擅自损毁发票的，依照上述规定处罚。

3. 违反《中华人民共和国发票管理办法》的规定虚开发票的，由税务机关没收违法所得；虚开金额在1万元以下的，可以并处5万元以下的罚款；虚开金额超过1万元的，并处5万元以上50万元以下的罚款；构成犯罪的，依法追究刑事责任。非法代开发票的，依照上述规定处罚。

4. 对违反发票管理规定2次以上或者情节严重的单位和个人，税务机关可以向社会公告。

5.违反发票管理法规，导致其他单位或者个人未缴、少缴或者骗取税款的，由税务机关没收违法所得，可以并处未缴、少缴或者骗取的税款1倍以下的罚款。

九、未依法进行发票检查

（一）违法主体

进行税务检查的税务人员、接受税务检查的单位与个人。

（二）构成要件

1.税务机关在发票管理中有权进行下列检查：
（1）检查印制、领用、开具、取得、保管和缴销发票的情况；
（2）调出发票查验；
（3）查阅、复制与发票有关的凭证、资料；
（4）向当事各方询问与发票有关的问题和情况；
（5）在查处发票案件时，对与案件有关的情况和资料，可以记录、录音、录像、照相和复制。

2.印制、使用发票的单位和个人必须接受税务机关依法检查，如实反映情况，提供有关资料，不得拒绝、隐瞒。税务人员进行检查时，应当出示税务检查证。

3.税务机关需要将已开具的发票调出查验时，应当向被查验的单位和个人开具发票换票证。发票换票证与所调出查验的发票有同等的效力。被调出查验发票的单位和个人不得拒绝接受。税务机关需要将空白发票调出查验时，应当开具收据；经查无问题的，应当及时返还。

4.单位和个人从中国境外取得的与纳税有关的发票或者凭证，税务机关在纳税审查时有疑义的，可以要求其提供境外公证机构或者注册会计师的确认证明，经税务机关审核认可后，方可作为记账核算的凭证。

（三）法律责任

1.从事生产、经营的纳税人、扣缴义务人有《中华人民共和国税收征收管理法》规定的税收违法行为，拒不接受税务机关处理的，税务机关可以收缴其发票或者停止向其发售发票。

2.税务人员利用职权之便，故意刁难印制、使用发票的单位和个人，或者有违反发票管理法规行为的，依照国家有关规定给予处分；构成犯罪的，依法追究刑事责任。

十、违法进行税收票证管理

（一）违法主体

1. 具有税收票证管理职责的税务人员。
2. 使用税收票证的扣缴义务人、代征代售人。

（二）构成要件

1. 税收票证，是指税务机关、扣缴义务人依照法律法规，代征代售人按照委托协议，征收税款、基金、费、滞纳金、罚没款等各项收入（以下统称税款）的过程中，开具的收款、退款和缴库凭证。税收票证是纳税人实际缴纳税款或者收取退还税款的法定证明。税收票证包括纸质形式和数据电文形式。数据电文税收票证是指通过横向联网电子缴税系统办理税款的征收缴库、退库时，向银行、国库发送的电子缴款、退款信息。

2. 税务机关、代征代售人征收税款时应当开具税收票证。通过横向联网电子缴税系统完成税款的缴纳或者退还后，纳税人需要纸质税收票证的，税务机关应当开具。扣缴义务人代扣代收税款时，纳税人要求扣缴义务人开具税收票证的，扣缴义务人应当开具。

3. 税收票证的基本要素包括税收票证号码、征收单位名称、开具日期、纳税人名称、纳税人识别号、税种（费、基金、罚没款）、金额、所属时期等。

4. 纸质税收票证的基本联次包括收据联、存根联、报查联。收据联交纳税人作完税凭证；存根联由税务机关、扣缴义务人、代征代售人留存；报查联由税务机关做会计凭证或备查。省、自治区、直辖市和计划单列市（以下简称省）税务机关可以根据税收票证管理情况，确定除收据联以外的税收票证启用联次。

5. 国家税务总局统一负责全国的税收票证管理工作。其职责包括：

（1）设计和确定税收票证的种类、适用范围、联次、内容、式样及规格；

（2）设计和确定税收票证专用章戳的种类、适用范围、式样及规格；

（3）印制、保管、发运需要全国统一印制的税收票证，刻制需要全国统一制发的税收票证专用章戳；

（4）确定税收票证管理的机构、岗位和职责；

（5）组织、指导和推广税收票证信息化工作；

（6）组织全国税收票证检查工作；

（7）其他全国性的税收票证管理工作。

6.省以下税务机关应当依照《税收票证管理办法》做好本行政区域内的税收票证管理工作。其职责包括：

（1）负责本级权限范围内的税收票证印制、领发、保管、开具、作废、结报缴销、停用、交回、损失核销、移交、核算、归档、审核、检查、销毁等工作；

（2）指导和监督下级税务机关、扣缴义务人、代征代售人、自行填开税收票证的纳税人税收票证管理工作；

（3）组织、指导、具体实施税收票证信息化工作；

（4）组织税收票证检查工作；

（5）其他税收票证管理工作。

7.扣缴义务人和代征代售人在代扣代缴、代收代缴、代征税款以及代售印花税票过程中应当做好税收票证的管理工作。其职责包括：

（1）妥善保管从税务机关领取的税收票证，并按照税务机关要求建立、报送和保管税收票证账簿及有关资料；

（2）为纳税人开具并交付税收票证；

（3）按时解缴税款、结报缴销税收票证；

（4）其他税收票证管理工作。

8.各级税务机关的收入规划核算部门主管税收票证管理工作。国家税务总局收入规划核算司设立主管税收票证管理工作的机构；省、市（不含县级市，下同）、县税务机关收入规划核算部门应当设置税收票证管理岗位并配备专职税收票证管理人员；直接向税务机关税收票证开具人员、扣缴义务人、代征代售人、自行填开税收票证的纳税人发放税收票证并办理结报缴销等工作的征收分局、税务所、办税服务厅等机构（以下简称基层税务机关）应当设置税收票证管理岗位，由税收会计负责税收票证管理工作。税收票证管理岗位和税收票证开具（含印花税票销售）岗位应当分设，不得一人多岗。扣缴义务人、代征代售人、自行填开税收票证的纳税人应当由专人负责税收票证管理工作。

9.税收票证包括税收缴款书、税收收入退还书、税收完税证明、出口货物劳务专用税收票证、印花税专用税收票证以及国家税务总局规定的其他税收票证。

10.税收缴款书是纳税人据以缴纳税款，税务机关、扣缴义务人以及代征代售人据以征收、汇总税款的税收票证。具体包括以下几种。

（1）《税收缴款书（银行经收专用）》。由纳税人、税务机关、扣缴义务人、代征代售人向银行传递，通过银行划缴税款（出口货物劳务增值税、消费税除外）到国库时使用的纸质税收票证。其适用范围是：

①纳税人自行填开或税务机关开具，纳税人据以在银行柜面办理缴税（转

账或现金），由银行将税款缴入国库；

②税务机关收取现金税款、扣缴义务人扣缴税款、代征代售人代征税款后开具，据以在银行柜面办理税款汇总缴入国库；

③税务机关开具，据以办理"待缴库税款"账户款项缴入国库。

（2）《税收缴款书（税务收现专用）》。纳税人以现金、刷卡（未通过横向联网电子缴税系统）方式向税务机关缴纳税款时，由税务机关开具并交付纳税人的纸质税收票证。代征人代征税款时，也应开具本缴款书并交付纳税人。为方便流动性零散税收的征收管理，本缴款书可以在票面印有固定金额，具体面额种类由各省税务机关确定，但是，单种面额不得超过一百元。

（3）《税收缴款书（代扣代收专用）》。扣缴义务人依法履行税款代扣代缴、代收代缴义务时开具并交付纳税人的纸质税收票证。扣缴义务人代扣代收税款后，已经向纳税人开具了税法规定或国家税务总局认可的记载完税情况的其他凭证的，可不再开具本缴款书。

（4）《税收电子缴款书》。税务机关将纳税人、扣缴义务人、代征代售人的电子缴款信息通过横向联网电子缴税系统发送给银行，银行据以划缴税款到国库时，由税收征管系统生成的数据电文形式的税收票证。

11. 税收收入退还书是税务机关依法为纳税人从国库办理退税时使用的税收票证。具体包括：

（1）《税收收入退还书》，税务机关向国库传递，依法为纳税人从国库办理退税时使用的纸质税收票证；

（2）《税收收入电子退还书》，税务机关通过横向联网电子缴税系统依法为纳税人从国库办理退税时，由税收征管系统生成的数据电文形式的税收票证。

税收收入退还书应当由县以上税务机关税收会计开具并向国库传递或发送。

12. 出口货物劳务专用税收票证是由税务机关开具，专门用于纳税人缴纳出口货物劳务增值税、消费税或者证明该纳税人再销售给其他出口企业的货物已缴纳增值税、消费税的纸质税收票证。具体包括以下几种。

（1）《税收缴款书（出口货物劳务专用）》。由税务机关开具，专门用于纳税人缴纳出口货物劳务增值税、消费税时使用的纸质税收票证。纳税人以银行经收方式，税务收现方式，或者通过横向联网电子缴税系统缴纳出口货物劳务增值税、消费税时，均使用本缴款书。纳税人缴纳随出口货物劳务增值税、消费税附征的其他税款时，税务机关应当根据缴款方式使用其他种类的缴款书，不得使用本缴款书。

（2）《出口货物完税分割单》。已经缴纳出口货物增值税、消费税的纳税人将购进货物再销售给其他出口企业时，为证明所售货物完税情况，便于其他出口企业办理出口退税，到税务机关换开的纸质税收票证。

13.印花税专用税收票证是税务机关或印花税票代售人在征收印花税时向纳税人交付、开具的纸质税收票证。具体包括以下几种：

（1）印花税票，印有固定金额，专门用于征收印花税的有价证券。纳税人缴纳印花税，可以购买印花税票贴花缴纳，也可以开具税收缴款书缴纳。采用开具税收缴款书缴纳的，应当将纸质税收缴款书或税收完税证明粘贴在应税凭证上，或者由税务机关在应税凭证上加盖印花税收讫专用章。

（2）《印花税票销售凭证》，税务机关和印花税票代售人销售印花税票时一并开具的专供购买方报销的纸质凭证。

14.税收完税证明是税务机关为证明纳税人已经缴纳税款或者已经退还纳税人税款而开具的纸质税收票证。其适用范围是：

（1）纳税人、扣缴义务人、代征代售人通过横向联网电子缴税系统划缴税款到国库（经收处）后或收到从国库退还的税款后，当场或事后需要取得税收票证的；

（2）扣缴义务人代扣代收税款后，已经向纳税人开具税法规定或国家税务总局认可的记载完税情况的其他凭证，纳税人需要换开正式完税凭证的；

（3）纳税人遗失已完税的各种税收票证（《出口货物完税分割单》、印花税票和《印花税票销售凭证》除外），需要重新开具的；

（4）对纳税人特定期间完税情况出具证明的；

（5）国家税务总局规定的其他需要为纳税人开具完税凭证情形。

税务机关在确保纳税人缴、退税信息全面、准确、完整的条件下，可以开展前款第四项规定的税收完税证明开具工作，具体开具办法由各省税务机关确定。

15.税收票证专用章戳是指税务机关印制税收票证和征、退税款时使用的各种专用章戳，具体包括以下几种。

（1）税收票证监制章，套印在税收票证上，用以表明税收票证制定单位和税收票证印制合法性的一种章戳；

（2）征税专用章，税务机关办理税款征收业务，开具税收缴款书、税收完税证明、《印花税销售凭证》等征收凭证时使用的征收业务专用公章；

（3）退库专用章，税务机关办理税款退库业务，开具《税收收入退还书》等退库凭证时使用的，在国库预留印鉴的退库业务专用公章；

（4）印花税收讫专用章，以开具税收缴款书代替贴花缴纳印花税时，加盖在应税凭证上，用以证明应税凭证已完税的专用章戳；

（5）国家税务总局规定的其他税收票证专用章戳。

16.《税收缴款书（税务收现专用）》、《税收缴款书（代扣代收专用）》、

《税收缴款书（出口货物劳务专用）》、《出口货物完税分割单》、印花税票和税收完税证明应当视同现金进行严格管理。

17.税收票证应当按规定的适用范围填开，不得混用。国家税务总局增设或简并税收票证及税收票证专用章戳种类，应当及时向社会公告。

（三）法律责任

1.税务机关工作人员违反《税收票证管理办法》的，应当根据情节轻重，给予批评教育、责令做出检查、诫勉谈话或调整工作岗位处理；构成违纪的，依照《中华人民共和国公务员法》《行政机关公务员处分条例》等法律法规给予处分；涉嫌犯罪的，移送司法机关。

2.扣缴义务人未按照《税收票证管理办法》及有关规定保管、报送代扣代缴、代收代缴税收票证及有关资料的，按照《中华人民共和国税收征收管理法》及相关规定进行处理。扣缴义务人未按照《税收票证管理办法》开具税收票证的，可以根据情节轻重，处以1 000元以下的罚款。

3.税务机关与代征代售人、税收票证印制企业签订代征代售合同、税收票证印制合同时，应当就违反《税收票证管理办法》及相关规定的责任进行约定，并按约定及其他有关规定追究责任；涉嫌犯罪的，移送司法机关。

十一、违法设计和印制税收票证

（一）违法主体

1.具有设计和印制税收票证监管职责的税务人员。
2.设计和印制税收票证监的单位和个人。

（二）构成要件

1.税收票证及税收票证专用章戳按照税收征收管理和国家预算管理的基本要求设计，具体式样另行制发。

2.税收票证实行分级印制管理。《税收缴款书（出口货物劳务专用）》、《出口货物完税分割单》、印花税票以及其他需要全国统一印制的税收票证由国家税务总局确定的企业印制；其他税收票证，按照国家税务总局规定的式样和要求，由各省税务机关确定的企业集中统一印制。禁止私自印制、倒卖、变造、伪造税收票证。

3.印制税收票证的企业应当具备下列条件：
（1）取得印刷经营许可证和营业执照；

（2）设备、技术水平能够满足印制税收票证的需要；

（3）有健全的财务制度和严格的质量监督、安全管理、保密制度；

（4）有安全、良好的保管场地和设施。

印制税收票证的企业应当按照税务机关提供的式样、数量等要求印制税收票证，建立税收票证印制管理制度。

税收票证印制合同终止后，税收票证的印制企业应当将有关资料交还委托印制的税务机关，不得保留或提供给其他单位及个人。

4.税收票证应当套印税收票证监制章。税收票证监制章由国家税务总局统一制发各省税务机关。

5.除税收票证监制章外，其他税收票证专用章戳的具体刻制权限由各省税务机关确定。刻制的税收票证专用章戳应当在市以上税务机关留底归档。

6.税收票证应当使用中文印制。民族自治地方的税收票证，可以加印当地一种通用的民族文字。

7.负责税收票证印制的税务机关应当对印制完成的税收票证质量、数量进行查验。查验无误的，办理税收票证的印制入库手续；查验不合格的，对不合格税收票证监督销毁。

（三）法律责任

1.税务机关工作人员违反《税收票证管理办法》的，应当根据情节轻重，给予批评教育、责令做出检查、诫勉谈话或调整工作岗位处理；构成违纪的，依照《中华人民共和国公务员法》《行政机关公务员处分条例》等法律法规给予处分；涉嫌犯罪的，移送司法机关。

2.税务机关与代征代售人、税收票证印制企业签订代征代售合同、税收票证印制合同时，应当就违反《税收票证管理办法》及相关规定的责任进行约定，并按约定及其他有关规定追究责任；涉嫌犯罪的，移送司法机关。

3.非法印制、转借、倒卖、变造或者伪造税收票证的，依照《税收征收管理法实施细则》的规定进行处理；伪造、变造、买卖、盗窃、抢夺、毁灭税收票证专用章戳的，移送司法机关。

十二、违法使用税收票证

（一）违法主体

使用税收票证的单位和个人。

（二）构成要件

1. 上、下级税务机关之间，税务机关税收票证开具人员、扣缴义务人、代征代售人、自行填开税收票证的纳税人与税收票证管理人员之间，应当建立税收票证及税收票证专用章戳的领发登记制度，办理领发手续，共同清点、确认领发种类、数量和号码。税收票证的运输应当确保安全、保密。数据电文税收票证由税收征管系统自动生成税收票证号码，分配给税收票证开具人员，视同发放。数据电文税收票证不得重复发放、重复开具。

2. 税收票证管理人员向税务机关税收票证开具人员、扣缴义务人和代征代售人发放视同现金管理的税收票证时，应当拆包发放，并且一般不得超过一个月的用量。视同现金管理的税收票证未按照《税收票证管理办法》第三十九条规定办理结报的，不得继续发放同一种类的税收票证。其他种类的税收票证，应当根据领用人的具体使用情况，适度发放。

3. 税务机关、扣缴义务人、代征代售人、自行填开税收票证的纳税人应当妥善保管纸质税收票证及税收票证专用章戳。县以上税务机关应当设置具备安全条件的税收票证专用库房；基层税务机关、扣缴义务人、代征代售人和自行填开税收票证的纳税人应当配备税收票证保险专用箱柜。确有必要外出征收税款的，税收票证及税收票证专用章戳应当随身携带，严防丢失。

4. 税务机关对结存的税收票证应当定期进行盘点，发现结存税收票证实物与账簿记录数量不符的，应当及时查明原因并报告上级或所属税务机关。

5. 税收收入退还书开具人员不得同时从事退库专用章保管或《税收收入电子退还书》复核授权工作。印花税票销售人员不得同时从事印花税收讫专用章保管工作。外出征收税款的，税收票证开具人员不得同时从事现金收款工作。

6. 税收票证应当分纳税人开具；同一份税收票证上，税种（费、基金、罚没款）、税目、预算科目、预算级次、所属时期不同的，应当分行填列。

7. 税收票证栏目内容应当填写齐全、清晰、真实、规范，不得漏填、简写、省略、涂改、挖补、编造；多联式税收票证应当一次全份开具。

8. 因开具错误作废的纸质税收票证，应当在各联注明"作废"字样、作废原因和重新开具的税收票证字轨及号码。《税收缴款书（税务收现专用）》、《税收缴款书（代扣代收专用）》、税收完税证明应当全份保存；其他税收票证的纳税人所持联次或银行流转联次无法收回的，应当注明原因，并将纳税人出具的情况说明或银行文书代替相关联次一并保存。开具作废的税收票证应当按期与已填用的税收票证一起办理结报缴销手续，不得自行销毁。税务机关开具税收票证后，纳税人向银行办理缴税前丢失的，税务机关参照前款规定处理。

数据电文税收票证作废的，应当在税收征管系统中予以标识；已经作废的数据电文税收票证号码不得再次使用。

9.纸质税收票证各联次各种章戳应当加盖齐全。章戳不得套印，国家税务总局另有规定的除外。

10.税务机关税收票证开具人员、扣缴义务人、代征代售人、自行填开税收票证的纳税人与税收票证管理人员之间，基层税务机关与上级或所属税务机关之间，应当办理税收票款结报缴销手续。税务机关税收票证开具人员、扣缴义务人、代征代售人向税收票证管理人员结报缴销视同现金管理的税收票证时，应当将已开具税收票证的存根联、报查联等联次，连同作废税收票证、需交回的税收票证及未开具的税收票证（含未销售印花税票）一并办理结报缴销手续；已开具税收票证只设一联的，税收票证管理人员应当查验其开具情况的电子记录。其他各种税收票证结报缴销手续的具体要求，由各省税务机关确定。

11.税收票款应当按照规定的时限办理结报缴销。税务机关税收票证开具人员、代征代售人开具税收票证（含销售印花税票）收取现金税款时，办理结报缴销手续的时限要求是：

（1）当地设有国库经收处的，应于收取税款的当日或次日办理税收票款的结报缴销；

（2）当地未设国库经收处和代征代售人收取现金税款的，由各省税务机关确定办理税收票款结报缴销的期限和额度，并以期限或额度条件先满足之日为准。

扣缴义务人代扣代收税款的，应按税法规定的税款解缴期限一并办理结报缴销。其他各种税收票证的结报缴销时限、基层税务机关向上级或所属税务机关缴销税收票证的时限，由各省税务机关确定。

12.领发、开具税收票证时，发现多出、短少、污损、残破、错号、印刷字迹不清及联数不全等印制质量不合格情况的，应当查明字轨、号码、数量，清点登记，妥善保管。全包、全本印制质量不合格的，按照《税收票证管理办法》第五十一条规定销毁；全份印制质量不合格的，按开具作废处理。

13.由于税收政策变动或式样改变等原因，国家税务总局规定停用的税收票证及税收票证专用章戳，应由县以上税务机关集中清理，核对字轨、号码和数量，造册登记，按照《税收票证管理办法》第五十一条规定销毁。

14.未开具税收票证（含未销售印花税票）发生毁损或丢失、被盗、被抢等损失的，受损单位应当及时组织清点核查，并由各级税务机关按照权限进行损失核销审批。《税收缴款书（出口货物劳务专用）》、《出口货物完税分割单》、印花税票发生损失的，由省税务机关审批核销；《税收缴款书（税务收现专用）》、《税收缴款书（代扣代收专用）》、税收完税证明发生损失的，由市税务机关审批核销；其他各种税收票证发生损失的，由县税务机关审批核销。毁损残票和追回的税收票证按照《税收票证管理办法》第五十一条规定销毁。

15. 视同现金管理的未开具税收票证（含未销售印花税票）丢失、被盗、被抢的，受损税务机关应当查明损失税收票证的字轨、号码和数量，立即向当地公安机关报案并报告上级或所属税务机关；经查不能追回的税收票证，除印花税票外，应当及时在办税场所和广播、电视、报纸、期刊、网络等新闻媒体上公告作废。受损单位为扣缴义务人、代征代售人或税收票证印制企业的，扣缴义务人、代征代售人或税收票证印制企业应当立即报告基层税务机关或委托印制的税务机关，由税务机关按前款规定办理。对丢失印花税票和印有固定金额的《税收缴款书（税务收现专用）》负有责任的相关人员，税务机关应当要求其按照面额赔偿；对丢失其他视同现金管理的税收票证负有责任的相关人员，税务机关应当要求其适当赔偿。

16. 税收票证专用章戳丢失、被盗、被抢的，受损税务机关应当立即向当地公安机关报案并逐级报告刻制税收票证专用章戳的税务机关；退库专用章丢失、被盗、被抢的，应当同时通知国库部门。重新刻制的税收票证专用章戳应当及时办理留底归档或预留印鉴手续。毁损和损失追回的税收票证专用章戳按照《税收票证管理办法》第五十一条规定销毁。

17. 由于印制质量不合格、停用、毁损、损失追回、领发错误，或者扣缴义务人和代征代售人终止税款征收业务、纳税人停止自行填开税收票证等原因，税收票证及税收票证专用章戳需要交回的，税收票证管理人员应当清点、核对字轨、号码和数量，及时上交至发放或有权销毁税收票证及税收票证专用章戳的税务机关。

18. 纳税人遗失已完税税收票证需要税务机关另行提供的，应当登报声明原持有联次遗失并向税务机关提交申请；税款经核实确已缴纳入库或从国库退还的，税务机关应当开具税收完税证明或提供原完税税收票证复印件。

（三）法律责任

1. 自行填开税收票证的纳税人违反《税收票证管理办法》及相关规定的，税务机关应当停止其税收票证的领用和自行填开，并限期缴销全部税收票证；情节严重的，可以处以 1 000 元以下的罚款。

2. 非法印制、转借、倒卖、变造或者伪造税收票证的，依照《税收征收管理法实施细则》的规定进行处理；伪造、变造、买卖、盗窃、抢夺、毁灭税收票证专用章戳的，移送司法机关。

十三、违法进行税收票证的监督管理

（一）违法主体

具有税收票证监督管理职责的税务人员。

（二）构成要件

1.税务机关税收票证开具人员、税收票证管理人员工作变动离岗前，应当办理税收票证、税收票证专用章戳、账簿以及其他税收票证资料的移交。移交时应当有专人监交，监交人、移交人、接管人三方共同签章，票清离岗。

2.税务机关应当按税收票证种类、领用单位设置税收票证账簿，对各种税收票证的印制、领发、用存、作废、结报缴销、停用、损失、销毁的数量、号码进行及时登记和核算，定期结账。

3.基层税务机关的税收票证管理人员应当按日对已结报缴销税收票证的完整性、准确性和税收票证管理的规范性进行审核；基层税务机关的上级或所属税务机关税收票证管理人员对基层税务机关缴销的税收票证，应当定期进行复审。

4.税务机关应当及时对已经开具、作废的税收票证、账簿以及其他税收票证资料进行归档保存。纸质税收票证、账簿以及其他税收票证资料，应当整理装订成册，保存期限5年；作为会计凭证的纸质税收票证保存期限15年。数据电文税收票证、账簿以及其他税收票证资料，应当通过光盘等介质进行存储，确保数据电文税收票证信息的安全、完整，保存时间和具体办法另行制定。

5.未填用的《税收缴款书（出口货物劳务专用）》、《出口货物完税分割单》、印花税票需要销毁的，应当由两人以上共同清点，编制销毁清册，逐级上缴省税务机关销毁；未填用的《税收缴款书（税务收现专用）》、《税收缴款书（代扣代收专用）》、税收完税证明需要销毁的，应当由两人以上共同清点，编制销毁清册，报经市税务机关批准，指派专人到县税务机关复核并监督销毁；其他各种税收票证、账簿和税收票证资料需要销毁的，由税收票证主管人员清点并编制销毁清册，报经县或市税务机关批准，由两人以上监督销毁；税收票证专用章戳需要销毁的，由刻制税收票证专用章戳的税务机关销毁。

6.税务机关应当定期对本级及下级税务机关、税收票证印制企业、扣缴义务人、代征代售人、自行填开税收票证的纳税人税收票证及税收票证专用章戳管理工作进行检查。

（三）法律责任

1. 税务机关工作人员违反《税收票证管理办法》的，应当根据情节轻重，给予批评教育、责令做出检查、诫勉谈话或调整工作岗位处理；构成违纪的，依照《中华人民共和国公务员法》《行政机关公务员处分条例》等法律法规给予处分；涉嫌犯罪的，移送司法机关。

2. 税务机关与代征代售人、税收票证印制企业签订代征代售合同、税收票证印制合同时，应当就违反《税收票证管理办法》及相关规定的责任进行约定，并按约定及其他有关规定追究责任；涉嫌犯罪的，移送司法机关。

第三节　纳税申报风险

一、未按规定期限办理纳税申报

（一）违法主体

应当办理纳税申报的纳税人。

（二）构成要件

1. 纳税人必须依照法律、行政法规规定或者税务机关依照法律、行政法规的规定确定的申报期限、申报内容如实办理纳税申报，报送纳税申报表、财务会计报表以及税务机关根据实际需要要求纳税人报送的其他纳税资料。

2. 纳税人在纳税期内没有应纳税款的，也应当按照规定办理纳税申报。纳税人享受减税、免税待遇的，在减税、免税期间应当按照规定办理纳税申报。

3. 扣缴义务人必须依照法律、行政法规规定或者税务机关依照法律、行政法规的规定确定的申报期限、申报内容如实报送代扣代缴、代收代缴税款报告表以及税务机关根据实际需要要求扣缴义务人报送的其他有关资料。

4. 纳税人、扣缴义务人的纳税申报或者代扣代缴、代收代缴税款报告表的主要内容包括：税种、税目，应纳税项目或者应代扣代缴、代收代缴税款项目，计税依据，扣除项目及标准，适用税率或者单位税额，应退税项目及税额、应减免税项目及税额，应纳税额或者应代扣代缴、代收代缴税额，税款所属期限、延期缴纳税款、欠税、滞纳金等。

5.纳税人办理纳税申报时,应当如实填写纳税申报表,并根据不同的情况相应报送下列有关证件、资料:

(1)财务会计报表及其说明材料;

(2)与纳税有关的合同、协议书及凭证;

(3)税控装置的电子报税资料;

(4)外出经营活动税收管理证明和异地完税凭证;

(5)境内或者境外公证机构出具的有关证明文件;

(6)税务机关规定应当报送的其他有关证件、资料。

6.扣缴义务人办理代扣代缴、代收代缴税款报告时,应当如实填写代扣代缴、代收代缴税款报告表,并报送代扣代缴、代收代缴税款的合法凭证以及税务机关规定的其他有关证件、资料。

7.实行定期定额缴纳税款的纳税人,可以实行简易申报、简并征期等申报纳税方式。

(三)法律责任

1.纳税人未按照规定的期限办理纳税申报和报送纳税资料的,由税务机关责令限期改正,可以处 2 000 元以下的罚款;情节严重的,可以处 2 000 元以上 1 万元以下的罚款。

2.扣缴义务人未按照规定的期限向税务机关报送代扣代缴、代收代缴税款报告表和有关资料的,由税务机关责令限期改正,可以处 2 000 元以下的罚款;情节严重的,可以处 2 000 元以上 1 万元以下的罚款。

3.纳税人发生纳税义务,未按照规定的期限办理纳税申报,经税务机关责令限期申报。逾期仍不申报的,税务机关有权核定其应纳税额。

(四)典型案例

山西省高级人民法院
行 政 裁 定 书

(2020)晋行申 7 号

再审申请人(一审被告、二审被上诉人)国家税务总局长治市城区税务局英雄中路税务分局(原长治市城区地方税务局第五税务所)。

被申请人(一审原告、二审上诉人)长治市红旗磨料磨具工业公司。

再审申请人国家税务总局长治市城区税务局英雄中路税务分局(以下简称英雄中路税务分局)因被申请人长治市红旗磨料磨具工业公司(以下简称红旗公司)诉其税务行政行为一案,不服山西省长治市中级人民法院(2019)晋 04

行终43号行政判决,向本院申请再审。本院依法组成合议庭,对本案进行了审查。现已审查终结。

英雄中路税务分局申请再审称:一、二审判决认定"现又就同一地块向红旗公司发出长城地税限改〔2018〕45号《责令限期改正通知书》(以下简称被诉改正通知),要求红旗公司申报城镇土地使用税和房产税",属于认定事实不清。本案中,承租人长治市港友旧机动车交易有限公司(以下简称港友公司)自主缴纳800平方米税款,该申报是否准确应由申请人最终核定。红旗公司应不应当缴纳税款均应当办理纳税申报。二、二审判决适用法律、法规错误。本案的核心争点是谁是法律上的"纳税义务人"。二审法院认为产权所有人、土地的实际使用人均可成为纳税义务人是错误的。案涉租赁合同虽约定由港友公司承担土城镇地使用税和房产税,但该合同仅约束合同相对人,且确定纳税主体是税务机关的法定职责,司法权不应干预。三、被诉改正通知不具有可诉性。被诉改正通知未确定纳税金额,未进行行政处罚,是申请人为实施征收税款的过程性行为,并不会对红旗公司的权利义务产生实质性影响,不具有可诉性(申请人在本案审查询问时撤回了该项再审理由)。英雄中路税务分局依据《中华人民共和国行政诉讼法》第九十一条第(三)项、第(四)项的规定申请再审。请求:一、撤销山西省长治市中级人民法院(2019)晋04行终43号行政判决;二、改判驳回红旗公司的诉讼请求;三、诉讼费用由红旗公司承担。

红旗公司答辩称:一、二审判决认定事实清楚,适用法律正确。(一)红旗公司于1995年1月关停后,没有设立银行账户,没有进行税务登记,业务主要由长治市城区潞洲磨具厂(以下简称潞洲磨具厂)承担。(二)2010年,红旗公司持租赁合同到英雄中路税务分局处进行了备案,得到税务局领导的认可,即按照合同双方各自所占土地面积分别缴纳城镇土地使用税,以上事实在一、二审庭审中英雄中路税务分局均未提出反对意见。没有英雄中路税务分局的认可,红旗公司不可能通过税务申报和审核,更不可能只缴纳293.25平方米的城镇土地使用税。红旗公司按照实际使用的293.25平方米土地缴纳城镇土地使用税是合法合理的。(三)英雄中路税务分局没有征收港友公司的城镇土地使用税,是其没有按照国家规定依法征收造成的。依据《中华人民共和国城镇土地使用税暂行条例》第二条、《中华人民共和国税收征收管理法》第十五条的规定,租赁合同和土地使用证是港友公司进行税务登记的两个要件,城镇土地使用税是税务登记后应缴纳的一个税种。港友公司进行了正常的税务登记备案,从2010年12月到2016年12月的6年时间里,英雄中路税务分局没有按租赁合同征收城镇土地使用税的原因,只有其自己知道。二、关于纳税人认定问题。城镇土地使用税应按税务备案资料中的合同约定进行征收,至于港友公司没有按实际占用的土地面积缴纳税款，应由英雄中路税务分局向其进行追缴，而不应就同一块土地向红旗公司下达被诉改正通知。三、被诉改正通知依据的《国家税务局关于城镇土地使用税若干具体问题的解释和暂行规定》（以下简称《城镇土地使用税暂行规定》）是1988年10月24日颁布的，不能对2007年修改后的《中华人民共和国城镇土地使用税暂行条例》进行解释。修改后的《中华人民共和国城镇土地使用税暂行条例》第二条对"纳税人"专门进行了明确规定。港友公司是股份制企业，不必取得土地使用权证即可以成为城镇土地使用税的纳税人。综上，二审判决认定事实清楚，适用法律正确，应予维持。请求驳回再审申请。

本院认为：《中华人民共和国税收征收管理法》第二十五条规定："纳税人必须依照法律、行政法规规定或者税务机关依照法律、行政法规的规定确定的申报期限、申报内容如实办理纳税申报，报送纳税申报表、财务会计报表以及税务机关根据实际需要要求纳税人报送的其他纳税资料。扣缴义务人必须依照法律、行政法规规定或者税务机关依照法律、行政法规的规定确定的申报期限、申报内容如实报送代扣代缴、代收代缴税款报告表以及税务机关根据实际需要要求扣缴义务人报送的其他有关资料"。据此，负有纳税申报义务的主体是纳税人和扣缴义务人。本案中，由于不存在红旗公司代扣代缴的事实，英雄中路税务分局向红旗公司作出被诉改正通知，隐含的前提必然是将红旗公司确定为案涉城镇土地使用税的纳税人。根据已查明事实，案涉应税土地在2017—2019年由潞洲磨具厂、港友公司缴纳过部分城镇土地使用税，英雄中路税务分局多年来未提出异议，事实上已接受潞洲磨具厂、港友公司为案涉土地、房产税费的纳税人，双方已形成实质性的税务征缴法律关系。英雄中路税务分局在同一地块已存在纳税人的情况下，又通过被诉改正通知将红旗公司确定为纳税人并要求其进行纳税申报，与先前的征税行为存在矛盾，应予纠正。

《中华人民共和国税收征收管理法》第三十五条规定："纳税人有下列情形之一的，税务机关有权核定其应纳税额：……（五）发生纳税义务，未按照规定的期限办理纳税申报，经税务机关责令限期申报，逾期仍不申报的……"；第四十条规定："从事生产、经营的纳税人、扣缴义务人未按照规定的期限缴纳或者解缴税款，纳税担保人未按照规定的期限缴纳所担保的税款，由税务机关责令限期缴纳，逾期仍未缴纳的，经县以上税务局（分局）局长批准，税务机关可以采取下列强制执行措施：（一）书面通知其开户银行或者其他金融机构从其存款中扣缴税款；（二）扣押、查封、依法拍卖或者变卖其价值相当于应纳税款的商品、货物或者其他财产，以拍卖或者变卖所得抵缴税款。税务机关采取强制执行措施时，对前款所列纳税人、扣缴义务人、纳税担保人未缴纳的滞纳金同时强制执行"；第六十二条规定："纳税人未按照规定的期限办理纳税申报和报送纳税资料的，或者扣缴义务人未按照规定的期限向税务机关报送代扣代缴、代收代缴税款报告表和有关资料的，由税务机关责令限期改正，可以处二千元以下的罚款；情节严重的，可以处二千元以上1万元以下的罚款"。根据上述法律规定，税务机关通知纳税人进行纳税申报后，如果纳税人逾期不申报的，税务机关可以根据《中华人民共和国税收征收管理法》第三十五条的规定作出纳税决定（核定纳税人的应缴纳税额），然后可以根据第四十条的规定责令纳税人限期缴纳、采取强制措施，促使纳税人履行纳税义务，或者根据《中华人民共和国税收征收管理法》第六十二条的规定直接就纳税人不申报行为进行行政处罚。纳税人如果对纳税决定不服的，可根据该法第八十八条、《中华人民共和国税收征收管理法实施细则》第一百条的规定申请行政复议，复议后仍不服的，可以提起行政诉讼。纳税人如果对处罚决定不服，既可以直接提起行政诉讼，也可以先申请行政复议，对行政复议决定不服的，再提起行政诉讼。本案中，英雄中路税务分局可根据上述规定作出相关纳税决定、采取强制措施，保障国家应收税款不流失，红旗公司亦可根据上述规定对税务机关的不同行政决定寻求行政复议、行政诉讼等救济，维护自身合法权益。故本案可以通过其他有效途径解决相关税务问题，没有再审的必要性。

综上，二审判决撤销被诉改正通知的结果正确，英雄中路税务分局的再审申请不符合《中华人民共和国行政诉讼法》第九十一条规定的情形。依照《最高人民法院关于适用〈中华人民共和国行政诉讼法〉的解释》第一百一十六条第二款的规定，裁定如下：

驳回国家税务总局长治市城区税务局英雄中路税务分局的再审申请。

2020年10月27日

二、未按照规定的方式办理纳税申报

（一）违法主体

应当办理纳税申报的纳税人。

（二）构成要件

1. 纳税人、扣缴义务人可以直接到税务机关办理纳税申报或者报送代扣代缴、代收代缴税款报告表，也可以按照规定采取邮寄、数据电文或者其他方式办理上述申报、报送事项。

2. 税务机关应当建立、健全纳税人自行申报纳税制度。纳税人、扣缴义务人可以采取邮寄、数据电文方式办理纳税申报或者报送代扣代缴、代收代缴税款报告表。数据电文方式，是指税务机关确定的电话语音、电子数据交换和网络传输等电子方式。

3.纳税人采取邮寄方式办理纳税申报的，应当使用统一的纳税申报专用信封，并以邮政部门收据作为申报凭据。邮寄申报以寄出的邮戳日期为实际申报日期。

4.纳税人采取电子方式办理纳税申报的，应当按照税务机关规定的期限和要求保存有关资料，并定期书面报送主管税务机关。

5.凡实行查账征收方式的纳税人，均可采用邮寄纳税申报办法。邮寄申报的邮件内容包括纳税申报表、财务会计报表以及税务机关要求纳税人报送的其他纳税资料。

6.纳税人在法定的纳税申报期内，按税务机关规定的要求填写各类申报表和纳税资料后，使用统一规定的纳税申报特快专递专用信封，可以根据约定时间由邮政人员上门收寄，也可到指定的邮政部门办理交寄手续。无论是邮政人员上门收寄，还是由纳税人到邮政部门办理交寄，邮政部门均应向纳税人开具收据。该收据作为邮寄申报的凭据，备以查核。邮寄纳税申报的具体日期以邮政部门收寄日戳日期为准。

7.邮政部门办理纳税申报特快专递邮件参照同城特快邮件方式交寄、封发处理，按照与税务机关约定的时限投递，保证传递服务质量。具体投递频次、时限由省、自治区、直辖市邮政、税务部门协商确定。业务量、业务收入统计按照同城特快业务现行规定办理。

8.各基层税务机关要指定人员统一接收、处理邮政部门送达的纳税申报邮件。

9.纳税申报特快专递邮件实行按件收费，每件中准价为8元，各省、自治区、直辖市邮政管理局可根据各地实际情况，以中准价为基础上下浮动30%。价格确定后，须报经省物价主管部门备案。邮件资费的收取方式及相关手续由各省、自治区、直辖市税务和邮政部门协商确定。

10.邮寄纳税申报专用信封，由各省、自治区、直辖市邮政管理局与同级税务机关共同指定印刷厂承印，并负责监制；由各地（市）、州、盟税务局按照国家邮政局、国家税务总局确定的式样印制；由纳税人向主管税务机关领购。

（三）法律责任

1.纳税人未按照规定的期限办理纳税申报和报送纳税资料的，由税务机关责令限期改正，可以处2 000元以下的罚款；情节严重的，可以处2 000元以上10 000元以下的罚款。

2. 扣缴义务人未按照规定的期限向税务机关报送代扣代缴、代收代缴税款报告表和有关资料的，由税务机关责令限期改正，可以处 2 000 元以下的罚款；情节严重的，可以处 2 000 元以上 10 000 元以下的罚款。

3. 纳税人发生纳税义务，未按照规定的期限办理纳税申报，经税务机关责令限期申报，逾期仍不申报的，税务机关有权核定其应纳税额。

三、未按照规定办理延期纳税申报

（一）违法主体

应当办理纳税申报的纳税人。

（二）构成要件

1. 纳税人、扣缴义务人不能按期办理纳税申报或者报送代扣代缴、代收代缴税款报告表的，经税务机关核准，可以延期申报。

2. 经核准延期办理上述规定的申报、报送事项的，应当在纳税期内按照上期实际缴纳的税额或者税务机关核定的税额预缴税款，并在核准的延期内办理税款结算。

3. 纳税人、扣缴义务人按照规定的期限办理纳税申报或者报送代扣代缴、代收代缴税款报告表确有困难，需要延期的，应当在规定的期限内向税务机关提出书面延期申请，经税务机关核准，在核准的期限内办理。

4. 纳税人、扣缴义务人因不可抗力，不能按期办理纳税申报或者报送代扣代缴、代收代缴税款报告表的，可以延期办理；但是，应当在不可抗力情形消除后立即向税务机关报告。税务机关应当查明事实，予以核准。

（三）法律责任

1. 纳税人未按照规定的期限办理纳税申报和报送纳税资料的，由税务机关责令限期改正，可以处 2 000 元以下的罚款；情节严重的，可以处 2 000 元以上 10 000 元以下的罚款。

2. 扣缴义务人未按照规定的期限向税务机关报送代扣代缴、代收代缴税款报告表和有关资料的，由税务机关责令限期改正，可以处 2 000 元以下的罚款；情节严重的，可以处 2 000 元以上 10 000 元以下的罚款。

3. 纳税人发生纳税义务，未按照规定的期限办理纳税申报，经税务机关责令限期申报，逾期仍不申报的，税务机关有权核定其应纳税额。

第二章 税款征收领域风险

第一节 违法征税风险

一、税务机关违法征税

（一）违法主体

具有征税职责的税务机关。

（二）构成要件

1. 税务机关依照法律、行政法规的规定征收税款，不得违反法律、行政法规的规定开征、停征、多征、少征、提前征收、延缓征收或者摊派税款。

2. 税务机关应当加强对税款征收的管理，建立、健全责任制度。税务机关根据保证国家税款及时足额入库、方便纳税人、降低税收成本的原则，确定税款征收的方式。税务机关应当加强对纳税人出口退税的管理，具体管理办法由国家税务总局会同国务院有关部门制定。

3. 税务机关应当将各种税收的税款、滞纳金、罚款，按照国家规定的预算科目和预算级次及时缴入国库，税务机关不得占压、挪用、截留，不得缴入国库以外或者国家规定的税款账户以外的任何账户。已缴入国库的税款、滞纳金、罚款，任何单位和个人不得擅自变更预算科目和预算级次。

（三）法律责任

1. 税务人员徇私舞弊或者玩忽职守，不征或者少征应征税款，致使国家税收遭受重大损失，构成犯罪的，依法追究刑事责任；尚不构成犯罪的，依法给予行政处分。

2. 税务人员滥用职权,故意刁难纳税人、扣缴义务人的,调离税收工作岗位,并依法给予行政处分。

3. 税务机关违反规定擅自改变税收征收管理范围和税款入库预算级次的,责令限期改正,对直接负责的主管人员和其他直接责任人员依法给予降级或者撤职的行政处分。

二、违法委托代征税款

(一)违法主体

违法代征税款的单位和个人。

(二)构成要件

1. 除税务机关、税务人员以及经税务机关依照法律、行政法规委托的单位和人员外,任何单位和个人不得进行税款征收活动。

2. 税务机关应当根据方便、快捷、安全的原则,积极推广使用支票、银行卡、电子结算方式缴纳税款。

3. 税务机关根据有利于税收控管和方便纳税的原则,可以按照国家有关规定委托有关单位和人员代征零星分散和异地缴纳的税收,并发给委托代征证书。受托单位和人员按照代征证书的要求,以税务机关的名义依法征收税款,纳税人不得拒绝;纳税人拒绝的,受托代征单位和人员应当及时报告税务机关。

(三)法律责任

未经税务机关依法委托征收税款的,责令退还收取的财物,依法给予行政处分或者行政处罚;致使他人合法权益受到损失的,依法承担赔偿责任;构成犯罪的,依法追究刑事责任。

三、违法代扣、代收税款

(一)违法主体

负有代扣、代收税款义务的单位和个人。

(二)构成要件

1. 扣缴义务人依照法律、行政法规的规定履行代扣、代收税款的义务。对法律、行政法规没有规定负有代扣、代收税款义务的单位和个人，税务机关不得要求其履行代扣、代收税款义务。

2.扣缴义务人依法履行代扣、代收税款义务时，纳税人不得拒绝。纳税人拒绝的，扣缴义务人应当及时报告税务机关处理。

3.税务机关按照规定付给扣缴义务人代扣、代收手续费。

（三）法律责任

1.扣缴义务人在规定期限内不缴或者少缴应解缴的税款，经税务机关责令限期缴纳，逾期仍未缴纳的，税务机关除依照《中华人民共和国税收征收管理法》第四十条的规定采取强制执行措施追缴其不缴或者少缴的税款外，可以处不缴或者少缴的税款50%以上5倍以下的罚款。

2.扣缴义务人应扣未扣、应收而不收税款的，由税务机关向纳税人追缴税款，对扣缴义务人处应扣未扣、应收未收税款50%以上3倍以下的罚款。

（四）典型案例

辽宁省沈阳市中级人民法院
行 政 裁 定 书

（2021）辽01行终251号

上诉人（原审原告）：常某，男，1972年7月1日出生。

被上诉人（原审被告）：国家税务总局辽阳市税务局稽查局。

被上诉人（原审被告）：国家税务总局辽宁省税务局。

原审第三人：国家税务总局辽阳市税务局。

上诉人常某与被上诉人国家税务总局辽阳市税务局稽查局国家税务总局辽宁省税务局原审第三人国家税务总局辽阳市税务局罚款一案，不服沈阳市皇姑区人民法院（2020）辽0105行初206行政判决，向本院提出上诉。本院依法组成合议庭，对本案进行了公开开庭审理。本案现已审理终结。

原审查明，被告辽阳税务稽查局依据最高人民法院（2016）最高法民终806号民事判决书及相关证据，认定原告常某于2012年6月1日与温荣源签订股权转让协议书，转让温荣源拥有的辽阳县万凯峰矿业有限责任公司46%股权，金额2.6亿元，原告是法定代缴代扣义务人。应代扣代缴未代扣代缴股权转让个人所得税51 562 000元，未按规定缴纳印花税13万元。经辽阳市税务局重大税务案件审理程序后，于2019年6月21日对原告常某作出辽市税稽罚〔2019〕15号税务行政处罚决定书，对原告处以应扣除未扣除股权转让个人所得税50%的罚款，金额25 781 000元；对原告未申报缴纳的印花税50%的罚款，金额

65 000 元。共计 25 846 000 元。

原告不服该处罚，于 2019 年 12 月 30 日向被告省税务局申请行政复议，被告省税务局于 2020 年 1 月 6 日作出受理行政复议申请通知书，因疫情于同年 2 月 18 日作出复议中止审理通知书。同年 7 月 14 日作出行政复议恢复审理通知书，同年 7 月 21 日作出辽税税复决字〔2020〕50004 号行政复议决定书，维持了辽阳税务稽查局作出的处罚决定。原告诉至本院。

原审认为，根据《中华人民共和国税收征收管理法》第十四条："本法所称税务机关是指各级税务局、税务分局、税务所和按照国务院规定设立的并向社会公告的税务机构。"《中华人民共和国税收征收管理法实施细则》第九条："税收征管法第十四条所称按照国务院规定设立的并向社会公告的税务机构，是指省以下税务局的稽查局。"《国家税务总局关于稽查局职责问题的通知》（国税函〔2003〕140 号）规定："稽查局的现行职责是指：稽查业务管理、税务检查和税收违法案件查处；凡需要对纳税人、扣缴义务人进行账证检查或者调查取证，并对其税收违法行为进行税务行政处理（处罚）的执法活动，仍由各级稽查局负责"的规定，被告辽阳税务稽查局具有作出被诉处罚决定的法定职权。根据《中华人民共和国行政复议法》第十二条、《税务行政复议规则》第三条、第十六条第一款、第二十九条第二款规定，被告省税务局具有作出行政复议的法定职权。

根据《中华人民共和国税收征收管理法》第六十九条："扣缴义务人应扣未扣、应收而不收税款的，由税务机关向纳税人追缴税款，对扣缴义务人处应扣未扣、应收未收税款 50% 以上 3 倍以下的罚款"、第六十四条第二款"纳税人不进行纳税申报，不缴或者少缴应纳税款的，由税务机关追缴其不缴或者少缴的税款、滞纳金，并处不缴或者少缴的税款 50% 以上 5 倍以下的罚款"的规定，原告常某与温荣源于 2012 年 6 月 1 日签订股权转让协议书，并支付股权转让款 2.6 亿元，作为扣缴义务人的原告常某存在应扣未扣税款及未按规定缴纳印花税的情形，被告辽阳税务稽查局对其作出的处罚符合法律规定，无不当。

被告省税务局 2020 年 1 月 6 日受理原告复议申请，同日作出行政复议答复通知书，送达第三人辽阳市税务局，并经中止、恢复审理程序后，于 2020 年 7 月 21 日作出维持原处罚的被诉复议决定，认定事实清楚、证据充分，程序合法。

关于原告提出被告辽阳市税务稽查局于 2019 年 3 月 6 日在报纸上发布公告，其中"自公告之日起满 30 日即视为送达，正式文书可到我局领取。"公告日期不足法定期限 60 日，属于程序性错误的主张，本院认为，根据《中华人民共和国税收征收管理法实施细则》第一百零六条："有下列情形之一的，税务机关可以公告送达税务文书，自公告之日起满 30 日，即视为送达：（一）同一送达事项的受送达人众多；（二）采用本章规定的其他送达方式无法送达"的规定，被告的公告送达时间符合上述法律规定。综上，依照《中华人民共和国行政诉讼法》第六十九条之规定，判决驳回原告常某的诉讼请求。本案诉讼费50元，由原告常某承担。

......

本院审理查明的事实与原审法院审理查明的事实一致。

本院认为，《中华人民共和国税收征收管理法》第六十九条："扣缴义务人应扣未扣、应收而不收税款的，由税务机关向纳税人追缴税款，对扣缴义务人处应扣未扣、应收未收税款50%以上3倍以下的罚款。"股权转让所得个人所得税管理办法（试行）第四条规定，个人转让股权，以股权转让收入减除股权原值和合理费用后的余额为应纳税所得额，按"财产转让所得"缴纳个人所得税。第十五条规定，个人转让股权的原值依照以下方法确认：（一）以现金出资方式取得的股权，按照实际支付的价款与取得股权直接相关的合理税费之和确认股权原值；（二）以非货币性资产出资方式取得的股权，按照税务机关认可或核定的投资入股时非货币性资产价格与取得股权直接相关的合理税费之和确认股权原值；（三）通过无偿让渡方式取得股权，具备本办法第十三条第二项所列情形的，按取得股权发生的合理税费与原持有人的股权原值之和确认股权原值；（四）被投资企业以资本公积、盈余公积、未分配利润转增股本，个人股东已依法缴纳个人所得税的，以转增额和相关税费之和确认其新转增股本的股权原值；（五）除以上情形外，由主管税务机关按照避免重复征收个人所得税的原则合理确认股权原值。

原审判决对处罚决定中股权原值的认定及计算方式未予查清，属认定事实不清，依照《中华人民共和国行政诉讼法》第八十九条第一款第（三）项之规定，裁定如下：

一、撤销沈阳市皇姑区人民法院（2020）辽0105行初206号行政判决；

二、发回沈阳市皇姑区人民法院另行组成合议庭重审。

2021年4月20日

四、未依法缴纳或者解缴税款

（一）违法主体

应当缴纳或者解缴税款的纳税人、扣缴义务人。

（二）构成要件

1.纳税人、扣缴义务人按照法律、行政法规规定或者税务机关依照法律、行政法规的规定确定的期限，缴纳或者解缴税款。

2.纳税人因有特殊困难，不能按期缴纳税款的，经省、自治区、直辖市税务局批准，可以延期缴纳税款，但是最长不得超过3个月。计划单列市税务局可以参照上述批准权限，审批纳税人延期缴纳税款。

3.纳税人有下列情形之一的，属于上述所称特殊困难：

（1）因不可抗力，导致纳税人发生较大损失，正常生产经营活动受到较大影响的。

（2）当期货币资金在扣除应付职工工资、社会保险费后，不足以缴纳税款的。

4.纳税人需要延期缴纳税款的，应当在缴纳税款期限届满前提出申请，并报送下列材料：

（1）申请延期缴纳税款报告。

（2）当期货币资金余额情况及所有银行存款账户的对账单。

（3）资产负债表。

（4）应付职工工资和社会保险费等税务机关要求提供的支出预算。

税务机关应当自收到申请延期缴纳税款报告之日起20日内作出批准或者不予批准的决定；不予批准的，从缴纳税款期限届满之日起加收滞纳金。

（三）法律责任

1.纳税人未按照规定期限缴纳税款的，扣缴义务人未按照规定期限解缴税款的，税务机关除责令限期缴纳外，从滞纳税款之日起，按日加收滞纳税款万分之五的滞纳金。

2.纳税人、扣缴义务人在规定期限内不缴或者少缴应纳或者应解缴的税款，经税务机关责令限期缴纳，逾期仍未缴纳的，税务机关除依照《中华人民共和国税收征收管理法》第四十条的规定采取强制执行措施追缴其不缴或者少缴的税款外，可以处不缴或者少缴的税款50%以上5倍以下的罚款。

五、未依法办理减税、免税

（一）违法主体

未依法办理减税、免税的单位与个人。

（二）构成要件

1.纳税人依照法律、行政法规的规定办理减税、免税。

2. 地方各级人民政府、各级人民政府主管部门、单位和个人违反法律、行政法规规定，擅自作出的减税、免税决定无效，税务机关不得执行，并向上级税务机关报告。

3. 享受减税、免税优惠的纳税人，减税、免税期满，应当自期满次日起恢复纳税；减税、免税条件发生变化的，应当在纳税申报时向税务机关报告；不再符合减税、免税条件的，应当依法履行纳税义务；未依法纳税的，税务机关应当予以追缴。

（三）法律责任

1. 税务人员徇私舞弊或者玩忽职守，不征或者少征应征税款，致使国家税收遭受重大损失，构成犯罪的，依法追究刑事责任；尚不构成犯罪的，依法给予行政处分。

2. 违反法律、行政法规的规定，擅自作出税收的开征、停征或者减税、免税、退税、补税以及其他同税收法律、行政法规相抵触的决定的，除依照《中华人民共和国税收征收管理法》规定撤销其擅自作出的决定外，补征应征未征税款，退还不应征收而征收的税款，并由上级机关追究直接负责的主管人员和其他直接责任人员的行政责任；构成犯罪的，依法追究刑事责任。

六、未依法开具完税凭证

（一）违法主体

应依法开具完税凭证的单位和个人。

（二）构成要件

1. 税务机关征收税款时，必须给纳税人开具完税凭证。扣缴义务人代扣、代收税款时，纳税人要求扣缴义务人开具代扣、代收税款凭证的，扣缴义务人应当开具。

2. 上述所称完税凭证，是指各种完税证、缴款书、印花税票、扣（收）税凭证以及其他完税证明。未经税务机关指定，任何单位、个人不得印制完税凭证。完税凭证不得转借、倒卖、变造或者伪造。完税凭证的式样及管理办法由国家税务总局制定。

3. 税务机关收到税款后，应当向纳税人开具完税凭证。纳税人通过银行缴纳税款的，税务机关可以委托银行开具完税凭证。

4.证券交易场所和证券登记结算机构扣缴证券交易印花税,应当在证券公司给参与集中交易的投资者开具的"成交过户交割凭单"(以下简称交割单)、证券登记结算机构或证券公司给办理非集中交易过户登记的投资者开具的"过户登记确认书"(以下简称确认书)中注明应予扣收税款的计税金额、税率和扣收税款的金额,交割单、确认书应加盖开具单位的相关业务章戳。已注明扣收税款信息的交割单、确认书可以作为纳税人已完税的证明。纳税人需要另外再开具正式完税凭证的,可以凭交割单或确认书,连同税务登记证副本或纳税人身份证明材料,向证券交易场所和证券登记结算机构所在地的主管税务机关要求开具《税收完税证明》。为保证纳税人依法取得正式完税凭证,证券交易场所和证券登记结算机构应当将扣缴证券交易印花税的纳税人明细信息及时报送主管税务机关。

(三)法律责任

税务人员滥用职权,故意刁难纳税人、扣缴义务人的,调离税收工作岗位,并依法给予行政处分。

七、未依法核定应纳税额

(一)违法主体

应依法核定应纳税额的纳税人和税务人员。

(二)构成要件

1.纳税人有下列情形之一的,税务机关有权核定其应纳税额。
(1)依照法律、行政法规的规定可以不设置账簿的。
(2)依照法律、行政法规的规定应当设置账簿但未设置的。
(3)擅自销毁账簿或者拒不提供纳税资料的。
(4)虽设置账簿,但账目混乱或者成本资料、收入凭证、费用凭证残缺不全,难以查账的。
(5)发生纳税义务,未按照规定的期限办理纳税申报,经税务机关责令限期申报,逾期仍不申报的。
(6)纳税人申报的计税依据明显偏低,又无正当理由的。
税务机关核定应纳税额的具体程序和方法由国务院税务主管部门规定。
2.纳税人有上述所列情形之一的,税务机关有权采用下列任何一种方法核定其应纳税额。

（1）参照当地同类行业或者类似行业中经营规模和收入水平相近的纳税人的税负水平核定。

（2）按照营业收入或者成本加合理的费用和利润的方法核定。

（3）按照耗用的原材料、燃料、动力等推算或者测算核定。

（4）按照其他合理方法核定。

采用上述所列一种方法不足以正确核定应纳税额时，可以同时采用两种以上的方法核定。纳税人对税务机关采取上述方法核定的应纳税额有异议的，应当提供相关证据，经税务机关认定后，调整应纳税额。

（三）法律责任

1. 纳税人、扣缴义务人在规定期限内不缴或者少缴应纳或者应解缴的税款，经税务机关责令限期缴纳，逾期仍未缴纳的，税务机关除依照《中华人民共和国税收征收管理法》第四十条的规定采取强制执行措施追缴其不缴或者少缴的税款外，可以处不缴或者少缴的税款50%以上5倍以下的罚款。

2. 税务人员徇私舞弊或者玩忽职守，不征或者少征应征税款，致使国家税收遭受重大损失，构成犯罪的，依法追究刑事责任；尚不构成犯罪的，依法给予行政处分。

3. 税务人员滥用职权，故意刁难纳税人、扣缴义务人的，调离税收工作岗位，并依法给予行政处分。

八、未依法进行关联交易

（一）违法主体

从事关联交易的纳税人以及进行纳税调整的税务人员。

（二）构成要件

1. 企业或者外国企业在中国境内设立的从事生产、经营的机构、场所与其关联企业之间的业务往来，应当按照独立企业之间的业务往来收取或者支付价款、费用；不按照独立企业之间的业务往来收取或者支付价款、费用，而减少其应纳税的收入或者所得额的，税务机关有权进行合理调整。独立企业之间的业务往来，是指没有关联关系的企业之间按照公平成交价格和营业常规所进行的业务往来。

2. 上述所称关联企业，是指有下列关系之一的公司、企业和其他经济组织：

（1）在资金、经营、购销等方面，存在直接或者间接的拥有或者控制关系。

（2）直接或者间接地同为第三者所拥有或者控制。

（3）在利益上具有相关联的其他关系。

纳税人有义务就其与关联企业之间的业务往来，向当地税务机关提供有关的价格、费用标准等资料。

3. 纳税人可以向主管税务机关提出与其关联企业之间业务往来的定价原则和计算方法，主管税务机关审核、批准后，与纳税人预先约定有关定价事项，监督纳税人执行。

4. 纳税人与其关联企业之间的业务往来有下列情形之一的，税务机关可以调整其应纳税额。

（1）购销业务未按照独立企业之间的业务往来作价。

（2）融通资金所支付或者收取的利息超过或者低于没有关联关系的企业之间所能同意的数额，或者利率超过或者低于同类业务的正常利率。

（3）提供劳务，未按照独立企业之间业务往来收取或者支付劳务费用。

（4）转让财产、提供财产使用权等业务往来，未按照独立企业之间业务往来作价或者收取、支付费用。

（5）未按照独立企业之间业务往来作价的其他情形。

5. 纳税人有上述所列情形之一的，税务机关可以按照下列方法调整计税收入额或者所得额。

（1）按照独立企业之间进行的相同或者类似业务活动的价格。

（2）按照再销售给无关联关系的第三者的价格所应取得的收入和利润水平。

（3）按照成本加合理的费用和利润。

（4）按照其他合理的方法。

6. 纳税人与其关联企业未按照独立企业之间的业务往来支付价款、费用的，税务机关自该业务往来发生的纳税年度起3年内进行调整；有特殊情况的，可以自该业务往来发生的纳税年度起10年内进行调整。

（三）法律责任

1. 纳税人、扣缴义务人在规定期限内不缴或者少缴应纳或者应解缴的税款，经税务机关责令限期缴纳，逾期仍未缴纳的，税务机关除依照《中华人民共和国税收征收管理法》第四十条的规定采取强制执行措施追缴其不缴或者少缴的税款外，可以处不缴或者少缴的税款50%以上5倍以下的罚款。

2. 税务人员徇私舞弊或者玩忽职守，不征或者少征应征税款，致使国家税收遭受重大损失，构成犯罪的，依法追究刑事责任；尚不构成犯罪的，依法给予行政处分。

3.税务人员滥用职权，故意刁难纳税人、扣缴义务人的，调离税收工作岗位，并依法给予行政处分。

第二节 税收保全风险

一、违法扣押、拍卖或者变卖纳税人的商品、货物

（一）违法主体

1.未按照规定办理税务登记的从事生产、经营的纳税人以及临时从事经营的纳税人。

2.采取扣押、拍卖或者变卖措施的税务人员。

（二）构成要件

1.对未按照规定办理税务登记的从事生产、经营的纳税人以及临时从事经营的纳税人，由税务机关核定其应纳税额，责令缴纳；不缴纳的，税务机关可以扣押其价值相当于应纳税款的商品、货物。扣押后缴纳应纳税款的，税务机关必须立即解除扣押，并归还所扣押的商品、货物；扣押后仍不缴纳应纳税款的，经县以上税务局（分局）局长批准，依法拍卖或者变卖所扣押的商品、货物，以拍卖或者变卖所得抵缴税款。

2.税务机关扣押商品、货物或者其他财产时，必须开付收据；查封商品、货物或者其他财产时，必须开付清单。

（三）法律责任

1.税务机关依照上述规定，扣押纳税人商品、货物的，纳税人应当自扣押之日起15日内缴纳税款。对扣押的鲜活、易腐烂变质或者易失效的商品、货物，税务机关根据被扣押物品的保质期，可以缩短上述扣押期限。

2.纳税人在限期内已缴纳税款，税务机关未立即解除税收保全措施，使纳税人的合法利益遭受损失的，税务机关应当承担赔偿责任。

3.税务人员私分扣押、查封的商品、货物或者其他财产，情节严重，构成犯罪的，依法追究刑事责任；尚不构成犯罪的，依法给予行政处分。

（四）典型案例

西安铁路运输法院
行 政 裁 定 书

（2024）陕7102行审12号

申请执行人：国家税务总局××稽查局。

被执行人：西安××公司。

申请执行人国家税务总局××稽查局向本院申请执行其作出的西咸税稽罚××《税务行政处罚决定书》及西咸税稽处××《税务处理决定书》。本院立案后，依法组成合议庭进行审查，本案现已审查终结。

国家税务总局××稽查局向本院提出执行请求：申请贵院依法强制执行被申请人作出的西咸税稽处〔2023〕3号《税务处理决定书》及西咸税稽罚〔2023〕4号《税务行政处罚决定书》，强制执行被申请人欠缴的税款人民币5 647 338.15元、税款滞纳金5 419 057.53元、罚款人民币1 236 013.05元以及加处罚款人民币1 236 013.05元。

经审查查明，国家税务总局××稽查局接举报，根据《税务稽查案源管理办法（试行）》于2022年7月14日对被执行人西安××公司立案检查，并于2023年4月14日作出西咸税重审决〔2023〕2号《重大税务案件审理意见书》。国家税务总局××稽查局于2022年12月12日作出西咸税稽税通〔2022〕30号《税务事项通知书》，并于2023年4月14日西咸税稽罚告〔2023〕2号《税务行政处罚事项告知书》。并于2023年4月27日作出西咸税稽处〔2023〕3号《税务处理决定书》，责令被执行人西安××公司补缴税款人民币5 647 338.16元，并从税款滞纳之日起按日加收滞纳税款万分之五的滞纳金。同日又作出西咸税稽罚〔2023〕4号《税务行政处罚决定书》，对被执行人西安××公司罚款人民币1 236 013.05元，到期不缴纳罚款，每日按照罚款数额的3%加处罚款。2024年1月10日，国家税务总局××稽查局作出西咸税稽强催〔2024〕2号《催告书》，要求被执行人西安××公司在收到催告书10日内缴纳所欠税款、滞纳金、罚款、加处罚款。

本院经审查认为，根据《中华人民共和国税收征收管理法》第三十七条规定："对未按照规定办理税务登记的从事生产、经营的纳税人以及临时从事经营的纳税人，由税务机关核定其应纳税额，责令缴纳；不缴纳的，税务机关可以扣押其价值相当于应纳税款的商品、货物。扣押后缴纳应纳税款的，税务机关必须立即解除扣押，并归还所扣押的商品、货物；扣押后仍不缴纳应纳税款的，经县以上税务局（分局）局长批准，依法拍卖或者变卖所扣押的商品、货物，以拍卖或者变卖所得抵缴税款。"《中华人民共和国税收征收管理法》第三十八条规定："税务机关有根据认为从事生产、经营的纳税人有逃避纳税义务行为的，可以在规定的纳税期之前，责令限期缴纳应纳税款；在限期内发现纳税人有明显的转移、隐匿其应纳税的商品、货物以及其他财产或者应纳税的收入的迹象的，税务机关可以责成纳税人提供纳税担保。如果纳税人不能提供纳税担保，经县以上税务局（分局）局长批准，税务机关可以采取下列税收保全措施：（一）书面通知纳税人开户银行或者其他金融机构冻结纳税人的金额相当于应纳税款的存款；（二）扣押、查封纳税人的价值相当于应纳税款的商品、货物或者其他财产。纳税人在前款规定的限期内缴纳税款的，税务机关必须立即解除税收保全措施；限期期满仍未缴纳税款的，经县以上税务局（分局）局长批准，税务机关可以书面通知纳税人开户银行或者其他金融机构从其冻结的存款中扣缴税款，或者依法拍卖或者变卖所扣押、查封的商品、货物或者其他财产，以拍卖或者变卖所得抵缴税款。个人及其所扶养家属维持生活必需的住房和用品，不在税收保全措施的范围之内。"《中华人民共和国税收征收管理法》第四十条规定："从事生产、经营的纳税人、扣缴义务人未按照规定的期限缴纳或者解缴税款，纳税担保人未按照规定的期限缴纳所担保的税款，由税务机关责令限期缴纳，逾期仍未缴纳的，经县以上税务局（分局）局长批准，税务机关可以采取下列强制执行措施：（一）书面通知其开户银行或者其他金融机构从其存款中扣缴税款；（二）扣押、查封、依法拍卖或者变卖其价值相当于应纳税款的商品、货物或者其他财产，以拍卖或者变卖所得抵缴税款。税务机关采取强制执行措施时，对前款所列纳税人、扣缴义务人、纳税担保人未缴纳的滞纳金同时强制执行……"《中华人民共和国税收征收管理法》第四十一条规定："本法第三十七条、第三十八条、第四十条规定的采取税收保全措施、强制执行措施的权力，不得由法定的税务机关以外的单位和个人行使。"《中华人民共和国行政强制法》第五十三条规定："当事人在法定期限内不申请行政复议或者提起行政诉讼，又不履行行政决定的，没有行政强制执行权的行政机关可以自期限届满之日起3个月内，依照本章规定申请人民法院强制执行。"综上可见，采取税收保全措施、强制执行措施的权力只能由税务机关行使，对于从事生产、经营的纳税人、扣缴义务人未按照规定的期限缴纳或者解缴税款，纳税担保人未按照规定的期限缴纳所担保的税款，由税务机关责令限期缴纳，逾期仍未缴纳的，税务机关依法可以采取扣押、查封、依法拍卖或者变卖强制执行措施，且没有强制执行权的行政机关才应依法申请人民法院强制执行。因此，对于申请执行人国家税务总局××稽查局申请执行的《税务处理决定书》，涉及追缴税款及加收滞纳金，《中华人民共和国税收征收管理法》已经赋予申请执行人强制执行权，申请执行人应当自行强制执行，对该部分的非诉执行申请，依法应当裁定驳回。关于《税务××处罚决定书》部分，被执行人西安××公司未在法定期限内申请行政复议和提起行政诉讼，该处罚决定已发生法律效力，且不具有法律和司法解释规定不准予执行的情形。被执行人应当履行相应法律义务，申请执行人经催告后向本院提出强制执行申请符合法律规定。

综上，依照《中华人民共和国行政诉讼法》第九十七条、《中华人民共和国行政强制法》第五十八条第二款之规定，裁定如下：

一、驳回申请执行人国家税务总局××稽查局关于西咸税稽处〔2023〕3号《税务处理决定书》的非诉执行申请；

二、准予强制执行申请执行人国家税务总局××稽查局作出的西咸税稽罚〔2023〕4号《税务行政处罚决定书》，即缴纳罚款人民币1 236 013.05元以及加处罚款人民币1 236 013.05元。

2024年2月4日

二、违法采取税收保全措施

（一）违法主体

1. 从事生产、经营的且有逃避纳税义务行为的纳税人。
2. 采取税收保全措施的税务人员。

（二）构成要件

1. 税务机关有根据认为从事生产、经营的纳税人有逃避纳税义务行为的，可以在规定的纳税期之前，责令限期缴纳应纳税款；在限期内发现纳税人有明显的转移、隐匿其应纳税的商品、货物以及其他财产或者应纳税的收入的迹象的，税务机关可以责成纳税人提供纳税担保。如果纳税人不能提供纳税担保，经县以上税务局（分局）局长批准，税务机关可以采取下列税收保全措施：

（1）书面通知纳税人开户银行或者其他金融机构冻结纳税人的金额相当于应纳税款的存款；

（2）扣押、查封纳税人的价值相当于应纳税款的商品、货物或者其他财产。其他财产，包括纳税人的房地产、现金、有价证券等不动产和动产。

2. 纳税人在上述限期内缴纳税款的，税务机关必须立即解除税收保全措施；限期期满仍未缴纳税款的，经县以上税务局（分局）局长批准，税务机关可以书面通知纳税人开户银行或者其他金融机构从其冻结的存款中扣缴税款，或者依法拍卖或者变卖所扣押、查封的商品、货物或者其他财产,以拍卖或者变卖所得抵缴税款。

3.个人及其所扶养家属维持生活必需的住房和用品,不在税收保全措施的范围之内。机动车辆、金银饰品、古玩字画、豪华住宅或者一处以外的住房不属于个人及其所扶养家属维持生活必需的住房和用品。税务机关对单价5 000元以下的其他生活用品,不采取税收保全措施和强制执行措施。个人所扶养家属,是指与纳税人共同居住生活的配偶、直系亲属以及无生活来源并由纳税人扶养的其他亲属。

4.担保,包括经税务机关认可的纳税保证人为纳税人提供的纳税保证,以及纳税人或者第三人以其未设置或者未全部设置担保物权的财产提供的担保。纳税保证人,是指在中国境内具有纳税担保能力的自然人、法人或者其他经济组织。法律、行政法规规定的没有担保资格的单位和个人,不得作为纳税担保人。

5.纳税担保人同意为纳税人提供纳税担保的,应当填写纳税担保书,写明担保对象、担保范围、担保期限和担保责任以及其他有关事项。担保书须经纳税人、纳税担保人签字盖章并经税务机关同意,方为有效。纳税人或者第三人以其财产提供纳税担保的,应当填写财产清单,并写明财产价值以及其他有关事项。纳税担保财产清单须经纳税人、第三人签字盖章并经税务机关确认,方为有效。

6.税务机关执行扣押、查封商品、货物或者其他财产时,应当由两名以上税务人员执行,并通知被执行人。被执行人是自然人的,应当通知被执行人本人或者其成年家属到场;被执行人是法人或者其他组织的,应当通知其法定代表人或者主要负责人到场;拒不到场的,不影响执行。

7.税务机关扣押、查封价值相当于应纳税款的商品、货物或者其他财产时,参照同类商品的市场价、出厂价或者评估价估算。税务机关按照上述方法确定应扣押、查封的商品、货物或者其他财产的价值时,还应当包括滞纳金和拍卖、变卖所发生的费用。

8.对价值超过应纳税额且不可分割的商品、货物或者其他财产,税务机关在纳税人、扣缴义务人或者纳税担保人无其他可供强制执行的财产的情况下,可以整体扣押、查封、拍卖。

9.税务机关实施扣押、查封时,对有产权证件的动产或者不动产,税务机关可以责令当事人将产权证件交税务机关保管,同时可以向有关机关发出协助执行通知书,有关机关在扣押、查封期间不再办理该动产或者不动产的过户手续。

10.对查封的商品、货物或者其他财产,税务机关可以指令被执行人负责保管，保管责任由被执行人承担。继续使用被查封的财产不会减少其价值的，税务机关可以允许被执行人继续使用；因被执行人保管或者使用的过错造成的损失，由被执行人承担。

11. 纳税人在税务机关采取税收保全措施后，按照税务机关规定的期限缴纳税款的，税务机关应当自收到税款或者银行转回的完税凭证之日起1日内解除税收保全。

12. 采取税收保全措施的权力，不得由法定的税务机关以外的单位和个人行使。

13. 税务机关采取税收保全措施和强制执行措施必须依照法定权限和法定程序，不得查封、扣押纳税人个人及其所扶养家属维持生活必需的住房和用品。

14. 税务机关扣押商品、货物或者其他财产时，必须开付收据；查封商品、货物或者其他财产时，必须开付清单。

（三）法律责任

1. 纳税人在限期内已缴纳税款，税务机关未立即解除税收保全措施，使纳税人的合法利益遭受损失的，税务机关应当承担赔偿责任。

2. 税务人员私分扣押、查封的商品、货物或者其他财产，情节严重，构成犯罪的，依法追究刑事责任；尚不构成犯罪的，依法给予行政处分。

三、违法采取离境清税措施

（一）违法主体

1. 欠缴税款且需要出境的纳税人或者他的法定代表人。
2. 采取离境清税措施的税务人员。

（二）构成要件

1. 欠缴税款的纳税人或者他的法定代表人需要出境的，应当在出境前向税务机关结清应纳税款、滞纳金或者提供担保。未结清税款、滞纳金，又不提供担保的，税务机关可以通知出境管理机关阻止其出境。欠缴税款的纳税人指欠缴税款的公民、法人和其他经济组织，统称为欠税人。

2. 经税务机关调查核实，欠税人未按规定结清应纳税款又未提供纳税担保且准备出境的，税务机关可依法向欠税人申明不准出境。对已取得出境证件执意出境的，税务机关可按《阻止欠税人出境实施办法》第四条规定的程序函请公安机关办理边控手续，阻止其出境。欠税人为自然人的，阻止出境的对象为当事人本人。欠税人为法人的，阻止出境对象为其法定代表人。欠税人为其他经济组织的，阻止出境对象为其负责人。上述法定代表人或负责人变更时，以变更后的法定代表人或负责人为阻止出境对象；法定代表人不在中国境内的，以其在华的主要负责人为阻止出境对象。

3.阻止欠税人出境由县级以上（含县级下同）税务机关申请，报省、自治区、直辖市税务机关审核批准，由审批机关填写《边控对象通知书》，函请同级公安厅、局办理边控手续。已移送法院审理的欠税人由法院依照法律规定处理。

4.各省、自治区、直辖市公安厅（局）接到税务机关《边控对象通知书》后，应立即通知本省、自治区、直辖市有关边防口岸，依法阻止有关人员出境、欠税人跨省、自治区、直辖市出境的，由本省、自治区、直辖市公安厅（局）通知对方有关省、自治区、直辖市公安厅（局）通知对方有关省、自治区、直辖市公安厅（局）实施边控。有关边防检查站在接到边控通知后应依法阻止欠税人出境。必要时，边防检查站可以依法扣留或者收缴欠缴税款的中国大陆居民的出境证件。

5.在对欠税人进行控制期间，税务机关应采取措施，尽快使欠税人完税。

6.边防检查站阻止欠税人出境的期限一般为一个月。对控制期限逾期的，边防检查站可自动撤控。需要延长控制期限的，税务机关按照《阻止欠税人出境实施办法》第四条、第五条规定办理续控手续。

7.被阻止出境的欠税人有下列情形之一者，有关省、自治区、直辖市税务机关应立即依照布控程序通知同级公安厅（局）撤控。

（1）已结清阻止出境时欠缴的全部税款（包括滞纳金和罚款，下同）。

（2）已向税务机关提供相当全部欠缴税款的担保。

（3）欠税企业已依法宣告破产，并依《中华人民共和国企业破产法》程序清偿终结者。

（三）法律责任

1.违反法律、行政法规的规定，擅自作出税收的开征、停征或者减税、免税、退税、补税以及其他同税收法律、行政法规相抵触的决定的，除依照本法规定撤销其擅自作出的决定外，补征应征未征税款，退还不应征收而征收的税款，并由上级机关追究直接负责的主管人员和其他直接责任人员的行政责任；构成犯罪的，依法追究刑事责任。

2.税务人员在征收税款或者查处税收违法案件时，未按照《中华人民共和国税收征收管理法》规定进行回避的，对直接负责的主管人员和其他直接责任人员，依法给予行政处分。

四、违法采取税收优先权措施

（一）违法主体

采取税收优先权措施的税务人员。

（二）构成要件

1. 税务机关征收税款，税收优先于无担保债权，法律另有规定的除外；纳税人欠缴的税款发生在纳税人以其财产设定抵押、质押或者纳税人的财产被留置之前的，税收应当先于抵押权、质权、留置权执行。
2. 纳税人欠缴税款，同时又被行政机关决定处以罚款、没收违法所得的，税收优先于罚款、没收违法所得。
3. 税务机关应当对纳税人欠缴税款的情况定期予以公告。
4. 纳税人有欠税情形而以其财产设定抵押、质押的，应当向抵押权人、质权人说明其欠税情况。抵押权人、质权人可以请求税务机关提供有关的欠税情况。
5. 欠缴税款数额较大的纳税人在处分其不动产或者大额资产之前，应当向税务机关报告。

（三）法律责任

1. 税务机关、税务人员查封、扣押纳税人个人及其所扶养家属维持生活必需的住房和用品的，责令退还，依法给予行政处分；构成犯罪的，依法追究刑事责任。
2. 税务人员利用职务上的便利，收受或者索取纳税人、扣缴义务人财物或者谋取其他不正当利益，构成犯罪的，依法追究刑事责任；尚不构成犯罪的，依法给予行政处分。

五、违法行使税收代位权、撤销权

（一）违法主体

行使代位权、撤销权的税务人员。

（二）构成要件

1. 欠缴税款的纳税人因怠于行使到期债权，或者放弃到期债权，或者无偿转让财产，或者以明显不合理的低价转让财产而受让人知道该情形，对国家税收造成损害的，税务机关可以依照《中华人民共和国民法典》第五百三十五条、第五百三十八条、第五百三十九条的规定行使代位权、撤销权。

2.税务机关依照上述规定行使代位权、撤销权的，不免除欠缴税款的纳税人尚未履行的纳税义务和应承担的法律责任。

（三）法律责任

1.违反法律、行政法规的规定，擅自作出税收的开征、停征或者减税、免税、退税、补税以及其他同税收法律、行政法规相抵触的决定的，除依照本法规定撤销其擅自作出的决定外，补征应征未征税款，退还不应征收而征收的税款，并由上级机关追究直接负责的主管人员和其他直接责任人员的行政责任；构成犯罪的，依法追究刑事责任。

2.税务人员在征收税款或者查处税收违法案件时，未按照《中华人民共和国税收征收管理法》规定进行回避的，对直接负责的主管人员和其他直接责任人员，依法给予行政处分。

第三节　强制执行与追缴税款风险

一、违法采取税收强制执行措施

（一）违法主体

1.从事生产、经营的纳税人、扣缴义务人。
2.采取税收强制执行措施的税务人员。

（二）构成要件

1.从事生产、经营的纳税人、扣缴义务人未按照规定的期限缴纳或者解缴税款，纳税担保人未按照规定的期限缴纳所担保的税款，由税务机关责令限期缴纳，逾期仍未缴纳的，经县以上税务局（分局）局长批准，税务机关可以采取下列强制执行措施：

（1）书面通知其开户银行或者其他金融机构从其存款中扣缴税款；

（2）扣押、查封、依法拍卖或者变卖其价值相当于应纳税款的商品、货物或者其他财产，以拍卖或者变卖所得抵缴税款。

2.税务机关采取强制执行措施时，对上述所列纳税人、扣缴义务人、纳税担保人未缴纳的滞纳金同时强制执行。

3.个人及其所扶养家属维持生活必需的住房和用品，不在强制执行措施的范围之内。

4.采取税收强制执行措施的权力，不得由法定的税务机关以外的单位和个人行使。

5.税务机关采取税收保全措施和强制执行措施必须依照法定权限和法定程序，不得查封、扣押纳税人个人及其所扶养家属维持生活必需的住房和用品。

（三）法律责任

税务机关滥用职权违法采取税收保全措施、强制执行措施，或者采取税收保全措施、强制执行措施不当，使纳税人、扣缴义务人或者纳税担保人的合法权益遭受损失的，应当依法承担赔偿责任。

（四）典型案例

福建省龙岩市中级人民法院
执 行 裁 定 书

（2021）闽08执复69号

复议申请人（案外人）：国家税务总局龙岩市税务局第二稽查局。

申请执行人：福州康居企业集团有限公司〔注：原案申请执行人为康居（新余）企业发展有限公司已注销，其债权债务由福州康居企业集团有限公司承受〕。

申请执行人：黄某兰，女，1972年1月4日出生。

被执行人：王某林，男，1974年8月17日出生，现在龙岩监狱服刑。

被执行人：武平新天地房地产开发有限公司。

被执行人：福建大润发商贸有限公司。

被执行人：钟某英，女，1977年11月13日出生。

被执行人：钟某成，男，1973年6月13日出生。

复议申请人国家税务总局龙岩市税务局第二稽查局不服武平县人民法院2021年9月7日作出的（2021）闽0824执异20号执行裁定，向本院申请复议。本院受理后，依法组成合议庭进行审查，现已审查终结。

武平县人民法院在执行福州康居企业集团有限公司与王某林借款合同纠纷案和执行黄某兰与武平新天地房地产开发有限公司、福建大润发商贸有限公司、钟某英、钟某成、王某林民间借贷纠纷案中，国家税务总局龙岩市税务局第二稽查局对该院不予支持其税费协助追缴申请提出书面异议。

武平县人民法院审查查明，康居（新余）企业发展有限公司于2005年

11月8日申请该院执行,要求王某林归还借款120万元及利息,同日,该院立案受理。执行案号为(2005)武执行字第374号。2017年8月15日,康居(新余)企业发展有限公司注销登记,其债权债务由福州康居企业集团有限公司承受。

黄某兰于2021年2月8日申请该院执行,要求武平新天地房地产开发有限公司归还借款本金1 250万元及利息;福建大润发商贸有限公司、钟某成、王某林、钟某英对上述款项承担连带清偿责任。同日,该院立案受理。执行案号为(2021)闽0824执309号。

上述案件执行过程中,上述被执行人未履行义务。申请执行人黄某兰向该院提供王某林在福建省万翔房地产开发有限公司以王春君的名义持有17%的股份,现该股份有收益136万的财产线索,2021年6月1日,经查证属实,该院遂将该136万元扣划至该院账户。

2021年6月17日,异议人作出岩税二稽处〔2021〕32号《税务处理决定书》,并发函给该院:为了保障国家税收权益,现将王某林的税费欠缴情况告知贵院,请贵院协助追缴。王某林税费欠缴情况:2015—2018年度少缴营业税26.25万元,增值税49.04万元,城市维护建设税3.76万元,教育费附加2.26万元,地方教育附加1.51万元,个人所得税431.903 006万元,总共欠缴税款514.72万元,同时对少缴的营业税26.25万元、增值税49.04万元、城市维护建设税3.76万元,合计79.05万元从滞纳之日起至2020年9月29日按日万分之五收取滞纳金为368.62万元。该院于2021年7月7日发函给异议人:根据《最高人民法院关于适用〈中华人民共和国民事诉讼法〉的解释》第五百零八条、第五百零九条规定,向人民法院申请参与分配的前提为债权人已经取得执行依据且债权人发现被执行人的财产不能清偿所有债权。本案中,被执行人王某林名下还有包括在福建省万翔房地产开发有限公司以王春君的名义持有17%的股份在内的其他财产可供执行,且被执行人王某林历史欠税并非福建省万翔房地产开发有限公司股份持有人王某林的股份在这次股份收益所产生的税款;根据《中华人民共和国税收征收管理法》第三十八条之规定,你局可采取对被执行人王某林名下的其他财产进行拍卖或者变卖等强制措施,并就所得价款抵缴税款。故你局申请参与分配不符合法律规定,被执行人王某林历史欠税和滞纳金不参与福建省万翔房地产开发有限公司股份持有人王某林的股份在这次股份收益136万元的分配。如有异议,请异议人在收到本函之日起15日内书面向本院提出,并提出相应的理由。为此异议人于2021年7月20日再次发函该院:请该院将实际控制人的纳税人银行存款、实际控制的纳税人被拍卖、变卖财产的收入,以纳税人所欠税费514.72万元、滞纳金368.62万元(计算至2020年9月19日)为限。该院于2021年8月4日函复:你局于2021年6月17日提出的《参与分配函》,本院已经进行了依法审查，并于 2021 年 7 月 7 日做出答复，你局若未在答复函规定的时间向本院递交符合《最高人民法院关于人民法院办理执行异议和复议案件若干问题的规定》第一条规定的异议申请书及材料，该院将对已经执行到位的款项依法进行支付。2021 年 8 月 30 日，异议人以法院不支持其税费协助追缴申请为由，向该院提出书面异议。

另查明，异议人于 2021 年 7 月 24 日将岩税二稽处〔2021〕32 号《税务处理决定书》送达王某林。

武平县人民法院认为，人民法院在分配执行款项时，应当依法保护税费债权。对有确切证据证明被执行人另有其他财产可供执行的，人民法院对税务机关的受偿申请可不予支持。本案争议焦点有二。

一、是否享有优先权的问题。税收优先权特指税务机关依据税收征收管理法之相关规定，在税收行政执法程序中就税款优先受偿的权利。而人民法院民事执行程序属于民事诉讼程序，不同于行政执法程序，程序决定法律适用，在民事诉讼程序中应优先适用民事诉讼法之相关规定，而不应一体适用税收征收管理法。现行法律法规中，程序法唯有《中华人民共和国企业破产法》对税务机关在民事诉讼程序中享有税收优先权作出相关规定，民事执行方面的法律以及司法解释并没有关于税收优先权可在执行程序中参加案款分配并优先实现的规定，故本案中的案款分配行为与异议人不存在直接的、法律上的利害关系，异议人不具备《中华人民共和国民事诉讼法》第二百二十五条规定的利害关系人主体资格。《中华人民共和国企业破产法》第一百一十三条规定："破产财产在优先清偿破产费用和共益债务后，依照下列顺序清偿：破产人所欠职工的工资和医疗、伤残补助、抚恤费用，所欠应划入职工个人账户的基本养老保险、基本医疗保险费用，以及法律、行政法规规定应当支付给职工的补偿金；破产人欠缴的除前项规定以外的社会保险费用和破产人所欠税款；普通破产债权。破产财产不足以清偿同一顺序的清偿要求的，按照比例分配"。虽然《中华人民共和国企业破产法》对税款的优先受偿作出了规定，但其适用前提是当企业进入破产清算程序，在对破产企业被查封财产进行破产分配时，税款才享有优先受偿权。故，本案异议人没有税收优先权。

二、是否可以申请参与分配的问题。《最高人民法院关于适用〈中华人民共和国民事诉讼法〉的解释》第五百零八条的规定，被执行人为公民或者其他组织，在执行程序开始后，被执行人的其他已经取得执行依据的债权人发现被执行人的财产不能清偿所有债权的，可以向人民法院申请参与分配。对人民法院查封、扣押、冻结的财产有优先权、担保物权的债权人，可以直接申请参与分配，主张优先受偿权。首先，税务机关申请参与分配必须同时满足以下条件：

（1）主体条件，被执行人是公民或者其他组织，而非企业法人；（2）申请期间，必须是执行程序开始后，执行终结前；（3）税务机关必须取得执行依据，税务机关必须提供税务处理决定书等生效法律文书，以确保确定税款债权；（4）被执行人全部财产不足以清偿所有债权。本案中，王某林除本案所执行的股份收益外，其名下还有包括在福建省万翔房地产开发有限公司仍持有17%的股份等其他财产，2020年间王某林在该公司已领取204万元的股份收益，异议人向本院申请参与分配，不符合《最高人民法院关于适用〈中华人民共和国民事诉讼法〉的解释》第五百零八条的规定，不能参与分配。

综上，异议人国家税务总局龙岩市税务局第二稽查局异议请求不能成立，税费协助追缴申请，不予支持。依照《中华人民共和国民事诉讼法》第二百二十五条、《最高人民法院关于人民法院办理执行异议和复议案件若干问题的规定》第十一条第一款、第十七条第（一）项规定，裁定如下：驳回国家税务总局龙岩市税务局第二稽查局的异议请求。

……

本院认为，《中华人民共和国税收征收管理法》第四十条规定"从事生产、经营的纳税人、扣缴义务人未按照规定的期限缴纳或者解缴税款，纳税担保人未按照规定的期限缴纳所担保的税款，由税务机关责令限期缴纳，逾期仍未缴纳的，经县以上税务局（分局）局长批准，税务机关可以采取下列强制执行措施：（一）书面通知其开户银行或者其他金融机构从其存款中扣缴税款；（二）扣押、查封、依法拍卖或者变卖其价值相当于应纳税款的商品、货物或者其他财产，以拍卖或者变卖所得抵缴税款"。武平县人民法院并未阻挠税务机关依法执行职务。本案武平县人民法院扣划的136万元系被执行人王某林以王春君名义在福建省万翔房地产开发有限公司持有17%股份的收益，复议申请人国家税务总局龙岩市税务局第二稽查局请求武平县人民法院协助追缴的并不是本次武平县人民法院处置被执行人王某林股权收益产生的税款。王某林2015年以来所欠税款，税务机关可以根据《中华人民共和国税收征收管理法》及实施细则相关规定，扣押、查封、依法拍卖或者变卖被执行人王某林的财产抵缴相关税款。综上，武平县人民法院驳回国家税务总局龙岩市税务局第二稽查局的异议请求并无不当，本院予以维持。依照《中华人民共和国民事诉讼法》第二百二十五条、第二百二十七条、《最高人民法院关于人民法院办理执行异议和复议案件若干问题的规定》第二十三条第一款第（一）项的规定，裁定如下：

驳回国家税务总局龙岩市税务局第二稽查局的复议申请，维持武平县人民法院（2021）闽0824执异20号执行裁定。

2021年11月15日

二、违法不移交司法机关

（一）违法主体

具有查处税收违法行为职责的税务人员。

（二）构成要件

纳税人、扣缴义务人有《中华人民共和国税收征收管理法》第六十三条、第六十五条、第六十六条、第六十七条、第七十一条规定的下列行为涉嫌犯罪的，税务机关应当依法移交司法机关追究刑事责任。

（1）纳税人伪造、变造、隐匿、擅自销毁账簿、记账凭证，或者在账簿上多列支出或者不列、少列收入，或者经税务机关通知申报而拒不申报或者进行虚假的纳税申报，不缴或者少缴应纳税款的，是偷税。对纳税人偷税的，由税务机关追缴其不缴或者少缴的税款、滞纳金，并处不缴或者少缴的税款 50% 以上 5 倍以下的罚款；构成犯罪的，依法追究刑事责任。扣缴义务人采取上述所列手段，不缴或者少缴已扣、已收税款，由税务机关追缴其不缴或者少缴的税款、滞纳金，并处不缴或者少缴的税款 50% 以上 5 倍以下的罚款；构成犯罪的，依法追究刑事责任。

（2）纳税人欠缴应纳税款，采取转移或者隐匿财产的手段，妨碍税务机关追缴欠缴的税款的，由税务机关追缴欠缴的税款、滞纳金，并处欠缴税款 50% 以上 5 倍以下的罚款；构成犯罪的，依法追究刑事责任。

（3）以假报出口或者其他欺骗手段，骗取国家出口退税款的，由税务机关追缴其骗取的退税款，并处骗取税款 1 倍以上 5 倍以下的罚款；构成犯罪的，依法追究刑事责任。

（4）以暴力、威胁方法拒不缴纳税款的，是抗税，除由税务机关追缴其拒缴的税款、滞纳金外，依法追究刑事责任。情节轻微，未构成犯罪的，由税务机关追缴其拒缴的税款、滞纳金，并处拒缴税款 1 倍以上 5 倍以下的罚款。

（5）违反《中华人民共和国税收征收管理法》第二十二条规定，非法印制发票的，由税务机关销毁非法印制的发票，没收违法所得和作案工具，并处 1 万元以上 5 万元以下的罚款；构成犯罪的，依法追究刑事责任。

（三）法律责任

税务人员徇私舞弊，对依法应当移交司法机关追究刑事责任的不移交，情节严重的，依法追究刑事责任。

三、违法退还税款

（一）违法主体

1. 申请退税的纳税人。
2. 办理退税的税务人员。

（二）构成要件

1. 纳税人超过应纳税额缴纳的税款，税务机关发现后应当立即退还。
2. 纳税人自结算缴纳税款之日起3年内发现的，可以向税务机关要求退还多缴的税款并加算银行同期存款利息，税务机关及时查实后应当立即退还。
3. 涉及从国库中退库的，依照法律、行政法规有关国库管理的规定退还。

（三）法律责任

1. 税务人员利用职务上的便利，收受或者索取纳税人、扣缴义务人财物或者谋取其他不正当利益，构成犯罪的，依法追究刑事责任；尚不构成犯罪的，依法给予行政处分。
2. 税务人员徇私舞弊或者玩忽职守，不征或者少征应征税款，致使国家税收遭受重大损失，构成犯罪的，依法追究刑事责任；尚不构成犯罪的，依法给予行政处分。

四、违法追缴税款

（一）违法主体

1. 欠缴税款的纳税人。
2. 具有追缴税款职责的税务人员。

（二）构成要件

1. 因税务机关的责任，致使纳税人、扣缴义务人未缴或者少缴税款的，税务机关在3年内可以要求纳税人、扣缴义务人补缴税款，但是不得加收滞纳金。税务机关的责任，是指税务机关适用税收法律、行政法规不当或者执法行为违法。
2. 因纳税人、扣缴义务人计算错误等失误，未缴或者少缴税款的，税务机关在 3 年内可以追征税款、滞纳金；有特殊情况的，追征期可以延长到 5 年。纳税人、扣缴义务人计算错误等失误，是指非主观故意的计算公式运用错误以及明显的笔误。特殊情况，是指纳税人或者扣缴义务人因计算错误等失误，未缴或者少缴、未扣或者少扣、未收或者少收税款，累计数额在 10 万元以上的。

3. 对偷税、抗税、骗税的，税务机关追征其未缴或者少缴的税款、滞纳金或者所骗取的税款，不受上述规定期限的限制。

4. 补缴和追征税款、滞纳金的期限，自纳税人、扣缴义务人应缴未缴或者少缴税款之日起计算。

5. 审计机关、财政机关依法进行审计、检查时，对税务机关的税收违法行为作出的决定，税务机关应当执行；发现被审计、检查单位有税收违法行为的，向被审计、检查单位下达决定、意见书，责成被审计、检查单位向税务机关缴纳应当缴纳的税款、滞纳金。税务机关应当根据有关机关的决定、意见书，依照税收法律、行政法规的规定，将应收的税款、滞纳金按照国家规定的税收征收管理范围和税款入库预算级次缴入国库。税务机关应当自收到审计机关、财政机关的决定、意见书之日起 30 日内将执行情况书面回复审计机关、财政机关。有关机关不得将其履行职责过程中发现的税款、滞纳金自行征收入库或者以其他款项的名义自行处理、占压。

（三）法律责任

1. 纳税人欠缴应纳税款，采取转移或者隐匿财产的手段，妨碍税务机关追缴欠缴的税款的，由税务机关追缴欠缴的税款、滞纳金，并处欠缴税款 50% 以上 5 倍以下的罚款；构成犯罪的，依法追究刑事责任。

2. 纳税人、扣缴义务人在规定期限内不缴或者少缴应纳或者应解缴的税款，经税务机关责令限期缴纳，逾期仍未缴纳的，税务机关除依照《中华人民共和国税收征收管理法》第四十条的规定采取强制执行措施追缴其不缴或者少缴的税款外，可以处不缴或者少缴的税款 50% 以上 5 倍以下的罚款。

3. 税务人员利用职务上的便利，收受或者索取纳税人、扣缴义务人财物或者谋取其他不正当利益，构成犯罪的，依法追究刑事责任；尚不构成犯罪的，依法给予行政处分。

4. 税务人员徇私舞弊或者玩忽职守，不征或者少征应征税款，致使国家税收遭受重大损失，构成犯罪的，依法追究刑事责任；尚不构成犯罪的，依法给予行政处分。

第四节　纳税担保风险

一、违法进行纳税担保

（一）违法主体

办理纳税担保的纳税人、纳税担保人和税务人员。

（二）构成要件

1.纳税担保，是指经税务机关同意或确认，纳税人或其他自然人、法人、经济组织以保证、抵押、质押的方式，为纳税人应当缴纳的税款及滞纳金提供担保的行为。纳税担保人包括以保证方式为纳税人提供纳税担保的纳税保证人和其他以未设置或者未全部设置担保物权的财产为纳税人提供纳税担保的第三人。

2.纳税人有下列情况之一的，适用纳税担保。

（1）税务机关有根据认为从事生产、经营的纳税人有逃避纳税义务行为，在规定的纳税期之前经责令其限期缴纳应纳税款，在限期内发现纳税人有明显的转移、隐匿其应纳税的商品、货物以及其他财产或者应纳税收入的迹象，责成纳税人提供纳税担保的。

（2）欠缴税款、滞纳金的纳税人或者其法定代表人需要出境的。

（3）纳税人同税务机关在纳税上发生争议而未缴清税款，需要申请行政复议的。

（4）税收法律、行政法规规定可以提供纳税担保的其他情形。

3.扣缴义务人按照《中华人民共和国税收征收管理法》第八十八条规定需要提供纳税担保的，适用《纳税担保试行办法》的规定。纳税担保人按照《中华人民共和国税收征收管理法》第八十八条规定需要提供纳税担保的，应当按照《纳税担保试行办法》规定的抵押、质押方式，以其财产提供纳税担保；纳税担保人已经以其财产为纳税人向税务机关提供担保的，不再需要提供新的担保。

4.纳税担保范围包括税款、滞纳金和实现税款、滞纳金的费用。费用包括抵押、质押登记费用，质押保管费用，以及保管、拍卖、变卖担保财产等相关费用支出。用于纳税担保的财产、权利的价值不得低于应当缴纳的税款、滞纳金，并考虑相关的费用。纳税担保的财产价值不足以抵缴税款、滞纳金的，税务机关应当向提供担保的纳税人或纳税担保人继续追缴。

5.用于纳税担保的财产、权利的价格估算，除法律、行政法规另有规定外，由税务机关按照《中华人民共和国税收征收管理法实施细则》第六十四条规定的方式，参照同类商品的市场价、出厂价或者评估价估算。

（三）法律责任

1.纳税人、纳税担保人采取欺骗、隐瞒等手段提供担保的，由税务机关处以1 000元以下的罚款；属于经营行为的，处以10 000元以下的罚款。

2.非法为纳税人、纳税担保人实施虚假纳税担保提供方便的，由税务机关处以1 000元以下的罚款。

3.纳税人采取欺骗、隐瞒等手段提供担保，造成应缴税款损失的，由税务机关按照《中华人民共和国税收征收管理法》第六十八条规定处以未缴、少缴税款50%以上5倍以下的罚款。

4.税务机关工作人员有下列情形之一的，根据情节轻重给予行政处分：

（1）违反《纳税担保试行办法》规定，对符合担保条件的纳税担保，不予同意或故意刁难的。

（2）违反《纳税担保试行办法》规定，对不符合担保条件的纳税担保予以批准，致使国家税款及滞纳金遭受损失的。

（3）私分、挪用、占用、擅自处分担保财物的。

（4）其他违法情形。

二、违法进行纳税保证

（一）违法主体

办理纳税保证的纳税人、纳税保证人和税务人员。

（二）构成要件

1.纳税保证，是指纳税保证人向税务机关保证，当纳税人未按照税收法律、行政法规规定或者税务机关确定的期限缴清税款、滞纳金时，由纳税保证人按照约定履行缴纳税款及滞纳金的行为。税务机关认可的，保证成立；税务机关不认可的，保证不成立。《纳税担保试行办法》所称纳税保证为连带责任保证，纳税人和纳税保证人对所担保的税款及滞纳金承担连带责任。当纳税人在税收法律、行政法规或税务机关确定的期限届满未缴清税款及滞纳金的，税务机关即可要求纳税保证人在其担保范围内承担保证责任，缴纳担保的税款及滞纳金。

2.纳税保证人,是指在中国境内具有纳税担保能力的自然人、法人或者其他经济组织。法人或其他经济组织财务报表资产净值超过需要担保的税额及滞纳金2倍的,自然人、法人或其他经济组织所拥有或者依法可以处分的未设置担保的财产的价值超过需要担保的税额及滞纳金的,为具有纳税担保能力。

3.国家机关,学校、幼儿园、医院等事业单位、社会团体不得作为纳税保证人。企业法人的职能部门不得作为纳税保证人。企业法人的分支机构有法人书面授权的,可以在授权范围内提供纳税担保。有以下情形之一的,不得作为纳税保证人：

（1）有偷税、抗税、骗税、逃避追缴欠税行为被税务机关、司法机关追究过法律责任未满2年的；

（2）因有税收违法行为正在被税务机关立案处理或涉嫌刑事犯罪被司法机关立案侦查的；

（3）纳税信誉等级被评为C级以下的；

（4）在主管税务机关所在地的市（地、州）没有住所的自然人或税务登记不在本市（地、州）的企业；

（5）无民事行为能力或限制民事行为能力的自然人；

（6）与纳税人存在担保关联关系的；

（7）有欠税行为的。

4.纳税保证人同意为纳税人提供纳税担保的,应当填写纳税担保书。纳税担保书应当包括以下内容：

（1）纳税人应缴纳的税款及滞纳金数额、所属期间、税种、税目名称；

（2）纳税人应当履行缴纳税款及滞纳金的期限；

（3）保证担保范围及担保责任；

（4）保证期间和履行保证责任的期限；

（5）保证人的存款账号或者开户银行及其账号；

（6）税务机关认为需要说明的其他事项。

5.纳税担保书须经纳税人、纳税保证人签字盖章并经税务机关签字盖章同意方为有效。纳税担保从税务机关在纳税担保书签字盖章之日起生效。

6.保证期间为纳税人应缴纳税款期限届满之日起60日,即税务机关自纳税人应缴纳税款的期限届满之日起60日内有权要求纳税保证人承担保证责任,缴纳税款、滞纳金。履行保证责任的期限为15日,即纳税保证人应当自收到税务机关的纳税通知书之日起15日内履行保证责任,缴纳税款及滞纳金。纳税保证期间内税务机关未通知纳税保证人缴纳税款及滞纳金以承担担保责任的,纳税保证人免除担保责任。

（三）法律责任

1.纳税人在规定的期限届满未缴清税款及滞纳金，税务机关在保证期限内书面通知纳税保证人的，纳税保证人应按照纳税担保书约定的范围，自收到纳税通知书之日起15日内缴纳税款及滞纳金，履行担保责任。

2.纳税保证人未按照规定的履行保证责任的期限缴纳税款及滞纳金的，由税务机关发出责令限期缴纳通知书，责令纳税保证人在限期15日内缴纳；逾期仍未缴纳的，经县以上税务局（分局）局长批准，对纳税保证人采取强制执行措施，通知其开户银行或其他金融机构从其存款中扣缴所担保的纳税人应缴纳的税款、滞纳金，或扣押、查封、拍卖、变卖其价值相当于所担保的纳税人应缴纳的税款、滞纳金的商品、货物或者其他财产，以拍卖、变卖所得抵缴担保的税款、滞纳金。

三、违法进行纳税抵押

（一）违法主体

办理纳税抵押的纳税人、纳税担保人和税务人员。

（二）构成要件

1.纳税抵押，是指纳税人或纳税担保人不转移对《纳税担保试行办法》第十五条所列财产的占有，将该财产作为税款及滞纳金的担保。纳税人逾期未缴清税款及滞纳金的，税务机关有权依法处置该财产以抵缴税款及滞纳金。上述纳税人或者纳税担保人为抵押人，税务机关为抵押权人，提供担保的财产为抵押物。

2.下列财产可以抵押：

（1）抵押人所有的房屋和其他地上定着物；

（2）抵押人所有的机器、交通运输工具和其他财产；

（3）抵押人依法有权处分的国有的房屋和其他地上定着物；

（4）抵押人依法有权处分的国有的机器、交通运输工具和其他财产；

（5）经设区的市、自治州以上税务机关确认的其他可以抵押的合法财产。

3.以依法取得的国有土地上的房屋抵押的，该房屋占用范围内的国有土地使用权同时抵押。以乡（镇）、村企业的厂房等建筑物抵押的，其占用范围内的土地使用权同时抵押。

4.下列财产不得抵押：

（1）土地所有权；

（2）土地使用权，但《纳税担保试行办法》第十六条规定的除外；

（3）学校、幼儿园、医院等以公益为目的的事业单位、社会团体、民办非企业单位的教育设施、医疗卫生设施和其他社会公益设施；

（4）所有权、使用权不明或者有争议的财产；

（5）依法被查封、扣押、监管的财产田；

（6）依法定程序确认为违法、违章的建筑物；

（7）法律、行政法规规定禁止流通的财产或者不可转让的财产；

（8）经设区的市、自治州以上税务机关确认的其他不予抵押的财产。

5.学校、幼儿园、医院等以公益为目的事业单位、社会团体，可以其教育设施、医疗卫生设施和其他社会公益设施以外的财产为其应缴纳的税款及滞纳金提供抵押。

6.纳税人提供抵押担保的，应当填写纳税担保书和纳税担保财产清单。纳税担保书应当包括以下内容：

（1）担保的纳税人应缴纳的税款及滞纳金数额、所属期间、税种名称、税目；

（2）纳税人履行应缴纳税款及滞纳金的期限；

（3）抵押物的名称、数量、质量、状况、所在地、所有权权属或者使用权权属；

（4）抵押担保的范围及担保责任；

（5）税务机关认为需要说明的其他事项。

纳税担保财产清单应当写明财产价值以及相关事项。纳税担保书和纳税担保财产清单须经纳税人签字盖章并经税务机关确认。

7.纳税抵押财产应当办理抵押物登记。纳税抵押自抵押物登记之日起生效。纳税人应向税务机关提供由以下部门出具的抵押登记的证明及其复印件（以下简称证明材料）：

（1）以城市房地产或者乡（镇）、村企业的厂房等建筑物抵押的，提供县级以上地方人民政府规定部门出具的证明材料；

（2）以船舶、车辆抵押的，提供运输工具的登记部门出具的证明材料；

（3）以企业的设备和其他动产抵押的，提供财产所在地的工商行政管理部门出具的证明材料或者纳税人所在地的公证部门出具的证明材料。

8.抵押期间，经税务机关同意，纳税人可以转让已办理登记的抵押物，并告知受让人转让物已经抵押的情况。纳税人转让抵押物所得的价款，应当向税务机关提前缴纳所担保的税款、滞纳金。超过部分，归纳税人所有，不足部分由纳税人缴纳或提供相应的担保。

9.在抵押物灭失、毁损或者被征用的情况下，税务机关应该就该抵押物的保险金、赔偿金或者补偿金要求优先受偿，抵缴税款、滞纳金。抵押物灭失、毁损或者被征用的情况下，抵押权所担保的纳税义务履行期未满的，税务机关可以要求将保险金、赔偿金或补偿金等作为担保财产。

10.纳税人在规定的期限内未缴清税款、滞纳金的，税务机关应当依法拍卖、变卖抵押物，变价抵缴税款、滞纳金。

11.纳税担保人以其财产为纳税人提供纳税抵押担保的，按照纳税人提供抵押担保的规定执行；纳税担保书和纳税担保财产清单须经纳税人、纳税担保人签字盖章并经税务机关确认。

（三）法律责任

1.纳税人在规定的期限届满未缴清税款、滞纳金的，税务机关应当在期限届满之日起15日内书面通知纳税担保人自收到纳税通知书之日起15日内缴纳担保的税款、滞纳金。

2.纳税担保人未按照前款规定的期限缴纳所担保的税款、滞纳金的，由税务机关责令限期在15日内缴纳；逾期仍未缴纳的，经县以上税务局（分局）局长批准，税务机关依法拍卖、变卖抵押物，抵缴税款、滞纳金。

四、违法进行纳税质押

（一）违法主体

办理纳税质押的纳税人、纳税担保人和税务人员。

（二）构成要件

1.纳税质押，是指经税务机关同意，纳税人或纳税担保人将其动产或权利凭证移交税务机关占有，将该动产或权利凭证作为税款及滞纳金的担保。纳税人逾期未缴清税款及滞纳金的，税务机关有权依法处置该动产或权利凭证以抵缴税款及滞纳金。纳税质押分为动产质押和权利质押。动产质押包括现金以及其他除不动产以外的财产提供的质押。汇票、支票、本票、债券、存款单等权利凭证可以质押。对于实际价值波动很大的动产或权利凭证，经设区的市、自治州以上税务机关确认，税务机关可以不接受其作为纳税质押。

2.纳税人提供质押担保的，应当填写纳税担保书和纳税担保财产清单并签字盖章。

纳税担保书应当包括以下内容：

（1）担保的税款及滞纳金数额、所属期间、税种名称、税目；

（2）纳税人履行应缴纳税款、滞纳金的期限；

（3）质物的名称、数量、质量、价值、状况、移交前所在地、所有权权属或者使用权权属；

（4）质押担保的范围及担保责任；

（5）纳税担保财产价值；

（6）税务机关认为需要说明的其他事项。

纳税担保财产清单应当写明财产价值及相关事项。纳税质押自纳税担保书和纳税担保财产清单经税务机关确认和质物移交之日起生效。

3. 以汇票、支票、本票、公司债券出质的，税务机关应当与纳税人背书清单记载"质押"字样。以存款单出质的，应由签发的金融机构核押。

4. 以载明兑现或者提货日期的汇票、支票、本票、债券、存款单出质的，汇票、支票、本票、债券、存款单兑现日期先于纳税义务履行期或者担保期的，税务机关与纳税人约定将兑现的价款用于缴纳或者抵缴所担保的税款及滞纳金。

5. 纳税人在规定的期限内缴清税款及滞纳金的，税务机关应当自纳税人缴清税款及滞纳金之日起3个工作日内返还质物，解除质押关系。纳税人在规定的期限内未缴清税款、滞纳金的，税务机关应当依法拍卖、变卖质物，抵缴税款、滞纳金。

6. 纳税担保人以其动产或财产权利为纳税人提供纳税质押担保的，按照纳税人提供质押担保的规定执行；纳税担保书和纳税担保财产清单须经纳税人、纳税担保人签字盖章并经税务机关确认。纳税人在规定的期限内缴清税款、滞纳金的，税务机关应当在3个工作日内将质物返还给纳税担保人，解除质押关系。

（三）法律责任

1. 纳税人在规定的期限内未缴清税款、滞纳金的，税务机关应当在期限届满之日起15日内书面通知纳税担保人自收到纳税通知书之日起15日内缴纳担保的税款、滞纳金。

2. 纳税担保人未按照前款规定的期限缴纳所担保的税款、滞纳金，由税务机关责令限期在15日内缴纳；缴清税款、滞纳金的，税务机关自纳税担保人缴清税款及滞纳金之日起3个工作日内返还质物、解除质押关系；逾期仍未缴纳的，经县以上税务局（分局）局长批准，税务机关依法拍卖、变卖质物，抵缴税款、滞纳金。

3. 税务机关负有妥善保管质物的义务。因保管不善致使质物灭失或者毁损，或未经纳税人同意擅自使用、出租、处分质物而给纳税人造成损失的，税务机关应当对直接损失承担赔偿责任。纳税义务期限届满或担保期间，纳税人或者纳税担保人请求税务机关及时行使权利，而税务机关怠于行使权利致使质物价格下跌造成损失的，税务机关应当对直接损失承担赔偿责任。

第三章 税务稽查与检查领域风险

第一节 拒绝检查风险

一、违法进行税务检查与拒绝合法税务检查

（一）违法主体

1. 拒绝合法税务检查的纳税人。
2. 具有税务检查职责的税务人员。

（二）构成要件

1. 税务机关有权进行下列税务检查：

（1）检查纳税人的账簿、记账凭证、报表和有关资料，检查扣缴义务人代扣代缴、代收代缴税款账簿、记账凭证和有关资料；

（2）到纳税人的生产、经营场所和货物存放地检查纳税人应纳税的商品、货物或者其他财产，检查扣缴义务人与代扣代缴、代收代缴税款有关的经营情况；

（3）责成纳税人、扣缴义务人提供与纳税或者代扣代缴、代收代缴税款有关的文件、证明材料和有关资料；

（4）询问纳税人、扣缴义务人与纳税或者代扣代缴、代收代缴税款有关的问题和情况；

（5）到车站、码头、机场、邮政企业及其分支机构检查纳税人托运、邮寄应纳税商品、货物或者其他财产的有关单据、凭证和有关资料；

（6）经县以上税务局（分局）局长批准，凭全国统一格式的检查存款账户

许可证明,查询从事生产、经营的纳税人、扣缴义务人在银行或者其他金融机构的存款账户。税务机关在调查税收违法案件时,经设区的市、自治州以上税务局(分局)局长批准,可以查询案件涉嫌人员的储蓄存款。税务机关查询所获得的资料,不得用于税收以外的用途。

2. 税务机关行使上述第(1)项职权时,可以在纳税人、扣缴义务人的业务场所进行;必要时,经县以上税务局(分局)局长批准,可以将纳税人、扣缴义务人以前会计年度的账簿、记账凭证、报表和其他有关资料调回税务机关检查,但是税务机关必须向纳税人、扣缴义务人开付清单,并在3个月内完整退还;有特殊情况的,经设区的市、自治州以上税务局局长批准,税务机关可以将纳税人、扣缴义务人当年的账簿、记账凭证、报表和其他有关资料调回检查,但是税务机关必须在30日内退还。

3. 税务机关行使上述第(6)项职权时,应当指定专人负责,凭全国统一格式的检查存款账户许可证明进行,并有责任为被检查人保守秘密。检查存款账户许可证明,由国家税务总局制定。税务机关查询的内容,包括纳税人存款账户余额和资金往来情况。

4. 税务机关应当建立科学的检查制度,统筹安排检查工作,严格控制对纳税人、扣缴义务人的检查次数。税务机关应当制定合理的税务稽查工作规程,负责选案、检查、审理、执行的人员的职责应当明确,并相互分离、相互制约,规范选案程序和检查行为。

(三)法律责任

1. 纳税人、扣缴义务人逃避、拒绝或者以其他方式阻挠税务机关检查的,由税务机关责令改正,可以处10 000元以下的罚款;情节严重的,处10 000元以上50 000元以下的罚款。

2. 纳税人、扣缴义务人的开户银行或者其他金融机构拒绝接受税务机关依法检查纳税人、扣缴义务人存款账户,或者拒绝执行税务机关作出的冻结存款或者扣缴税款的决定,或者在接到税务机关的书面通知后帮助纳税人、扣缴义务人转移存款,造成税款流失的,由税务机关处100 000元以上500 000元以下的罚款,对直接负责的主管人员和其他直接责任人员处1 000元以上10 000元以下的罚款。

3. 税务人员滥用职权,故意刁难纳税人、扣缴义务人的,调离税收工作岗位,并依法给予行政处分。

二、税务检查中违法采取保全或执行措施

(一)违法主体

1. 逃避纳税义务的纳税人。
2. 税务检查中采取税收保全措施或者强制执行措施的税务人员

(二)构成要件

1. 税务机关对从事生产、经营的纳税人以前纳税期的纳税情况依法进行税务检查时,发现纳税人有逃避纳税义务行为,并有明显的转移、隐匿其应纳税的商品、货物以及其他财产或者应纳税的收入的迹象的,可以按照《中华人民共和国税收征收管理法》规定的批准权限采取税收保全措施或者强制执行措施。

2. 依照上述规定,税务机关采取税收保全措施的期限一般不得超过6个月;重大案件需要延长的,应当报国家税务总局批准。

(三)法律责任

1. 税务机关、税务人员查封、扣押纳税人个人及其所扶养家属维持生活必需的住房和用品的,责令退还,依法给予行政处分;构成犯罪的,依法追究刑事责任。

2. 税务人员利用职务上的便利,收受或者索取纳税人、扣缴义务人财物或者谋取其他不正当利益,构成犯罪的,依法追究刑事责任;尚不构成犯罪的,依法给予行政处分。

三、未依法定程序履行检查职责

(一)违法主体

税务检查人员。

(二)构成要件

税务机关派出的人员进行税务检查时,应当出示税务检查证和税务检查通知书,并有责任为被检查人保守秘密;未出示税务检查证和税务检查通知书的,被检查人有权拒绝检查。

税务机关和税务人员应当依照《中华人民共和国税收征收管理法》及《中

华人民共和国税收征收管理法实施细则》的规定行使税务检查职权。

（三）法律责任

1.税务人员利用职务上的便利，收受或者索取纳税人、扣缴义务人财物或者谋取其他不正当利益，构成犯罪的，依法追究刑事责任；尚不构成犯罪的，依法给予行政处分。

2.税务人员在征收税款或者查处税收违法案件时，未按照《中华人民共和国税收征收管理法》规定进行回避的，对直接负责的主管人员和其他直接责任人员，依法给予行政处分。

3.未按照《中华人民共和国税收征收管理法》规定为纳税人、扣缴义务人、检举人保密的，对直接负责的主管人员和其他直接责任人员，由所在单位或者有关单位依法给予行政处分。

第二节　拒绝调查取证风险

一、未依法履行调查职权

（一）违法主体

具有税务调查职责的税务人员。

（二）构成要件

税务机关调查税务违法案件时，对与案件有关的情况和资料，可以记录、录音、录像、照相和复制。

（三）法律责任

1.税务人员利用职务上的便利，收受或者索取纳税人、扣缴义务人财物或者谋取其他不正当利益，构成犯罪的，依法追究刑事责任；尚不构成犯罪的，依法给予行政处分。

2.税务人员在征收税款或者查处税收违法案件时，未按照《中华人民共和国税收征收管理法》规定进行回避的，对直接负责的主管人员和其他直接责任人员，依法给予行政处分。

（四）典型案例

江苏省徐州市中级人民法院
刑事裁定书

（2019）苏03刑终320号

原公诉机关：江苏省睢宁县人民检察院。

上诉人（原审被告人）：冯某，男，1967年3月30日出生，汉族，小学文化，个体经营户，住江苏省邳州市。因涉嫌犯逃税罪，于2015年3月30日被刑事拘留，同年4月5日被取保候审，2019年3月28日被逮捕，同年4月9被取保候审。

江苏省睢宁县人民法院审理江苏省睢宁县人民检察院指控原审被告人冯某犯逃税罪一案，于2019年6月19日作出（2018）苏0324刑初521号刑事判决。宣判后，原审被告人冯某不服，提出上诉。本院受理后依法组成合议庭，经过阅卷、讯问上诉人，听取辩护人辩护意见，认为案件事实清楚，决定不开庭审理。现已审理终结。

原判决认定：2007年9月，被告人冯某在江苏省睢宁县注册成立徐州世纪缘商贸有限公司，并担任该公司法定代表人。被告人冯某在该公司经营期间，采取隐瞒公司实际经营额的手段，少缴纳各项税费合计人民币627 086.82元，且占应缴纳税款的30%以上。经税务机关依法下达追缴通知后，不补缴应纳税款、不缴纳滞纳金且不接受行政处罚。具体分述如下：

1.2009年，徐州世纪缘商贸有限公司采取虚假申报手段少缴纳城市维护建设税3 437.10元、增值税68 741.55元、企业所得税22 913.85元，逃税比例为82.26%。

2.2010年徐州世纪缘商贸有限公司采取虚假申报手段少缴纳城市维护建设税5 408.34元、增值税208 158.46元、企业所得税69 386.15元，逃税比例为91.21%。

3.2011年徐州世纪缘商贸有限公司采取虚假申报手段少缴纳城市维护建设税11 856.25元、增值税237 185.12元，逃税比例为70.99%。

一审另查明，2015年3月30日，被告人冯某被黑龙江省鸡西市鸡冠区公安分局抓获，后如实供述了上述犯罪事实。

原判决认定上述事实的证据有：……

原审人民法院认为：被告人冯某采取隐瞒公司实际销售额的手段进行虚假纳税申报，逃避缴纳税款数额巨大且占应缴纳税额30%以上，经税务机关下达追缴通知后，不补缴应纳税款、不缴纳滞纳金、不接受行政处罚，其行为构成逃税罪。被告人冯某欠缴的税款，依法应予追缴。依照《中华人民共和国刑法》第二百零一条第一款、第六十四条之规定，判决如下：1. 被告人冯某犯逃税罪，判处有期徒刑3年，并处罚金人民币10万元。2. 对被告人冯某应纳税款人民币627 086.82元予以追缴，上缴国库。

上诉人冯某及其辩护人提出的主要上诉理由及辩护意见是：1. 执法人员在没有出示执法证件情况下进行检查、没有对执法过程进行拍照、录像，税务机关执法程序违法；2. 销售清单没有其他关键性的书证及储存数据的电脑等物证相佐证，不能证明上诉人的实际销售情况；3. 冯某将部分柜台出租给他人经营，对承租人应缴纳的税款承担的连带责任系行政责任，不应承担刑事责任；4. 一审判决认定被告人逃税62万余元，其中包括企业所得税10万余元，涉案公司是个人独资企业，不适用《中华人民共和国企业所得税法》中关于企业所得税的规定，一审认定数额有误。

经审理查明的事实和原判决认定的事实一致。据以定案的证据均经原审庭审举证、质证，其证明效力，本院予以确认。二审期间，上诉人冯某及其辩护人未向本院提交新的证据材料。

针对上诉人冯某及其辩护人提出的主要上诉理由和辩护意见，根据查明的事实、证据，结合相关法律规定，本院综合评判如下：

1. 关于上诉人冯某及其辩护人提出"执法人员在没有出示执法证件情况下进行检查、没有对执法过程进行拍照、录像，税务机关执法程序违法"的上诉理由及辩护意见。经查，根据《中华人民共和国税收征收管理法》及有关规定，"税务机关派出的人员进行税务检查时，应当出示税务检查证和税务检查通知书，并有责任为被检查人保守秘密；未出示税务检查证和税务检查通知书的，被检查人有权拒绝检查"。根据在案《税务检查证》见证书、税务检查通知书及税务文书送达回证等书证，可以证实睢宁县国税局对徐州世纪缘商贸有限公司进行税务检查时，已按照法律规定向公司法人冯某送达了税务检查通知书、出示了税务检查证，并向冯某告知了出示检查证的事由及检查人员姓名，并不存在上诉人辩解的执法人员未出示执法证件进行检查的情况。此外根据相关法律规定，税务机关调查税务违法案件时，对与案件有关的情况和资料，可以记录、录音、录像、照相和复制。故对于执法检查过程进行拍照、录像并不属于强制性规定。因此根据法律规定及在案证据，税务机关执法程序并未出现上诉人辩解的违法情形，故上诉人及其辩护人的上诉理由及辩护意见不能成立。

2. 关于上诉人冯某及其辩护人提出"销售清单没有其他关键性的书证及储存数据的电脑等物证相佐证，不能证明上诉人的实际销售情况"的上诉理由及辩护意见。经查，（1）税务机关依法派员对徐州商贸世纪缘公司进行税务检查时，依照法定程序向法人冯某送达了税务检查通知书、出示了税务检查证，告知了检查事由及检查人员姓名，当场在公司销售记录的电脑主机上打印了公司销售清单，并由冯某当场逐页签字确认，故该销售清单证据来源合法，客观真实，具有证明效力。（2）根据冯某在侦查阶段供述，商贸世纪缘公司是其自己家经营，没有其他合伙人，建账怕税务机关查，如果按照实际经营额建账申报纳税就赚不到钱了，所以公司没有建立账簿。同时储存销售数据的电脑，在税务机关对公司检查后，该电脑由上诉人冯某保管后不知去向，故侦查机关客观上无法调取上诉人及其辩护人提出的相关证据，且该证据的不能调取为上诉人行为所致。（3）税务机关对商贸世纪缘公司检查后，对公司法人冯某及负责超市经营管理的超市店长王某等人及时制作了调查询问笔录，能够证实超市货物的销售结账全部由超市的电脑收银系统结账；该证据与王某在侦查阶段的证言、冯某的供述等证据相互印证，上述证据均能够证实销售清单为商贸世纪缘公司实际销售情况的客观反映，冯某在税务检查、公安侦查阶段对该数据均予以认可。现上诉人冯某翻供，既未提出合理辩解，也未提供相关证据，故上诉人及其辩护人的上诉理由及辩护意见不能成立。

3.关于"冯某将部分柜台出租给他经营，对承租人应缴纳的税款承担的连带责任系行政责任，不应承担刑事责任"。经查，冯某经营的徐州商贸世纪缘公司的部分柜台承租给个体户，但统一由超市收银系统统一结算，承包人未变更工商登记，未实现独立经营、独立核算，且冯某未向税务机关及时报告，故冯某经营的商贸世纪缘公司应当承担纳税义务。冯某隐瞒公司实际销售进行虚假纳税申报后，在税务机关对其经营的商贸世纪缘公司的逃税行为依法处理后仍拒不补缴应纳税款、缴纳滞纳金，拒不接受行政处罚，逃避缴纳税款数额巨大并且占应纳税额30%以上，故构成逃税罪，应当承担刑事责任。故上诉人及其辩护人的上诉理由及辩护意见不能成立。

4.关于上诉人冯某及其辩护人提出"一审判决认定被告人逃税62万余元，其中包括企业所得税10万余元，涉案公司是个人独资企业，不适用《中华人民共和国企业所得税法》中关于企业所得税的规定，一审认定数额有误"的上诉理由及辩护意见。经查，根据徐州世纪缘商贸有限公司的企业法人营业执照、税务登记证及组织机构代码证等书证能够证实徐州世纪缘商贸有限公司属于自然人独资的有限公司，机构类型为企业法人，属于企业所得税的纳税人，应依照《中华人民共和国企业所得税法》的规定缴纳企业所得税。故上诉人及其辩护人的上诉理由及辩护意见不能成立。

本院认为，上诉人冯某采取隐瞒公司实际销售额的手段进行虚假纳税申报，逃避缴纳税款数额巨大且占应缴纳税额30%以上，经税务机关下达追缴通知后，不补缴应纳税款、不缴纳滞纳金、不接受行政处罚，其行为构成逃税罪，依法应当判处3年以上7年以下有期徒刑，并处罚金。原判决认定事实清楚，证据确实、充分，定罪准确，量刑适当，审判程序合法。第二百三十六条第一款第（一）项，裁定如下：

驳回上诉，维持原判。

2019年9月25日

二、第三人拒绝调查及未依法履行向第三人调查职责

（一）违法主体

1. 与被调查案件有关的第三人。
2. 具有向第三人进行税务调查职责的税务人员。

（二）构成要件

税务机关依法进行税务检查时，有权向有关单位和个人调查纳税人、扣缴义务人和其他当事人与纳税或者代扣代缴、代收代缴税款有关的情况，有关单位和个人有义务向税务机关如实提供有关资料及证明材料。

（三）法律责任

1. 纳税人、扣缴义务人的开户银行或者其他金融机构拒绝接受税务机关依法检查纳税人、扣缴义务人存款账户，或者拒绝执行税务机关作出的冻结存款或者扣缴税款的决定，或者在接到税务机关的书面通知后帮助纳税人、扣缴义务人转移存款，造成税款流失的，由税务机关处100 000元以上500 000元以下的罚款，对直接负责的主管人员和其他直接责任人员处1 000元以上10 000元以下的罚款。

2. 税务人员利用职务上的便利，收受或者索取纳税人、扣缴义务人财物或者谋取其他不正当利益，构成犯罪的，依法追究刑事责任；尚不构成犯罪的，依法给予行政处分。

3. 税务人员在征收税款或者查处税收违法案件时，未按照《中华人民共和国税收征收管理法》规定进行回避的，对直接负责的主管人员和其他直接责任人员，依法给予行政处分。

三、拒绝税务检查与未依法税务检查

（一）违法主体

1. 应当接受税务检查的纳税人、扣缴义务人。
2. 履行税务检查职责的税务人员。

（二）构成要件

纳税人、扣缴义务人必须接受税务机关依法进行的税务检查，如实反映情况，提供有关资料，不得拒绝、隐瞒。

（三）法律责任

1. 税务机关依法到车站、码头、机场、邮政企业及其分支机构检查纳税人有关情况时，有关单位拒绝的，由税务机关责令改正，可以处1万元以下的罚款；情节严重的，处1万元以上5万元以下的罚款。
2. 税务人员利用职务上的便利，收受或者索取纳税人、扣缴义务人财物或者谋取其他不正当利益，构成犯罪的，依法追究刑事责任；尚不构成犯罪的，依法给予行政处分。
3. 税务人员在征收税款或者查处税收违法案件时，未按照《中华人民共和国税收征收管理法》规定进行回避的，对直接负责的主管人员和其他直接责任人员，依法给予行政处分。
4. 未按照《中华人民共和国税收征收管理法》规定为纳税人、扣缴义务人、检举人保密的，对直接负责的主管人员和其他直接责任人员，由所在单位或者有关单位依法给予行政处分。

第三节　税务人员不依法稽查风险

一、税务稽查中未依法回避

（一）违法主体

具有税务稽查职责的人员。

（二）构成要件

1.税务稽查人员在核定应纳税额、调整税收定额、进行税务检查、实施税务行政处罚、办理税务行政复议时，与纳税人、扣缴义务人或者其法定代表人、直接责任人有下列关系之一的，应当回避：

（1）夫妻关系。

（2）直系血亲关系。

（3）三代以内旁系血亲关系。

（4）近姻亲关系。

（5）可能影响公正执法的其他利害关系。

2.被查对象申请税务稽查人员回避或者税务稽查人员自行申请回避的，由稽查局局长依法决定是否回避。稽查局局长发现税务稽查人员具有规定回避情形的，应当要求其回避。稽查局局长的回避，由税务局局长依法审查决定。

（三）法律责任

税务人员在征收税款或者查处税收违法案件时，未按照《中华人民共和国税收征收管理法》规定进行回避的，对直接负责的主管人员和其他直接责任人员，依法给予行政处分。

二、税务稽查中未依法保密

（一）违法主体

税务稽查中具有保密职责的税务人员。

（二）构成要件

1.税务稽查人员对实施税务稽查过程中知悉的国家秘密、商业秘密或者个人隐私、个人信息，应当依法予以保密。

2.纳税人、扣缴义务人和其他涉税当事人的税收违法行为不属于保密范围。

（三）法律责任

未按照《中华人民共和国税收征收管理法》规定为纳税人、扣缴义务人、检举人保密的，对直接负责的主管人员和其他直接责任人员，由所在单位或者有关单位依法给予行政处分。

三、税务稽查人员违纪行为

（一）违法主体

履行税务稽查职责的税务人员。

（二）构成要件

税务稽查人员应当遵守工作纪律，恪守职业道德，不得有下列行为：
（1）违反法定程序、超越权限行使职权；
（2）利用职权为自己或者他人牟取利益；
（3）玩忽职守，不履行法定义务；
（4）泄露国家秘密、工作秘密，向被查对象通风报信、泄露案情；
（5）弄虚作假，故意夸大或者隐瞒案情；
（6）接受被查对象的请客送礼等影响公正执行公务的行为；
（7）其他违法违纪行为。

（三）法律责任

税务稽查人员在执法办案中滥用职权、玩忽职守、徇私舞弊的，依照有关规定严肃处理；涉嫌犯罪的，依法移送司法机关处理。

四、税务稽查中违法选案

（一）违法主体

税务稽查中具有选案职责的税务人员。

（二）构成要件

1. 稽查局应当加强稽查案源管理，全面收集整理案源信息，合理、准确地选择待查对象。案源管理依照国家税务总局有关规定执行。
2. 待查对象确定后，经稽查局局长批准实施立案检查。必要时，依照法律法规的规定，稽查局可以在立案前进行检查。
3. 稽查局应当统筹安排检查工作，严格控制对纳税人、扣缴义务人的检查次数。

（三）法律责任

税务稽查人员在执法办案中滥用职权、玩忽职守、徇私舞弊的，依照有关规定严肃处理；涉嫌犯罪的，依法移送司法机关处理。

五、税务稽查中违法检查

（一）违法主体

税务稽查中具有检查职责的税务人员。

（二）构成要件

1. 检查前，稽查局应当告知被查对象检查时间、需要准备的资料等，但预先通知有碍检查的除外。检查应当由两名以上具有执法资格的检查人员共同实施，并向被查对象出示税务检查证件、出示或者送达税务检查通知书，告知其权利和义务。

2. 检查应当依照法定权限和程序，采取实地检查、调取账簿资料、询问、查询存款账户或者储蓄存款、异地协查等方法。对采用电子信息系统进行管理和核算的被查对象，检查人员可以要求其打开该电子信息系统，或者提供与原始电子数据、电子信息系统技术资料一致的复制件。被查对象拒不打开或者拒不提供的，经稽查局局长批准，可以采用适当的技术手段对该电子信息系统进行直接检查，或者提取、复制电子数据进行检查，但所采用的技术手段不得破坏该电子信息系统原始电子数据，或者影响该电子信息系统正常运行。

3. 检查应当依照法定权限和程序收集证据材料。收集的证据必须经查证属实，并与证明事项相关联。不得以下列方式收集、获取证据材料：

（1）严重违反法定程序收集；

（2）以违反法律强制性规定的手段获取且侵害他人合法权益；

（3）以利诱、欺诈、胁迫、暴力等手段获取。

4. 调取账簿、记账凭证、报表和其他有关资料时，应当向被查对象出具调取账簿资料通知书，并填写调取账簿资料清单交其核对后签章确认。调取纳税人、扣缴义务人以前会计年度的账簿、记账凭证、报表和其他有关资料的，应当经县以上税务局局长批准，并在3个月内完整退还；调取纳税人、扣缴义务人当年的账簿、记账凭证、报表和其他有关资料的，应当经设区的市、自治州以上税务局局长批准，并在30日内退还。退还账簿资料时，应当由被查对象核对调取账簿资料清单，并签章确认。

5.需要提取证据材料原件的,应当向当事人出具提取证据专用收据,由当事人核对后签章确认。对需要退还的证据材料原件,检查结束后应当及时退还,并履行相关签收手续。需要将已开具的纸质发票调出查验时,应当向被查验的单位或者个人开具发票换票证;需要将空白纸质发票调出查验时,应当向被查验的单位或者个人开具调验空白发票收据。经查无问题的,应当及时退还,并履行相关签收手续。提取证据材料复制件的,应当由当事人或者原件保存单位(个人)在复制件上注明"与原件核对无误"及原件存放地点,并签章。

6.询问应当由两名以上检查人员实施。除在被查对象生产、经营、办公场所询问外,应当向被询问人送达询问通知书。询问时应当告知被询问人有关权利义务。询问笔录应当交被询问人核对或者向其宣读;询问笔录有修改的,应当由被询问人在改动处捺指印;核对无误后,由被询问人在尾页结束处写明"以上笔录我看过(或者向我宣读过),与我说的相符",并逐页签章、捺指印。被询问人拒绝在询问笔录上签章、捺指印的,检查人员应当在笔录上注明。

7.当事人、证人可以采取书面或者口头方式陈述或者提供证言。当事人、证人口头陈述或者提供证言的,检查人员应当以笔录、录音、录像等形式进行记录。笔录可以手写或者使用计算机记录并打印,由当事人或者证人逐页签章、捺指印。当事人、证人口头提出变更陈述或者证言的,检查人员应当就变更部分重新制作笔录,注明原因,由当事人或者证人逐页签章、捺指印。当事人、证人变更书面陈述或者证言的,变更前的笔录不予退回。

8.制作录音、录像等视听资料的,应当注明制作方法、制作时间、制作人和证明对象等内容。调取视听资料时,应当调取有关资料的原始载体;难以调取原始载体的,可以调取复制件,但应当说明复制方法、人员、时间和原件存放处等事项。对声音资料,应当附有该声音内容的文字记录;对图像资料,应当附有必要的文字说明。

9.以电子数据的内容证明案件事实的,检查人员可以要求当事人将电子数据打印成纸质资料,在纸质资料上注明数据出处、打印场所、打印时间或者提供时间,注明"与电子数据核对无误",并由当事人签章。需要以有形载体形式固定电子数据的,检查人员应当与提供电子数据的个人、单位的法定代表人或者财务负责人或者经单位授权的其他人员一起将电子数据复制到存储介质上并封存,同时在封存包装物上注明制作方法、制作时间、制作人、文件格式及大小等,注明"与原始载体记载的电子数据核对无误",并由电子数据提供人签章。收集、提取电子数据,检查人员应当制作现场笔录,注明电子数据的来源、事由、证明目的或者对象,提取时间、地点、方法、过程,原始存储介质的存放地点以及对电子数据存储介质的签封情况等。进行数据压缩的,应当在笔录中注明压缩方法和完整性校验值。

10. 检查人员实地调查取证时，可以制作现场笔录、勘验笔录，对实地调查取证情况予以记录。制作现场笔录、勘验笔录，应当载明时间、地点和事件等内容，并由检查人员签名和当事人签章。当事人经通知不到场或者拒绝在现场笔录、勘验笔录上签章的，检查人员应当在笔录上注明原因；如有其他人员在场，可以由其签章证明。

11. 检查人员异地调查取证的，当地税务机关应当予以协助；发函委托相关稽查局调查取证的，必要时可以派人参与受托地稽查局的调查取证，受托地稽查局应当根据协查请求，依照法定权限和程序调查。需要取得境外资料的，稽查局可以提请国际税收管理部门依照有关规定程序获取。

12. 查询从事生产、经营的纳税人、扣缴义务人存款账户，应当经县以上税务局局长批准，凭检查存款账户许可证明向相关银行或者其他金融机构查询。查询案件涉嫌人员储蓄存款的，应当经设区的市、自治州以上税务局局长批准，凭检查存款账户许可证明向相关银行或者其他金融机构查询。

13. 被查对象有下列情形之一的，依照《中华人民共和国税收征收管理法》和《中华人民共和国税收征收管理法实施细则》有关逃避、拒绝或者以其他方式阻挠税务检查的规定处理：

（1）提供虚假资料，不如实反映情况，或者拒绝提供有关资料的；

（2）拒绝或者阻止税务机关记录、录音、录像、照相和复制与案件有关的情况和资料的；

（3）在检查期间转移、隐匿、销毁有关资料的；

（4）有不依法接受税务检查的其他情形的。

14. 税务机关有根据认为从事生产、经营的纳税人有逃避纳税义务行为，可以在规定的纳税期之前，责令限期缴纳应纳税款；在限期内发现纳税人有明显的转移、隐匿其应纳税的商品、货物以及其他财产或者应纳税收入迹象的，可以责成纳税人提供纳税担保。如果纳税人不能提供纳税担保，经县以上税务局局长批准，可以依法采取税收强制措施。检查从事生产、经营的纳税人以前纳税期的纳税情况时，发现纳税人有逃避纳税义务行为，并有明显的转移、隐匿其应纳税的商品、货物以及其他财产或者应纳税收入迹象的，经县以上税务局局长批准，可以依法采取税收强制措施。

15. 稽查局采取税收强制措施时，应当向纳税人、扣缴义务人、纳税担保人交付税收强制措施决定书，告知其采取税收强制措施的内容、理由、依据以及依法享有的权利、救济途径，并履行法律、法规规定的其他程序。采取冻结纳税人在开户银行或者其他金融机构的存款措施时，应当向纳税人开户银行或者其他金融机构交付冻结存款通知书，冻结其相当于应纳税款的存款；并于作出冻结决定之日起3个工作日内，向纳税人交付冻结决定书。采取查封、扣押商品、货物或者其他财产措施时，应当向纳税人、扣缴义务人、纳税担保人当场交付查封、扣押决定书，填写查封商品、货物或者其他财产清单或者出具扣押商品、货物或者其他财产专用收据，由当事人核对后签章。查封清单、扣押收据一式二份，由当事人和稽查局分别保存。采取查封、扣押有产权证件的动产或者不动产措施时，应当依法向有关单位送达税务协助执行通知书，通知其在查封、扣押期间不再办理该动产或者不动产的过户手续。

16. 按照上述规定采取查封、扣押措施的，期限一般不得超过6个月。重大案件有下列情形之一，需要延长期限的，应当报国家税务总局批准：

（1）案情复杂，在查封、扣押期限内确实难以查明案件事实的；

（2）被查对象转移、隐匿、销毁账簿、记账凭证或者其他证据材料的；

（3）被查对象拒不提供相关情况或者以其他方式拒绝、阻挠检查的；

（4）解除查封、扣押措施可能使纳税人转移、隐匿、损毁或者违法处置财产，从而导致税款无法追缴的。

除上述情形外采取查封、扣押、冻结措施的，期限不得超过30日；情况复杂的，经县以上税务局局长批准，可以延长，但是延长期限不得超过30日。

17. 有下列情形之一的，应当依法及时解除税收强制措施：

（1）纳税人已按履行期限缴纳税款、扣缴义务人已按履行期限解缴税款、纳税担保人已按履行期限缴纳所担保税款的；

（2）税收强制措施被复议机关决定撤销的；

（3）税收强制措施被人民法院判决撤销的；

（4）其他法定应当解除税收强制措施的。

18. 解除税收强制措施时，应当向纳税人、扣缴义务人、纳税担保人送达解除税收强制措施决定书，告知其解除税收强制措施的时间、内容和依据，并通知其在规定时间内办理解除税收强制措施的有关事宜，具体如下：

（1）采取冻结存款措施的，应当向冻结存款的纳税人开户银行或者其他金融机构送达解除冻结存款通知书，解除冻结；

（2）采取查封商品、货物或者其他财产措施的，应当解除查封并收回查封商品、货物或者其他财产清单；

（3）采取扣押商品、货物或者其他财产措施的，应当予以返还并收回扣押商品、货物或者其他财产专用收据。

税收强制措施涉及协助执行单位的，应当向协助执行单位送达税务协助执行通知书，通知解除税收强制措施相关事项。

19. 有下列情形之一，致使检查暂时无法进行的，经稽查局局长批准后，中止检查：

（1）当事人被有关机关依法限制人身自由的；

（2）账簿、记账凭证及有关资料被其他国家机关依法调取且尚未归还的；

（3）与税收违法行为直接相关的事实需要人民法院或者其他国家机关确认的；

（4）法律、行政法规或者国家税务总局规定的其他可以中止检查的。

中止检查的情形消失，经稽查局局长批准后，恢复检查。

20. 有下列情形之一，致使检查确实无法进行的，经稽查局局长批准后，终结检查：

（1）被查对象死亡或者被依法宣告死亡或者依法注销，且有证据表明无财产可抵缴税款或者无法定税收义务承担主体的；

（2）被查对象税收违法行为均已超过法定追究期限的；

（3）法律、行政法规或者国家税务总局规定的其他可以终结检查的。

21. 检查结束前，检查人员可以将发现的税收违法事实和依据告知被查对象。被查对象对违法事实和依据有异议的，应当在限期内提供说明及证据材料。被查对象口头说明的，检查人员应当制作笔录，由当事人签章。

（三）法律责任

税务稽查人员在执法办案中滥用职权、玩忽职守、徇私舞弊的，依照有关规定严肃处理；涉嫌犯罪的，依法移送司法机关处理。

（四）典型案例

广东省江门市江海区人民法院
行政判决书

（2023）粤0704行初667号

原告：江门市新会区××加油站有限公司。

被告：国家税务总局江门市税务局第一稽查局。

原告江门市新会区××加油站有限公司诉被告国家税务总局江门市税务局第一稽查局（以下简称"第一稽查局"）罚款一案，本院受理后依法组成合议庭，分别于2023年12月7日及12月18日公开开庭进行审理。本案现已审理终结。

……

经审理查明，2022年10月10日，第一稽查局对××加油站涉嫌税收违法进行立案。2022年10月26日，第一稽查局向××加油站送达《税务检查通知书》和《调取账簿资料通知书》。同日，第一稽查局工作人员到××加油站进行现场检查并制作《现场笔录》。2022年12月8日、19日，第一稽查局向江门农村商业银行股份有限公司送达《检查存款账户许可证明》，检查相关账户资金往来情况。2022年12月28日，第一稽查局申请延长稽查案件办理时限。2023年1月3日，税务局批准延长办理时限至2023年4月8日。2023年1月12日，第一稽查局向××加油站送达《询问通知书》。同日，第一稽查局对××加油站的法定代表人梁某晃、财务负责人谭美婵、会计谭荣乐进行询问，谭美婵在询问中确认××加油站将非油品收入划入何雪华账户，××加油站存在部分收入没有进行会计记账跟纳税申报。第一稽查局在调查阶段还调取了××加油站签章确认的2019年1月至2022年6月收入统计表，日结表，现金账，便利店销售表，销售明细表，现金日记账，总账，明细账，记账凭证，2019—2022年纳税申报情况表，2019年至2022年6月的增值税、附征税费申报表，2019—2021年的企业所得税汇算清缴纳税调整报告及申报表等相关资料。2023年3月24—27日，第一稽查局对××加油站涉税案件进行集体审理。2023年3月28日，第一稽查局向××加油站作出并送达《税务行政处罚事项告知书》，载明"你公司在2019年1月至2022年6月期间，在账簿上不列、少列收入，造成少缴增值税24 065.68元、城市维护建设税3 052.99元、骗取的留抵退税款54 751.51元、企业所得税5 421.73元的违法行为属于偷税，偷税金额占应纳税款10%以上。……偷税总金额为87 291.91元，鉴于你公司配合税务机关检查，违法程度一般，拟对少缴的税款处1倍的罚款，即87 291.91元。二、你公司有陈述、申辩的权利。……若拟对你公司罚款1万元（含1万元）以上，或者符合《中华人民共和国行政处罚法》第六十三条规定的其他情形的，你公司有要求听证的权利……"2023年4月4日，第一稽查局收到××加油站的《听证申请书》。2023年4月14日，××加油站向第一稽查局提交《申辩意见书》。2023年4月18日，第一稽查局组织听证会，××加油站代理人谭伟斌、欧阳青莹参加听证会。同日，××加油站向第一稽查局提交《关于江门市新会区××加油站有限公司留抵退税事项的说明》《增值税及附加税更正申报说明》等资料。2023年4月20日，××加油站向第一稽查局提交《代理律师法律意见》。2023年4月24日，第一稽查局制作《听证报告》。2023年4月26日，第一稽查局将听证情况呈稽查局局长审批。2023年4月26—27日，第一稽查局再次对××加油站涉税案件进行集体审理。2023年4月28日，第一稽查局向××加油站作出并送达江税一稽处〔2023〕8号《税务处理决定书》及江税一稽罚〔2023〕5号《税务行政处罚决定书》，其中《税务处理决定书》载明"应追缴你公司增值税24 065.68元、城市维护建设税

3 052.99 元、教育费附加 1 831.80 元、地方教育附加 1 221.19 元、多确认的留抵退税款 54 751.51 元、印花税 1 641.80 元、企业所得税 5 421.73 元，应补缴税费共 91 986.70 元……"；涉案《税务行政处罚决定书》载明"……你公司 2019 年 1 月至 2022 年 6 月期间在账簿上少列收入，造成少缴税款以及多确认期末留抵税额并退税的行为属于偷税，鉴于纳税人配合税务机关检查，违法程度一般，决定对少缴的税款处 1 倍的罚款，即 87 291.91 元……"。××加油站对上述《税务行政处罚决定书》不服，遂提起本案行政诉讼。

另查明，2023 年 5 月 16 日，第一稽查局出具《税务稽查执行报告》，载明"……该公司于 2023 年 5 月 4 日前缴纳增值税 24 065.68 元、城市维护建设税 3 052.99 元、教育费附加 1 831.80 元、地方教育附加 1 221.19 元、多确认的留抵退税款 54 751.51 元，印花税 1 641.80 元，企业所得税 5 421.73 元、滞纳金 29 898.16 元，罚款 87 291.91 元，合计 209 176.77 元。案件执行完毕。"

又查明，庭审中第一稽查局确认如下事实：涉案《税务行政处罚决定书》中的"偷税金额"＝增值税 24 065.68 元＋城市维护建设税 3 052.99 元＋企业所得税 5 421.73 元＋多确认的留抵退税款 54 751.51 元＝87 291.91 元，"应纳税额"＝"原告已申报纳税数额"＋"被告核查后要求原告应该补缴的数额"，具体而言，"原告已申报纳税数额"＝增值税 304 065.95 元＋城市维护建设税 11 373.71 元＋印花税 2 626.9 元＋企业所得税 215.87 元＋房产税 4 208.04 元＋城镇土地使用税 8 776 元＝331 266.47 元；"被告核查后要求原告应该补缴的数额"＝增值税 24 065.68 元＋多确认留抵退税 54 751.51 元＋城市维护建设税 3 052.99 元＋印花税 1 641.8 元＋企业所得税 5 421.73 元＝88 933.71 元；所以"应纳税额"＝"原告已申报纳税数额"331 266.47 元＋"被告核查后要求原告应该补缴的数额"88 933.71 元＝420 200.18 元。偷税金额占应纳税款比例是 87 291.91÷420 200.18＝20.8%。

庭审中××加油站确认如下事实：偷税金额＝87 291.91 元－54 751.51 元＝32 540.4 元。多确认留抵退税 54751.51 元不属于少缴的税款，不是偷税行为；"原告已申报纳税数额"＝331 266.47 元（和第一稽查局的数据一致），但是"被告核查后要求原告应该补缴的数额"＝88 933.71 元－54 751.51 元＝34 182.20 元，所以"应纳税额"＝331 266.47 元＋34 182.20 元＝365 448.67 元，偷税金额占应纳税额的比例是 32 540.4÷365 448.67＝8.9%。××加油站还确认对前述《税务处理决定书》没有提起行政复议或行政诉讼。

本院认为，本案系罚款案件。根据《中华人民共和国税收征收管理法》第五条、《中华人民共和国税收征收管理法实施细则》第九条以及《国家税务总局关于稽查局职责问题的通知》规定，第一稽查局在本案中执法主体适格，本院予以确认。

综合双方当事人的诉辩意见，本案的争议焦点如下：第一稽查局作出的涉案《税务行政处罚决定书》是否合法。

首先从程序方面分析。《税务稽查案件办理程序规定》第十八条第一款规定："调取账簿、记账凭证、报表和其他有关资料时，应当向被查对象出具调取账簿资料通知书，并填写调取账簿资料清单交其核对后签章确认。"第二十条第一款规定："询问应当由两名以上检查人员实施。除在被查对象生产、经营、办公场所询问外，应当向被询问人送达询问通知书。"第三十六条第一款规定："检查结束后，稽查局应当对案件进行审理。符合重大税务案件标准的，稽查局审理后提请税务局重大税务案件审理委员会审理。"第四十条第一款规定："被查对象或者其他涉税当事人可以书面或者口头提出陈述、申辩意见。对当事人口头提出陈述、申辩意见，应当制作陈述申辩笔录，如实记录，由陈述人、申辩人签章。"第四十一条第一款规定："被查对象或者其他涉税当事人按照法律、法规、规章要求听证的，应当依法组织听证。"第四十七条第（五）项规定："稽查局应当自立案之日起90日内作出行政处理、处罚决定或者税收违法行为结论。案情复杂需要延期的，经税务局局长批准，可以延长不超过90日；特殊情况或者发生不可抗力需要继续延期的，应当经上一级税务局分管副局长批准，并确定合理的延长期限。但下列时间不计算在内：……（五）组织听证的时间……"。现有证据显示，2022年10月10日，第一稽查局对××加油站涉嫌税收违法进行立案。税务局批准延长办理时限至2023年4月8日。第一稽查局立案后履行了调取资料、询问、听证、告知、集体审理等程序。期间，第一稽查局于2023年4月4日收到××加油站提交的听证申请，同年4月26日将听证情况报局长审批，扣除听证的组织时间，第一稽查局于2023年4月28日作出涉案处罚决定，并未超期，而且处罚程序适当，亦未违反相关规定。

其次从实体方面分析。《中华人民共和国税收征收管理法》第六十三条第一款规定："纳税人伪造、变造、隐匿、擅自销毁账簿、记账凭证，或者在账簿上多列支出或者不列、少列收入，或者经税务机关通知申报而拒不申报或者进行虚假的纳税申报，不缴或者少缴应纳税款的，是偷税。对纳税人偷税的，由税务机关追缴其不缴或者少缴的税款、滞纳金，并处不缴或者少缴的税款50%以上5倍以下的罚款；构成犯罪的，依法追究刑事责任。"财政部、税务总局《关于进一步加大增值税期末留抵退税政策实施力度的公告》（2022年第14号）第一条第一款规定："加大小微企业增值税期末留抵退税政策力度，将先进制造业按月全额退还增值税增量留抵税额政策范围扩大至符合条件的小微企业（含个体工商户，下同），并一次性退还小微企业存量留抵税额。"第十二条规定：

"纳税人取得退还的留抵税额后,应相应调减当期留抵税额。如果发现纳税人存在留抵退税政策适用有误的情形,纳税人应在下个纳税申报期结束前缴回相关留抵退税款。以虚增进项、虚假申报或其他欺骗手段,骗取留抵退税款的,由税务机关追缴其骗取的退税款,并按照《中华人民共和国税收征收管理法》等有关规定处理。"据此,××加油站在账簿上少列收入,不如实申报造成少缴税款以及多获得留抵税款,属于偷税行为,偷税金额达87 291.91元。第一稽查局按照前述《中华人民共和国税收征收管理法》第六十三条第一款规定,决定对牛湾加油站罚款87 291.91元,该处罚幅度合法合理,并无不当。

另外,《国家税务总局关于发布〈税务行政处罚"首违不罚"事项清单〉的公告》以及《国家税务总局关于发布〈第二批税务行政处罚"首违不罚"事项清单〉的公告》均列举了可以适用"首违不罚"的事项清单,并不包括本案所涉及的偷税违法行为,因此本案行政处罚不符合"首违不罚"的适用情形。

综上所述,涉案《税务行政处罚决定书》程序及实体处理并无不当,牛湾加油站诉请撤销该处罚决定,缺乏理据,本院不予支持。依照《中华人民共和国行政诉讼法》第六十九条之规定,判决如下:

驳回原告江门市新会区××加油站有限公司的诉讼请求。

2024年3月13日

六、税务稽查中违法审理案件

(一)违法主体

税务稽查中具有审理案件职责的税务人员。

(二)构成要件

1. 检查结束后,稽查局应当对案件进行审理。符合重大税务案件标准的,稽查局审理后提请税务局重大税务案件审理委员会审理。重大税务案件审理依照国家税务总局有关规定执行。

2. 案件审理应当着重审核以下内容:
(1)执法主体是否正确;
(2)被查对象是否准确;
(3)税收违法事实是否清楚,证据是否充分,数据是否准确,资料是否齐全;
(4)适用法律、行政法规、规章及其他规范性文件是否适当,定性是否正确;
(5)是否符合法定程序;

（6）是否超越或者滥用职权；

（7）税务处理、处罚建议是否适当；

（8）其他应当审核确认的事项或者问题。

3. 有下列情形之一的，应当补正或者补充调查：

（1）被查对象认定错误的；

（2）税收违法事实不清、证据不足的；

（3）不符合法定程序的；

（4）税务文书不规范、不完整的；

（5）其他需要补正或者补充调查的。

4. 拟对被查对象或者其他涉税当事人作出税务行政处罚的，应当向其送达税务行政处罚事项告知书，告知其依法享有陈述、申辩及要求听证的权利。税务行政处罚事项告知书应当包括以下内容：

（1）被查对象或者其他涉税当事人姓名或者名称、有效身份证件号码或者统一社会信用代码、地址（没有统一社会信用代码的，以税务机关赋予的纳税人识别号代替）；

（2）认定的税收违法事实和性质；

（3）适用的法律、行政法规、规章及其他规范性文件；

（4）拟作出的税务行政处罚；

（5）当事人依法享有的权利；

（6）告知书的文号、制作日期、税务机关名称及印章；

（7）其他相关事项。

5. 被查对象或者其他涉税当事人可以书面或者口头提出陈述、申辩意见。对当事人口头提出陈述、申辩意见，应当制作陈述申辩笔录，如实记录，由陈述人、申辩人签章。应当充分听取当事人的陈述、申辩意见；经复核，当事人提出的事实、理由或者证据成立的，应当采纳。

6. 被查对象或者其他涉税当事人按照法律、法规、规章要求听证的，应当依法组织听证。听证依照国家税务总局有关规定执行。

7. 经审理，区分下列情形分别作出处理：

（1）有税收违法行为，应当作出税务处理决定的，制作税务处理决定书；

（2）有税收违法行为，应当作出税务行政处罚决定的，制作税务行政处罚决定书；

（3）税收违法行为轻微，依法可以不予税务行政处罚的，制作不予税务行政处罚决定书；

（4）没有税收违法行为的，制作税务稽查结论。

税务处理决定书、税务行政处罚决定书、不予税务行政处罚决定书、税务稽查结论引用的法律、行政法规、规章及其他规范性文件，应当注明文件全称、文号和有关条款。

8.税务处理决定书应当包括以下主要内容：

（1）被查对象姓名或者名称、有效身份证件号码或者统一社会信用代码、地址（没有统一社会信用代码的，以税务机关赋予的纳税人识别号代替）；

（2）检查范围和内容；

（3）税收违法事实及所属期间；

（4）处理决定及依据；

（5）税款金额、缴纳期限及地点；

（6）税款滞纳时间、滞纳金计算方法、缴纳期限及地点；

（7）被查对象不按期履行处理决定应当承担的责任；

（8）申请行政复议或者提起行政诉讼的途径和期限；

（9）处理决定书的文号、制作日期、税务机关名称及印章。

9.税务行政处罚决定书应当包括以下主要内容：

（1）被查对象或者其他涉税当事人姓名或者名称、有效身份证件号码或者统一社会信用代码、地址（没有统一社会信用代码的，以税务机关赋予的纳税人识别号代替）；

（2）检查范围和内容；

（3）税收违法事实、证据及所属期间；

（4）行政处罚种类和依据；

（5）行政处罚履行方式、期限和地点；

（6）当事人不按期履行行政处罚决定应当承担的责任；

（7）申请行政复议或者提起行政诉讼的途径和期限；

（8）行政处罚决定书的文号、制作日期、税务机关名称及印章。

税务行政处罚决定应当依法公开。公开的行政处罚决定被依法变更、撤销、确认违法或者确认无效的，应当在3个工作日内撤回原行政处罚决定信息并公开说明理由。

10.不予税务行政处罚决定书应当包括以下主要内容：

（1）被查对象或者其他涉税当事人姓名或者名称、有效身份证件号码或者统一社会信用代码、地址（没有统一社会信用代码的，以税务机关赋予的纳税人识别号代替）；

（2）检查范围和内容；

（3）税收违法事实及所属期间；

（4）不予税务行政处罚的理由及依据；

（5）申请行政复议或者提起行政诉讼的途径和期限；

（6）不予行政处罚决定书的文号、制作日期、税务机关名称及印章。

11.税务稽查结论应当包括以下主要内容：

（1）被查对象姓名或者名称、有效身份证件号码或者统一社会信用代码、地址（没有统一社会信用代码的，以税务机关赋予的纳税人识别号代替）；

（2）检查范围和内容；

（3）检查时间和检查所属期间；

（4）检查结论；

（5）结论的文号、制作日期、税务机关名称及印章。

12.稽查局应当自立案之日起90日内作出行政处理、处罚决定或者无税收违法行为结论。案情复杂需要延期的，经税务局局长批准，可以延长不超过90日；特殊情况或者发生不可抗力需要继续延期的，应当经上一级税务局分管副局长批准，并确定合理的延长期限。但下列时间不计算在内：

（1）中止检查的时间；

（2）请示上级机关或者征求有权机关意见的时间；

（3）提请重大税务案件审理的时间；

（4）因其他方式无法送达，公告送达文书的时间；

（5）组织听证的时间；

（6）纳税人、扣缴义务人超期提供资料的时间；

（7）移送司法机关后，税务机关需根据司法文书决定是否处罚的案件，从司法机关接受移送到司法文书生效的时间。

13.税收违法行为涉嫌犯罪的，填制涉嫌犯罪案件移送书，经税务局局长批准后，依法移送公安机关，并附送以下资料：

（1）涉嫌犯罪案件情况的调查报告；

（2）涉嫌犯罪的主要证据材料复制件；

（3）其他有关涉嫌犯罪的材料。

（三）法律责任

税务稽查人员在执法办案中滥用职权、玩忽职守、徇私舞弊的，依照有关规定严肃处理；涉嫌犯罪的，依法移送司法机关处理。

七、税务稽查中违法执行

（一）违法主体

税务稽查中具有执行职责的税务人员。

（二）构成要件

1. 稽查局应当依法及时送达税务处理决定书、税务行政处罚决定书、不予税务行政处罚决定书、税务稽查结论等税务文书。

2. 具有下列情形之一的，经县以上税务局局长批准，稽查局可以依法强制执行，或者依法申请人民法院强制执行：

（1）纳税人、扣缴义务人未按照规定的期限缴纳或者解缴税款、滞纳金，责令限期缴纳逾期仍未缴纳的；

（2）经稽查局确认的纳税担保人未按照规定的期限缴纳所担保的税款、滞纳金，责令限期缴纳逾期仍未缴纳的；

（3）当事人对处罚决定逾期不申请行政复议也不向人民法院起诉、又不履行的。

（4）其他可以依法强制执行的。

3. 当事人确有经济困难，需要延期或者分期缴纳罚款的，可向稽查局提出申请，经税务局局长批准后，可以暂缓或者分期缴纳。

4. 作出强制执行决定前，应当制作并送达催告文书，催告当事人履行义务，听取当事人陈述、申辩意见。经催告，当事人逾期仍不履行行政决定，且无正当理由的，经县以上税务局局长批准，实施强制执行。实施强制执行时，应当向被执行人送达强制执行决定书，告知其实施强制执行的内容、理由及依据，并告知其享有依法申请行政复议或者提起行政诉讼的权利。催告期间，对有证据证明有转移或者隐匿财物迹象的，可以作出立即强制执行决定。

5. 稽查局采取从被执行人开户银行或者其他金融机构的存款中扣缴税款、滞纳金、罚款措施时，应当向被执行人开户银行或者其他金融机构送达扣缴税收款项通知书，依法扣缴税款、滞纳金、罚款，并及时将有关凭证送达被执行人。

6. 拍卖、变卖被执行人商品、货物或者其他财产，以拍卖、变卖所得抵缴税款、滞纳金、罚款的，在拍卖、变卖前应当依法进行查封、扣押。稽查局拍卖、变卖被执行人商品、货物或者其他财产前，应当制作拍卖、变卖抵税财物决定书，经县以上税务局局长批准后送达被执行人，予以拍卖或者变卖。拍卖或者变卖实现后，应当在结算并收取价款后3个工作日内，办理税款、滞纳金、罚款的入库手续，并制作拍卖、变卖结果通知书，附拍卖、变卖查封、扣押的商品、货物或者其他财产清单，经稽查局局长审核后，送达被执行人。以拍卖或者变卖所得抵缴税款、滞纳金、罚款和拍卖、变卖等费用后，尚有剩余的财产或者无法进行拍卖、变卖的财产的，应当制作返还商品、货物或者其他财产通知书，附返还商品、货物或者其他财产清单，送达被执行人，并自办理税款、滞纳金、罚款入库手续之日起3个工作日内退还被执行人。

7.执行过程中发现有下列情形之一的，经稽查局局长批准后，中止执行：

（1）当事人死亡或者被依法宣告死亡，尚未确定可执行财产的；

（2）当事人进入破产清算程序尚未终结的；

（3）可执行财产被司法机关或者其他国家机关依法查封、扣押、冻结，致使执行暂时无法进行的；

（4）可供执行的标的物需要人民法院或者仲裁机构确定权属的；

（5）法律、行政法规和国家税务总局规定其他可以中止执行的。

中止执行情形消失后，经稽查局局长批准，恢复执行。

8.当事人确无财产可供抵缴税款、滞纳金、罚款或者依照破产清算程序确实无法清缴税款、滞纳金、罚款，或者有其他法定终结执行情形的，经税务局局长批准后，终结执行。

9.税务处理决定书、税务行政处罚决定书等决定性文书送达后，有下列情形之一的，稽查局可以依法重新作出：

（1）决定性文书被人民法院判决撤销的；

（2）决定性文书被行政复议机关决定撤销的；

（3）税务机关认为需要变更或者撤销原决定性文书的；

（4）其他依法需要变更或者撤销原决定性文书的。

（三）法律责任

税务稽查人员在执法办案中滥用职权、玩忽职守、徇私舞弊的，依照有关规定严肃处理；涉嫌犯罪的，依法移送司法机关处理。

第四章 增值税缴纳风险

第一节 隐瞒增值税收入风险

一、隐瞒增值税应税收入

（一）违法主体

在中华人民共和国境内销售货物或者加工、修理修配劳务，销售服务、无形资产、不动产以及进口货物的单位和个人。

（二）构成要件

1.销售额为纳税人发生应税销售行为收取的全部价款和价外费用，但是不包括收取的销项税额。

2.国家根据税收征收管理的需要，积极推广使用税控装置。纳税人应当按照规定安装、使用税控装置，不得损毁或者擅自改动税控装置。

（三）法律责任

1.纳税人、扣缴义务人按照法律、行政法规规定或者税务机关依照法律、行政法规的规定确定的期限，缴纳或者解缴税款。

2.纳税人未按照规定期限缴纳税款的，扣缴义务人未按照规定期限解缴税款的，税务机关除责令限期缴纳外，从滞纳税款之日起，按日加收滞纳税款万分之五的滞纳金。

3.纳税人伪造、变造、隐匿、擅自销毁账簿、记账凭证，或者在账簿上多列支出或者不列、少列收入，或者经税务机关通知申报而拒不申报或者进行虚假的纳税申报，不缴或者少缴应纳税款的，是偷税。对纳税人偷税的，由税务机关追缴其不缴或者少缴的税款、滞纳金，并处不缴或者少缴的税款 50% 以上 5 倍以下的罚款；构成犯罪的，依法追究刑事责任。

（四）典型案例

2024 年 6 月，国家税务总局广西壮族自治区税务局稽查局根据相关部门移送线索，指导国家税务总局来宾市税务局稽查局依法查处了来宾市某贸易有限公司 ×× 加油站偷税案件。

经查，该加油站通过篡改加油机主板芯片、安装作弊软件等手段隐匿销售收入，进行虚假纳税申报，少缴增值税等税费 283 万元。税务稽查部门依据《中华人民共和国税收征收管理法》《中华人民共和国行政处罚法》等相关规定，对该加油站依法追缴少缴税费、加收滞纳金并处罚款，共计 481 万元。

二、少申报收入构成逃税

（一）违法主体

在中华人民共和国境内销售货物或者加工、修理修配劳务，销售服务、无形资产、不动产以及进口货物的单位和个人。

（二）构成要件

1. 纳税人进行虚假纳税申报，具有下列情形之一的，应当认定为《中华人民共和国刑法》第二百零一条第一款规定的"欺骗、隐瞒手段"：

（1）伪造、变造、转移、隐匿、擅自销毁账簿、记账凭证或者其他涉税资料的；

（2）以签订"阴阳合同"等形式隐匿或者以他人名义分解收入、财产的；

（3）虚列支出、虚抵进项税额或者虚报专项附加扣除的；

（4）提供虚假材料，骗取税收优惠的；

（5）编造虚假计税依据的；

（6）为不缴、少缴税款而采取的其他欺骗、隐瞒手段。

2. 具有下列情形之一的，应当认定为《中华人民共和国刑法》第二百零一条第一款规定的"不申报"：

（1）依法在登记机关办理设立登记的纳税人，发生应税行为而不申报纳税的；

（2）依法不需要在登记机关办理设立登记或者未依法办理设立登记的纳税人，发生应税行为，经税务机关依法通知其申报而不申报纳税的；

（3）其他明知应当依法申报纳税而不申报纳税的。

3.扣缴义务人采取上述所列手段，不缴或者少缴已扣、已收税款，数额较大的，依照《中华人民共和国刑法》第二百零一条第一款的规定定罪处罚。扣缴义务人承诺为纳税人代付税款，在其向纳税人支付税后所得时，应当认定扣缴义务人"已扣、已收税款"。

4.纳税人逃避缴纳税款10万元以上、50万元以上的，应当分别认定为《中华人民共和国刑法》第二百零一条第一款规定的"数额较大""数额巨大"。扣缴义务人不缴或者少缴已扣、已收税款"数额较大"及"数额巨大"的认定标准，依照上述规定。

5.纳税人有《中华人民共和国刑法》第二百零一条第一款规定的逃避缴纳税款行为，在公安机关立案前，经税务机关依法下达追缴通知后，在规定的期限或者批准延缓、分期缴纳的期限内足额补缴应纳税款，缴纳滞纳金，并全部履行税务机关作出的行政处罚决定的，不予追究刑事责任。但是，5年内因逃避缴纳税款受过刑事处罚或者被税务机关给予2次以上行政处罚的除外。纳税人有逃避缴纳税款行为，税务机关没有依法下达追缴通知的，依法不予追究刑事责任。

6.《中华人民共和国刑法》第二百零一条第一款规定的"逃避缴纳税款数额"，是指在确定的纳税期间，不缴或者少缴税务机关负责征收的各税种税款的总额。

7.《中华人民共和国刑法》第二百零一条第一款规定的"应纳税额"，是指应税行为发生年度内依照税收法律、行政法规规定应当缴纳的税额，不包括海关代征的增值税、关税等及纳税人依法预缴的税额。

8.《中华人民共和国刑法》第二百零一条第一款规定的"逃避缴纳税款数额占应纳税额的百分比"，是指行为人在一个纳税年度中的各税种逃税总额与该纳税年度应纳税总额的比例；不按纳税年度确定纳税期的，按照最后一次逃税行为发生之日前一年中各税种逃税总额与该年应纳税总额的比例确定。纳税义务存续期间不足一个纳税年度的，按照各税种逃税总额与实际发生纳税义务期间应纳税总额的比例确定。

9.逃税行为跨越若干个纳税年度，只要其中一个纳税年度的逃税数额及百分比达到《中华人民共和国刑法》第二百零一条第一款规定的标准，即构成逃税罪。各纳税年度的逃税数额应当累计计算，逃税额占应纳税额百分比应当按照各逃税年度百分比的最高值确定。

10.《中华人民共和国刑法》第二百零一条第三款规定的"未经处理"，包括未经行政处理和刑事处理。

（三）法律责任

1. 纳税人、扣缴义务人按照法律、行政法规规定或者税务机关依照法律、行政法规的规定确定的期限，缴纳或者解缴税款。

2. 纳税人未按照规定期限缴纳税款的，扣缴义务人未按照规定期限解缴税款的，税务机关除责令限期缴纳外，从滞纳税款之日起，按日加收滞纳税款万分之五的滞纳金。

3. 纳税人采取欺骗、隐瞒手段进行虚假纳税申报或者不申报，逃避缴纳税款数额较大并且占应纳税额 10% 以上的，处 3 年以下有期徒刑或者拘役，并处罚金；数额巨大并且占应纳税额 30% 以上的，处 3 年以上 7 年以下有期徒刑，并处罚金。

三、未及时缴纳税款构成偷税

（一）违法主体

在中华人民共和国境内销售货物或者加工、修理修配劳务，销售服务、无形资产、不动产以及进口货物的单位和个人。

（二）构成要件

1. 增值税纳税义务发生时间：

（1）发生应税销售行为，为收讫销售款项或者取得索取销售款项凭据的当天；先开具发票的，为开具发票的当天；

（2）进口货物，为报关进口的当天。

2. 增值税扣缴义务发生时间为纳税人增值税纳税义务发生的当天。

3. 收讫销售款项或者取得索取销售款项凭据的当天，按销售结算方式的不同，具体为：

（1）采取直接收款方式销售货物，不论货物是否发出，均为收到销售款或者取得索取销售款凭据的当天；

（2）采取托收承付和委托银行收款方式销售货物，为发出货物并办妥托收手续的当天；

（3）采取赊销和分期收款方式销售货物，为书面合同约定的收款日期的当天，无书面合同的或者书面合同没有约定收款日期的，为货物发出的当天；

（4）采取预收货款方式销售货物，为货物发出的当天，但生产销售生产工期超过 12 个月的大型机械设备、船舶、飞机等货物，为收到预收款或者书面合同约定的收款日期的当天；

（5）委托其他纳税人代销货物，为收到代销单位的代销清单或者收到全部或者部分货款的当天。未收到代销清单及货款的，为发出代销货物满 180 天的当天；

（6）销售应税劳务，为提供劳务同时收讫销售款或者取得索取销售款的凭据的当天；

（7）纳税人发生视同销售货物行为，为货物移送的当天。

（三）法律责任

1. 纳税人、扣缴义务人按照法律、行政法规规定或者税务机关依照法律、行政法规的规定确定的期限，缴纳或者解缴税款。

2. 纳税人未按照规定期限缴纳税款的，扣缴义务人未按照规定期限解缴税款的，税务机关除责令限期缴纳外，从滞纳税款之日起，按日加收滞纳税款万分之五的滞纳金。

3. 纳税人伪造、变造、隐匿、擅自销毁账簿、记账凭证，或者在账簿上多列支出或者不列、少列收入，或者经税务机关通知申报而拒不申报或者进行虚假的纳税申报，不缴或者少缴应纳税款的，是偷税。对纳税人偷税的，由税务机关追缴其不缴或者少缴的税款、滞纳金，并处不缴或者少缴的税款 50% 以上 5 倍以下的罚款；构成犯罪的，依法追究刑事责任。

第二节　虚开增值税发票风险

一、犯罪数额中不能扣除"开票费"

（一）违法主体

在中华人民共和国境内销售货物或者加工、修理修配劳务，销售服务、无形资产、不动产以及进口货物的单位和个人。

（二）构成要件

1. 纳税人购进货物、劳务、服务、无形资产、不动产，取得的增值税扣税凭证不符合法律、行政法规或者国务院税务主管部门有关规定的，其进项税额不得从销项税额中抵扣。

2. 开具发票应当按照规定的时限、顺序、栏目，全部联次一次性如实开具，开具纸质发票应当加盖发票专用章。

3. 任何单位和个人不得有下列虚开发票行为：

（1）为他人、为自己开具与实际经营业务情况不符的发票；

（2）让他人为自己开具与实际经营业务情况不符的发票；

（3）介绍他人开具与实际经营业务情况不符的发票。

4. 具有下列情形之一的，应当认定为《中华人民共和国刑法》第二百零五条第一款规定的"虚开增值税专用发票或者虚开用于骗取出口退税、抵扣税款的其他发票"：

（1）没有实际业务，开具增值税专用发票、用于骗取出口退税、抵扣税款的其他发票的；

（2）有实际应抵扣业务，但开具超过实际应抵扣业务对应税款的增值税专用发票、用于骗取出口退税、抵扣税款的其他发票的；

（3）对依法不能抵扣税款的业务，通过虚构交易主体开具增值税专用发票、用于骗取出口退税、抵扣税款的其他发票的；

（4）非法篡改增值税专用发票或者用于骗取出口退税、抵扣税款的其他发票相关电子信息的；

（5）违反规定以其他手段虚开的。

（三）法律责任

1. 违反规定虚开发票的，由税务机关没收违法所得；虚开金额在1万元以下的，可以并处5万元以下的罚款；虚开金额超过1万元的，并处5万元以上50万元以下的罚款；构成犯罪的，依法追究刑事责任。

2. 虚开增值税专用发票或者虚开用于骗取出口退税、抵扣税款的其他发票的，处3年以下有期徒刑或者拘役，并处2万元以上20万元以下罚金；虚开的税款数额较大或者有其他严重情节的，处3年以上10年以下有期徒刑，并处5万元以上50万元以下罚金；虚开的税款数额巨大或者有其他特别严重情节的，处10年以上有期徒刑或者无期徒刑，并处5万元以上50万元以下罚金或者没收财产。

3. 单位犯上述规定之罪的，对单位判处罚金，并对其直接负责的主管人员和其他直接责任人员，处3年以下有期徒刑或者拘役；虚开的税款数额较大或者有其他严重情节的，处3年以上10年以下有期徒刑；虚开的税款数额巨大或者有其他特别严重情节的，处10年以上有期徒刑或者无期徒刑。

4.虚开增值税专用发票或者虚开用于骗取出口退税、抵扣税款的其他发票，是指有为他人虚开、为自己虚开、让他人为自己虚开、介绍他人虚开行为之一的。

二、未缴纳进项税时让他人为自己虚开发票用于抵扣销项税构成虚开

（一）违法主体

在中华人民共和国境内销售货物或者加工、修理修配劳务，销售服务、无形资产、不动产以及进口货物的单位和个人。

（二）构成要件

1.纳税人购进货物、劳务、服务、无形资产、不动产支付或者负担的增值税额，为进项税额。

2.下列进项税额准予从销项税额中抵扣。

（1）从销售方取得的增值税专用发票上注明的增值税额。

（2）从海关取得的海关进口增值税专用缴款书上注明的增值税额。

（3）购进农产品，除取得增值税专用发票或者海关进口增值税专用缴款书外，按照农产品收购发票或者销售发票上注明的农产品买价和11%的扣除率计算的进项税额，国务院另有规定的除外。进项税额计算公式：

$$进项税额 = 买价 \times 扣除率$$

（4）自境外单位或者个人购进劳务、服务、无形资产或者境内的不动产，从税务机关或者扣缴义务人取得的代扣代缴税款的完税凭证上注明的增值税额。

准予抵扣的项目和扣除率的调整，由国务院决定。

3.纳税人购进货物、劳务、服务、无形资产、不动产，取得的增值税扣税凭证不符合法律、行政法规或者国务院税务主管部门有关规定的，其进项税额不得从销项税额中抵扣。

4.开具发票应当按照规定的时限、顺序、栏目，全部联次一次性如实开具，开具纸质发票应当加盖发票专用章。

5.任何单位和个人不得有下列虚开发票行为：

（1）为他人、为自己开具与实际经营业务情况不符的发票；

（2）让他人为自己开具与实际经营业务情况不符的发票；

（3）介绍他人开具与实际经营业务情况不符的发票。

6.具有下列情形之一的，应当认定为《中华人民共和国刑法》第二百零五条第一款规定的"虚开增值税专用发票或者虚开用于骗取出口退税、抵扣税款的其他发票"：

（1）没有实际业务，开具增值税专用发票、用于骗取出口退税、抵扣税款的其他发票的；

（2）有实际应抵扣业务，但开具超过实际应抵扣业务对应税款的增值税专用发票、用于骗取出口退税、抵扣税款的其他发票的；

（3）对依法不能抵扣税款的业务，通过虚构交易主体开具增值税专用发票、用于骗取出口退税、抵扣税款的其他发票的；

（4）非法篡改增值税专用发票或者用于骗取出口退税、抵扣税款的其他发票相关电子信息的；

（5）违反规定以其他手段虚开的。

（三）法律责任

1.违反规定虚开发票的，由税务机关没收违法所得；虚开金额在1万元以下的，可以并处5万元以下的罚款；虚开金额超过1万元的，并处5万元以上50万元以下的罚款；构成犯罪的，依法追究刑事责任。

2.虚开增值税专用发票或者虚开用于骗取出口退税、抵扣税款的其他发票的，处3年以下有期徒刑或者拘役，并处2万元以上20万元以下罚金；虚开的税款数额较大或者有其他严重情节的，处3年以上10年以下有期徒刑，并处5万元以上50万元以下罚金；虚开的税款数额巨大或者有其他特别严重情节的，处10年以上有期徒刑或者无期徒刑，并处5万元以上50万元以下罚金或者没收财产。

3.单位犯上述规定之罪的，对单位判处罚金，并对其直接负责的主管人员和其他直接责任人员，处3年以下有期徒刑或者拘役；虚开的税款数额较大或者有其他严重情节的，处3年以上10年以下有期徒刑；虚开的税款数额巨大或者有其他特别严重情节的，处10年以上有期徒刑或者无期徒刑。

4.虚开增值税专用发票或者虚开用于骗取出口退税、抵扣税款的其他发票，是指有为他人虚开、为自己虚开、让他人为自己虚开、介绍他人虚开行为之一的。

（四）典型案例

夏某虚开增值税专用发票案［关联索引：（2022）鲁1602刑初241号、（2023）鲁16刑终5号］

基本案情：2012年2月至2013年4月，夏某作为某建材公司实际经营人，为抵扣税款，在与某石油化工公司无真实货物交易的情况下，与实际欲从某石油化工公司购油的王某、宋某商定，由王某、宋某以某建材公司名义向某石油化工公司采购燃料油。王某、宋某将购油款转至某建材公司公户，某建材公司再将购油款转至某石油化工公司。后某石油化工公司向某建材公司开具增值税专用发票，夏某用于公司抵扣税款，并向王某、宋某支付价税合计3%的开票费，王某、宋某从某石油化工公司运走燃料油后销售。夏某通过上述手段虚开增值税专用发票13份，税额共计31万余元，并已认证抵扣。

裁判要旨：只有在真实交易环节交纳了增值税，才有向国家税务机关申请抵扣税款的权利，虽有实际经营，但在让他人开票环节并没有对应的真实交易，也没有交纳进项增值税，却让他人为自己虚开发票用于抵扣销项税，具有骗取国家税款的目的，造成国家税款损失，属于《中华人民共和国刑法》第二百零五条规定的"虚开"。

三、循环开票依法纳税不构成虚开罪

（一）违法主体

在中华人民共和国境内销售货物或者加工、修理修配劳务，销售服务、无形资产、不动产以及进口货物的单位和个人。

（二）构成要件

1. 纳税人购进货物、劳务、服务、无形资产、不动产，取得的增值税扣税凭证不符合法律、行政法规或者国务院税务主管部门有关规定的，其进项税额不得从销项税额中抵扣。

2. 开具发票应当按照规定的时限、顺序、栏目，全部联次一次性如实开具，开具纸质发票应当加盖发票专用章。

3. 任何单位和个人不得有下列虚开发票行为：
（1）为他人、为自己开具与实际经营业务情况不符的发票；
（2）让他人为自己开具与实际经营业务情况不符的发票；
（3）介绍他人开具与实际经营业务情况不符的发票。

4. 具有下列情形之一的，应当认定为《中华人民共和国刑法》第二百零五条第一款规定的"虚开增值税专用发票或者虚开用于骗取出口退税、抵扣税款的其他发票"：

（1）没有实际业务，开具增值税专用发票、用于骗取出口退税、抵扣税款的其他发票的；

（2）有实际应抵扣业务，但开具超过实际应抵扣业务对应税款的增值税专用发票、用于骗取出口退税、抵扣税款的其他发票的；

（3）对依法不能抵扣税款的业务，通过虚构交易主体开具增值税专用发票、用于骗取出口退税、抵扣税款的其他发票的；

（4）非法篡改增值税专用发票或者用于骗取出口退税、抵扣税款的其他发票相关电子信息的；

（5）违反规定以其他手段虚开的。

5.为虚增业绩、融资、贷款等不以骗抵税款为目的，没有因抵扣造成税款被骗损失的，不以本罪论处，构成其他犯罪的，依法以其他犯罪追究刑事责任。

（三）法律责任

1.违反规定虚开发票的，由税务机关没收违法所得；虚开金额在1万元以下的，可以并处5万元以下的罚款；虚开金额超过1万元的，并处5万元以上50万元以下的罚款；构成犯罪的，依法追究刑事责任。

2.虚开增值税专用发票或者虚开用于骗取出口退税、抵扣税款的其他发票的，处3年以下有期徒刑或者拘役，并处2万元以上20万元以下罚金；虚开的税款数额较大或者有其他严重情节的，处3年以上10年以下有期徒刑，并处5万元以上50万元以下罚金；虚开的税款数额巨大或者有其他特别严重情节的，处10年以上有期徒刑或者无期徒刑，并处5万元以上50万元以下罚金或者没收财产。

3.单位犯上述规定之罪的，对单位判处罚金，并对其直接负责的主管人员和其他直接责任人员，处3年以下有期徒刑或者拘役；虚开的税款数额较大或者有其他严重情节的，处3年以上10年以下有期徒刑；虚开的税款数额巨大或者有其他特别严重情节的，处10年以上有期徒刑或者无期徒刑。

4.虚开增值税专用发票或者虚开用于骗取出口退税、抵扣税款的其他发票，是指有为他人虚开、为自己虚开、让他人为自己虚开、介绍他人虚开行为之一的。

四、单位虚开与自然人虚开叠加处罚

（一）违法主体

在中华人民共和国境内销售货物或者加工、修理修配劳务，销售服务、无形资产、不动产以及进口货物的单位和个人。

（二）构成要件

1. 纳税人购进货物、劳务、服务、无形资产、不动产，取得的增值税扣税凭证不符合法律、行政法规或者国务院税务主管部门有关规定的，其进项税额不得从销项税额中抵扣。

2. 开具发票应当按照规定的时限、顺序、栏目，全部联次一次性如实开具，开具纸质发票应当加盖发票专用章。

3. 任何单位和个人不得有下列虚开发票行为：

（1）为他人、为自己开具与实际经营业务情况不符的发票；

（2）让他人为自己开具与实际经营业务情况不符的发票；

（3）介绍他人开具与实际经营业务情况不符的发票。

4. 具有下列情形之一的，应当认定为《中华人民共和国刑法》第二百零五条第一款规定的"虚开增值税专用发票或者虚开用于骗取出口退税、抵扣税款的其他发票"：

（1）没有实际业务，开具增值税专用发票、用于骗取出口退税、抵扣税款的其他发票的；

（2）有实际应抵扣业务，但开具超过实际应抵扣业务对应税款的增值税专用发票、用于骗取出口退税、抵扣税款的其他发票的；

（3）对依法不能抵扣税款的业务，通过虚构交易主体开具增值税专用发票、用于骗取出口退税、抵扣税款的其他发票的；

（4）非法篡改增值税专用发票或者用于骗取出口退税、抵扣税款的其他发票相关电子信息的；

（5）违反规定以其他手段虚开的。

5. 为虚增业绩、融资、贷款等不以骗抵税款为目的，没有因抵扣造成税款被骗损失的，不以本罪论处，构成其他犯罪的，依法以其他犯罪追究刑事责任。

（三）法律责任

1. 违反规定虚开发票的，由税务机关没收违法所得；虚开金额在1万元以下的，可以并处5万元以下的罚款；虚开金额超过1万元的，并处5万元以上50万元以下的罚款；构成犯罪的，依法追究刑事责任。

2. 虚开增值税专用发票或者虚开用于骗取出口退税、抵扣税款的其他发票的，处3年以下有期徒刑或者拘役，并处2万元以上20万元以下罚金；虚开的税款数额较大或者有其他严重情节的，处3年以上10年以下有期徒刑，并处

5 万元以上 50 万元以下罚金；虚开的税款数额巨大或者有其他特别严重情节的，处 10 年以上有期徒刑或者无期徒刑，并处 5 万元以上 50 万元以下罚金或者没收财产。

3. 单位犯上述规定之罪的，对单位判处罚金，并对其直接负责的主管人员和其他直接责任人员，处 3 年以下有期徒刑或者拘役；虚开的税款数额较大或者有其他严重情节的，处 3 年以上 10 年以下有期徒刑；虚开的税款数额巨大或者有其他特别严重情节的，处 10 年以上有期徒刑或者无期徒刑。

4. 虚开增值税专用发票或者虚开用于骗取出口退税、抵扣税款的其他发票，是指有为他人虚开、为自己虚开、让他人为自己虚开、介绍他人虚开行为之一的。

（四）典型案例

徐某虚开增值税专用发票案［关联索引：（2022）苏 0281 刑初 664 号］

基本案情：2016—2018 年，徐某担任江阴市某机械制造有限公司法定代表人，在没有真实货物交易的情况下，多次以支付开票费的方式，让他人为公司虚开增值税专用发票 46 份，税款 70 万余元并全部申报抵扣；2014—2017 年，徐某还经营江阴市某汽车工装设备厂（个体工商户），以前述同样方式虚开 48 份增值税专用发票至设备厂，税款 101 万余元并全部申报抵扣。

裁判要旨：个人既是单位所犯虚开增值税专用发票罪的直接责任人员，依法应承担单位犯罪责任，同时又实施虚开增值税专用发票犯罪的，应当分别认定为虚开增值税专用发票罪的单位犯罪和自然人犯罪，分别量刑，再根据数罪并罚的规定进行并罚，不能将单位犯罪和自然人犯罪的金额直接累加认定虚开犯罪数额。

五、合规整改可从宽处罚

（一）违法主体

在中华人民共和国境内销售货物或者加工、修理修配劳务，销售服务、无形资产、不动产以及进口货物的单位和个人。

（二）构成要件

1. 纳税人购进货物、劳务、服务、无形资产、不动产，取得的增值税扣税凭证不符合法律、行政法规或者国务院税务主管部门有关规定的，其进项税额不得从销项税额中抵扣。

2.开具发票应当按照规定的时限、顺序、栏目，全部联次一次性如实开具，开具纸质发票应当加盖发票专用章。

3.任何单位和个人不得有下列虚开发票行为：

（1）为他人、为自己开具与实际经营业务情况不符的发票；

（2）让他人为自己开具与实际经营业务情况不符的发票；

（3）介绍他人开具与实际经营业务情况不符的发票。

4.具有下列情形之一的，应当认定为《中华人民共和国刑法》第二百零五条第一款规定的"虚开增值税专用发票或者虚开用于骗取出口退税、抵扣税款的其他发票"：

（1）没有实际业务，开具增值税专用发票、用于骗取出口退税、抵扣税款的其他发票的；

（2）有实际应抵扣业务，但开具超过实际应抵扣业务对应税款的增值税专用发票、用于骗取出口退税、抵扣税款的其他发票的；

（3）对依法不能抵扣税款的业务，通过虚构交易主体开具增值税专用发票、用于骗取出口退税、抵扣税款的其他发票的；

（4）非法篡改增值税专用发票或者用于骗取出口退税、抵扣税款的其他发票相关电子信息的；

（5）违反规定以其他手段虚开的。

5.为虚增业绩、融资、贷款等不以骗抵税款为目的，没有因抵扣造成税款被骗损失的，不以本罪论处，构成其他犯罪的，依法以其他犯罪追究刑事责任。

（三）法律责任

1.违反规定虚开发票的，由税务机关没收违法所得；虚开金额在1万元以下的，可以并处5万元以下的罚款；虚开金额超过1万元的，并处5万元以上50万元以下的罚款；构成犯罪的，依法追究刑事责任。

2.虚开增值税专用发票或者虚开用于骗取出口退税、抵扣税款的其他发票的，处3年以下有期徒刑或者拘役，并处2万元以上20万元以下罚金；虚开的税款数额较大或者有其他严重情节的，处3年以上10年以下有期徒刑，并处5万元以上50万元以下罚金；虚开的税款数额巨大或者有其他特别严重情节的，处10年以上有期徒刑或者无期徒刑，并处5万元以上50万元以下罚金或者没收财产。

3.单位犯上述规定之罪的，对单位判处罚金，并对其直接负责的主管人员和其他直接责任人员，处3年以下有期徒刑或者拘役；虚开的税款数额较大或者有其他严重情节的，处3年以上10年以下有期徒刑；虚开的税款数额巨大或者有其他特别严重情节的，处10年以上有期徒刑或者无期徒刑。

4.虚开增值税专用发票或者虚开用于骗取出口退税、抵扣税款的其他发票，是指有为他人虚开、为自己虚开、让他人为自己虚开、介绍他人虚开行为之一的。

（四）典型案例

广西某供应链管理有限公司、陆某、伍某添、滕某琼虚开增值税专用发票案［关联索引：（2023）赣1022刑初6号］

基本案情：2021年，广西某供应链管理有限公司从其他公司购进成品油后，因部分买家是个人或者不需要开具发票的公司，导致剩余1900余万元的发票未开出。2021年6月，林某某联系供应链公司股东伍某添，让其为他人虚开增值税专用发票。经伍某添与公司法定代表人陆某商定，在没有真实交易的情况下，与三家公司签订了三份虚假油品购销合同，虚开增值税专用发票共175份，税额共计225万余元。业务员滕某琼按要求与对方对接开票、资金转账回流事宜。在案件审理过程中，经供应链公司申请，法院同意开展企业合规整改并完成合规整改。法院判决供应链公司罚金20万元，陆某等三人均获缓刑。

裁判要旨：涉案企业为他人虚开增值税专用发票，在认罪认罚的基础上，作出合规整改的承诺，开展一定期限的合规整改，帮助企业健全管理规章制度、完善企业治理结构，建立并完善预防、发现和制止违法犯罪行为的内控机制。法院将整改结果与认罪认罚从宽制度相结合，可对涉案企业的直接责任人员或主管人员从宽处罚，将"治罪"与"治理"有机结合。

六、二审合规整改可以从宽处罚

（一）违法主体

在中华人民共和国境内销售货物或者加工、修理修配劳务，销售服务、无形资产、不动产以及进口货物的单位和个人。

（二）构成要件

1.纳税人购进货物、劳务、服务、无形资产、不动产，取得的增值税扣税凭证不符合法律、行政法规或者国务院税务主管部门有关规定的，其进项税额不得从销项税额中抵扣。

2.开具发票应当按照规定的时限、顺序、栏目，全部联次一次性如实开具，开具纸质发票应当加盖发票专用章。

3.任何单位和个人不得有下列虚开发票行为：

（1）为他人、为自己开具与实际经营业务情况不符的发票；

（2）让他人为自己开具与实际经营业务情况不符的发票；

（3）介绍他人开具与实际经营业务情况不符的发票。

4.具有下列情形之一的，应当认定为《中华人民共和国刑法》第二百零五条第一款规定的"虚开增值税专用发票或者虚开用于骗取出口退税、抵扣税款的其他发票"：

（1）没有实际业务，开具增值税专用发票、用于骗取出口退税、抵扣税款的其他发票的；

（2）有实际应抵扣业务，但开具超过实际应抵扣业务对应税款的增值税专用发票、用于骗取出口退税、抵扣税款的其他发票的；

（3）对依法不能抵扣税款的业务，通过虚构交易主体开具增值税专用发票、用于骗取出口退税、抵扣税款的其他发票的；

（4）非法篡改增值税专用发票或者用于骗取出口退税、抵扣税款的其他发票相关电子信息的；

（5）违反规定以其他手段虚开的。

5.为虚增业绩、融资、贷款等不以骗抵税款为目的，没有因抵扣造成税款被骗损失的，不以本罪论处，构成其他犯罪的，依法以其他犯罪追究刑事责任。

（三）法律责任

1.违反规定虚开发票的，由税务机关没收违法所得；虚开金额在1万元以下的，可以并处5万元以下的罚款；虚开金额超过1万元的，并处5万元以上50万元以下的罚款；构成犯罪的，依法追究刑事责任。

2.虚开增值税专用发票或者虚开用于骗取出口退税、抵扣税款的其他发票的，处3年以下有期徒刑或者拘役，并处2万元以上20万元以下罚金；虚开的税款数额较大或者有其他严重情节的，处3年以上10年以下有期徒刑，并处5万元以上50万元以下罚金；虚开的税款数额巨大或者有其他特别严重情节的，处10年以上有期徒刑或者无期徒刑，并处5万元以上50万元以下罚金或者没收财产。

3.单位犯上述规定之罪的，对单位判处罚金，并对其直接负责的主管人员和其他直接责任人员，处3年以下有期徒刑或者拘役；虚开的税款数额较大或者有其他严重情节的，处3年以上10年以下有期徒刑；虚开的税款数额巨大或者有其他特别严重情节的，处10年以上有期徒刑或者无期徒刑。

4.虚开增值税专用发票或者虚开用于骗取出口退税、抵扣税款的其他发票，是指有为他人虚开、为自己虚开、让他人为自己虚开、介绍他人虚开行为之一的。

（四）典型案例

邢某某虚开增值税专用发票案[关联索引：（2022）皖0210刑初106号、（2022）皖02刑终186号]

基本案情：邢某某为安徽省芜湖市某工程有限公司的实际控制人。2018年5月—2019年11月，邢某某为获得足够增值税专用发票抵扣税款，在与他人无真实交易的情况下，采取支付票面金额6%至7%开票费的方式，伙同他人为自己实际控制的上述公司虚开增值税专用发票13份，全部申报抵扣增值税进项税额，涉及税额17万余元。一审判处邢某某虚开增值税专用发票罪，拘役1个月，罚金2万元。二审程序中，邢某某提出企业合规整改的申请，在安徽省芜湖市中级人民法院主导下对公司进行合规整改并验收合格，判决邢某某构成虚开增值税专用发票罪，免予刑事处罚。

裁判要旨：1. 对于公司、企业实际控制人、经营管理人员等实施的、与生产经营密切相关犯罪的刑事案件，可以适用企业合规整改。对于完成有效合规整改的，可以依法从宽处理。2. 对于在审判阶段申请开展合规整改的，可以由人民法院视情直接组织开展。对符合相关条件的涉案企业，在第一审程序中未进行合规整改的，可以在第二审程序中开展。

七、虚开废旧物资回收发票

（一）违法主体

在中华人民共和国境内销售货物或者加工、修理修配劳务，销售服务、无形资产、不动产以及进口货物的单位和个人。

（二）构成要件

1. 纳税人购进货物、劳务、服务、无形资产、不动产，取得的增值税扣税凭证不符合法律、行政法规或者国务院税务主管部门有关规定的，其进项税额不得从销项税额中抵扣。

2. 开具发票应当按照规定的时限、顺序、栏目，全部联次一次性如实开具，开具纸质发票应当加盖发票专用章。

3. 任何单位和个人不得有下列虚开发票行为：

（1）为他人、为自己开具与实际经营业务情况不符的发票；

（2）让他人为自己开具与实际经营业务情况不符的发票；

（3）介绍他人开具与实际经营业务情况不符的发票。

4.具有下列情形之一的，应当认定为《中华人民共和国刑法》第二百零五条第一款规定的"虚开增值税专用发票或者虚开用于骗取出口退税、抵扣税款的其他发票"：

（1）没有实际业务，开具增值税专用发票、用于骗取出口退税、抵扣税款的其他发票的；

（2）有实际应抵扣业务，但开具超过实际应抵扣业务对应税款的增值税专用发票、用于骗取出口退税、抵扣税款的其他发票的；

（3）对依法不能抵扣税款的业务，通过虚构交易主体开具增值税专用发票、用于骗取出口退税、抵扣税款的其他发票的；

（4）非法篡改增值税专用发票或者用于骗取出口退税、抵扣税款的其他发票相关电子信息的；

（5）违反规定以其他手段虚开的。

5.为虚增业绩、融资、贷款等不以骗抵税款为目的，没有因抵扣造成税款被骗损失的，不以本罪论处，构成其他犯罪的，依法以其他犯罪追究刑事责任。

（三）法律责任

1.违反规定虚开发票的，由税务机关没收违法所得；虚开金额在1万元以下的，可以并处5万元以下的罚款；虚开金额超过1万元的，并处5万元以上50万元以下的罚款；构成犯罪的，依法追究刑事责任。

2.虚开增值税专用发票或者虚开用于骗取出口退税、抵扣税款的其他发票的，处3年以下有期徒刑或者拘役，并处2万元以上20万元以下罚金；虚开的税款数额较大或者有其他严重情节的，处3年以上10年以下有期徒刑，并处5万元以上50万元以下罚金；虚开的税款数额巨大或者有其他特别严重情节的，处10年以上有期徒刑或者无期徒刑，并处5万元以上50万元以下罚金或者没收财产。

3.单位犯上述规定之罪的，对单位判处罚金，并对其直接负责的主管人员和其他直接责任人员，处3年以下有期徒刑或者拘役；虚开的税款数额较大或者有其他严重情节的，处3年以上10年以下有期徒刑；虚开的税款数额巨大或者有其他特别严重情节的，处10年以上有期徒刑或者无期徒刑。

4.虚开增值税专用发票或者虚开用于骗取出口退税、抵扣税款的其他发票，是指有为他人虚开、为自己虚开、让他人为自己虚开、介绍他人虚开行为之一的。

第三节　骗取留抵退税风险

一、商贸企业骗取留抵退税

（一）违法主体

在中华人民共和国境内销售货物或者加工、修理修配劳务，销售服务、无形资产、不动产以及进口货物的单位和个人。

（二）构成要件

自 2019 年 4 月 1 日起，试行增值税期末留抵税额退税制度。

1. 同时符合以下条件的纳税人，可以向主管税务机关申请退还增量留抵税额：

（1）自 2019 年 4 月税款所属期起，连续 6 个月（按季纳税的，连续两个季度）增量留抵税额均大于零，且第 6 个月增量留抵税额不低于 50 万元；

（2）纳税信用等级为 A 级或者 B 级；

（3）申请退税前 36 个月未发生骗取留抵退税、出口退税或虚开增值税专用发票情形的；

（4）申请退税前 36 个月未因偷税被税务机关处罚两次及以上的；

（5）自 2019 年 4 月 1 日起未享受即征即退、先征后返（退）政策的。

2. 上述所称增量留抵税额，是指与 2019 年 3 月底相比新增加的期末留抵税额。

3. 纳税人当期允许退还的增量留抵税额，按照以下公式计算：

允许退还的增量留抵税额＝增量留抵税额 × 进项构成比例 ×60%

进项构成比例，为 2019 年 4 月至申请退税前一税款所属期已抵扣的增值税专用发票（含带有"增值税专用发票"字样全面数字化的电子发票、税控机动车销售统一发票）、收费公路通行费增值税电子普通发票、海关进口增值税专用缴款书、解缴税款完税凭证注明的增值税额占同期全部已抵扣进项税额的比重。

4. 纳税人应在增值税纳税申报期内，向主管税务机关申请退还留抵税额。

5. 纳税人出口货物劳务、发生跨境应税行为，适用免抵退税办法的，办理免抵退税后，仍符合上述规定条件的，可以申请退还留抵税额；适用免退税办法的，相关进项税额不得用于退还留抵税额。

6.纳税人取得退还的留抵税额后，应相应调减当期留抵税额。按照上述规定再次满足退税条件的，可以继续向主管税务机关申请退还留抵税额，但上述规定的连续期间，不得重复计算。

（三）法律责任

1.以虚增进项、虚假申报或其他欺骗手段，骗取留抵退税款的，由税务机关追缴其骗取的退税款，并按照《中华人民共和国税收征收管理法》等有关规定处理。

2.纳税人伪造、变造、隐匿、擅自销毁账簿、记账凭证，或者在账簿上多列支出或者不列、少列收入，或者经税务机关通知申报而拒不申报或者进行虚假的纳税申报，不缴或者少缴应纳税款的，是偷税。对纳税人偷税的，由税务机关追缴其不缴或者少缴的税款、滞纳金，并处不缴或者少缴的税款50%以上5倍以下的罚款；构成犯罪的，依法追究刑事责任。

（四）典型案例

2022年7月，北京市税务局第四稽查局根据税收大数据分析线索，依法查处了北京某进出口贸易有限公司骗取增值税留抵退税案件。经查，该公司通过隐匿销售收入、减少销项税额、进行虚假申报等手段，骗取留抵退税166.16万元，税务稽查部门依法追缴该公司骗取的留抵退税款，并依据《中华人民共和国行政处罚法》《中华人民共和国税收征收管理法》相关规定，拟处1倍罚款。同时，税务稽查部门依法对其近3年各项税收缴纳情况进行全面检查，发现该公司偷税46.09万元，依法追缴该公司偷税款，并依据《中华人民共和国行政处罚法》《中华人民共和国税收征收管理法》相关规定，拟处1倍罚款，加收滞纳金。

二、废旧物资回收企业骗取留抵退税

（一）违法主体

在中华人民共和国境内销售货物或者加工、修理修配劳务，销售服务、无形资产、不动产以及进口货物的单位和个人。

（二）构成要件

1.加大小微企业增值税期末留抵退税政策力度，将先进制造业按月全额退还增值税增量留抵税额政策范围扩大至符合条件的小微企业（含个体工商户，下同），并一次性退还小微企业存量留抵税额。

（1）符合条件的小微企业，可以自2022年4月纳税申报期起向主管税务机关申请退还增量留抵税额。

（2）符合条件的微型企业，可以自2022年4月纳税申报期起向主管税务机关申请一次性退还存量留抵税额；符合条件的小型企业，可以自2022年5月纳税申报期起向主管税务机关申请一次性退还存量留抵税额。

2. 加大"制造业""科学研究和技术服务业""电力、热力、燃气及水生产和供应业""软件和信息技术服务业""生态保护和环境治理业"和"交通运输、仓储和邮政业"（以下称制造业等行业）增值税期末留抵退税政策力度，将先进制造业按月全额退还增值税增量留抵税额政策范围扩大至符合条件的制造业等行业企业（含个体工商户，下同），并一次性退还制造业等行业企业存量留抵税额。

（1）符合条件的制造业等行业企业，可以自2022年4月纳税申报期起向主管税务机关申请退还增量留抵税额。

（2）符合条件的制造业等行业中型企业，可以自2022年7月纳税申报期起向主管税务机关申请一次性退还存量留抵税额；符合条件的制造业等行业大型企业，可以自2022年10月纳税申报期起向主管税务机关申请一次性退还存量留抵税额。

3. 适用上述政策的纳税人需同时符合以下条件：

（1）纳税信用等级为A级或者B级；

（2）申请退税前36个月未发生骗取留抵退税、骗取出口退税或虚开增值税专用发票情形；

（3）申请退税前36个月未因偷税被税务机关处罚两次及以上；

（4）2019年4月1日起未享受即征即退、先征后返（退）政策。

4. 上述所称增量留抵税额，区分以下情形确定：

（1）纳税人获得一次性存量留抵退税前，增量留抵税额为当期期末留抵税额与2019年3月31日相比新增加的留抵税额；

（2）纳税人获得一次性存量留抵退税后，增量留抵税额为当期期末留抵税额。

5. 上述所称存量留抵税额，区分以下情形确定：

（1）纳税人获得一次性存量留抵退税前，当期期末留抵税额大于或等于2019年3月31日期末留抵税额的，存量留抵税额为2019年3月31日期末留抵税额；当期期末留抵税额小于2019年3月31日期末留抵税额的，存量留抵税额为当期期末留抵税额。

（2）纳税人获得一次性存量留抵退税后，存量留抵税额为零。

6. 上述所称中型企业、小型企业和微型企业，按照《中小企业划型标准规定》（工信部联企业〔2011〕300号）和《金融业企业划型标准规定》（银发〔2015〕309号）中的营业收入指标、资产总额指标确定。其中，资产总额指标按照纳税人上一会计年度年末值确定。营业收入指标按照纳税人上一会计年度增值税销售额确定；不满一个会计年度的，按照以下公式计算：

增值税销售额（年）＝上一会计年度企业实际存续期间增值税销售额÷企业实际存续月数×12

上述所称增值税销售额，包括纳税申报销售额、稽查查补销售额、纳税评估调整销售额。适用增值税差额征税政策的，以差额后的销售额确定。

对于工信部联企业〔2011〕300号和银发〔2015〕309号文件所列行业以外的纳税人，以及工信部联企业〔2011〕300号文件所列行业但未采用营业收入指标或资产总额指标划型确定的纳税人，微型企业标准为增值税销售额（年）100万元以下（不含100万元）；小型企业标准为增值税销售额（年）2 000万元以下（不含2 000万元）；中型企业标准为增值税销售额（年）1亿元以下（不含1亿元）。

上述所称大型企业，是指除上述中型企业、小型企业和微型企业外的其他企业。

7. 上述所称制造业等行业企业，是指从事《国民经济行业分类》中"制造业""科学研究和技术服务业""电力、热力、燃气及水生产和供应业""软件和信息技术服务业""生态保护和环境治理业"和"交通运输、仓储和邮政业"业务相应发生的增值税销售额占全部增值税销售额的比重超过50%的纳税人。

上述销售额比重根据纳税人申请退税前连续12个月的销售额计算确定；申请退税前经营期不满12个月但满3个月的，按照实际经营期的销售额计算确定。

8. 适用上述政策的纳税人，按照以下公式计算允许退还的留抵税额：

允许退还的增量留抵税额＝增量留抵税额×进项构成比例×100%

允许退还的存量留抵税额＝存量留抵税额×进项构成比例×100%

进项构成比例，为2019年4月至申请退税前一税款所属期已抵扣的增值税专用发票（含带有"增值税专用发票"字样全面数字化的电子发票、税控机动车销售统一发票）、收费公路通行费增值税电子普通发票、海关进口增值税专用缴款书、解缴税款完税凭证注明的增值税额占同期全部已抵扣进项税额的比重。

（三）法律责任

1. 以虚增进项、虚假申报或其他欺骗手段，骗取留抵退税款的，由税务机关追缴其骗取的退税款，并按照《中华人民共和国税收征收管理法》等有关规定处理。

2. 纳税人伪造、变造、隐匿、擅自销毁账簿、记账凭证，或者在账簿上多列支出或者不列、少列收入，或者经税务机关通知申报而拒不申报或者进行虚假的纳税申报，不缴或者少缴应纳税款的，是偷税。对纳税人偷税的，由税务机关追缴其不缴或者少缴的税款、滞纳金，并处不缴或者少缴的税款50%以上5倍以下的罚款；构成犯罪的，依法追究刑事责任。

（四）典型案例

2022年6月，台州市税务局第二稽查局根据税收大数据分析线索，依法查处了台州某再生资源有限责任公司骗取增值税留抵退税案件。经查，该公司通过隐匿销售收入、减少销项税额、进行虚假申报等手段，骗取留抵退税184.89万元。税务稽查部门依法追缴该公司骗取的留抵退税款，并依据《中华人民共和国行政处罚法》《中华人民共和国税收征收管理法》相关规定，处1倍罚款。同时，税务稽查部门依法对其近3年各项税收缴纳情况进行全面检查，发现该公司偷税41.7万元，依法追缴该公司偷税款，并依据《中华人民共和国行政处罚法》《中华人民共和国税收征收管理法》相关规定，处1倍罚款、加收滞纳金。

三、零售企业骗取留抵退税

（一）违法主体

在中华人民共和国境内销售货物或者加工、修理修配劳务，销售服务、无形资产、不动产以及进口货物的单位和个人。

（二）构成要件

自2019年4月1日起，试行增值税期末留抵税额退税制度。

1. 同时符合以下条件的纳税人，可以向主管税务机关申请退还增量留抵税额：

（1）自2019年4月税款所属期起，连续6个月（按季纳税的，连续两个季度）增量留抵税额均大于零，且第6个月增量留抵税额不低于50万元；

（2）纳税信用等级为 A 级或者 B 级；

（3）申请退税前 36 个月未发生骗取留抵退税、出口退税或虚开增值税专用发票情形的；

（4）申请退税前 36 个月未因偷税被税务机关处罚两次及以上的；

（5）自 2019 年 4 月 1 日起未享受即征即退、先征后返（退）政策的。

2. 加大小微企业增值税期末留抵退税政策力度，将先进制造业按月全额退还增值税增量留抵税额政策范围扩大至符合条件的小微企业（含个体工商户，下同），并一次性退还小微企业存量留抵税额。

（1）符合条件的小微企业，可以自 2022 年 4 月纳税申报期起向主管税务机关申请退还增量留抵税额。

（2）符合条件的微型企业，可以自 2022 年 4 月纳税申报期起向主管税务机关申请一次性退还存量留抵税额；符合条件的小型企业，可以自 2022 年 5 月纳税申报期起向主管税务机关申请一次性退还存量留抵税额。

3. 加大"制造业""科学研究和技术服务业""电力、热力、燃气及水生产和供应业""软件和信息技术服务业""生态保护和环境治理业"和"交通运输、仓储和邮政业"（以下称制造业等行业）增值税期末留抵退税政策力度，将先进制造业按月全额退还增值税增量留抵税额政策范围扩大至符合条件的制造业等行业企业（含个体工商户，下同），并一次性退还制造业等行业企业存量留抵税额。

（1）符合条件的制造业等行业企业，可以自 2022 年 4 月纳税申报期起向主管税务机关申请退还增量留抵税额。

（2）符合条件的制造业等行业中型企业，可以自 2022 年 7 月纳税申报期起向主管税务机关申请一次性退还存量留抵税额；符合条件的制造业等行业大型企业，可以自 2022 年 10 月纳税申报期起向主管税务机关申请一次性退还存量留抵税额。

4. 适用上述政策的纳税人需同时符合以下条件：

（1）纳税信用等级为 A 级或者 B 级；

（2）申请退税前 36 个月未发生骗取留抵退税、骗取出口退税或虚开增值税专用发票情形；

（3）申请退税前 36 个月未因偷税被税务机关处罚两次及以上；

（4）2019 年 4 月 1 日起未享受即征即退、先征后返（退）政策。

（三）法律责任

1. 以虚增进项、虚假申报或其他欺骗手段，骗取留抵退税款的，由税务机关追缴其骗取的退税款，并按照《中华人民共和国税收征收管理法》等有关规定处理。

2. 纳税人伪造、变造、隐匿、擅自销毁账簿、记账凭证，或者在账簿上多列支出或者不列、少列收入，或者经税务机关通知申报而拒不申报或者进行虚假的纳税申报，不缴或者少缴应纳税款的，是偷税。对纳税人偷税的，由税务机关追缴其不缴或者少缴的税款、滞纳金，并处不缴或者少缴的税款50%以上5倍以下的罚款；构成犯罪的，依法追究刑事责任。

（四）典型案例

2022年5月，漳州市税务局第一稽查局根据税收大数据分析线索，依法查处了南靖县某加油站骗取增值税留抵退税案件。经查，该企业通过隐匿销售收入、减少销项税额、进行虚假申报等手段，骗取留抵退税15.56万元。税务稽查部门依法追缴该企业骗取的留抵退税款，并依据《中华人民共和国行政处罚法》《中华人民共和国税收征收管理法》相关规定，处1倍罚款。同时，税务稽查部门依法对其近3年各项税收缴纳情况进行全面检查，发现该企业偷税156.96万元，依法追缴该企业偷税款，并依据《中华人民共和国行政处罚法》《中华人民共和国税收征收管理法》相关规定，对该企业立案后能够配合检查且主动补缴的偷税款148.72万元，处0.5倍罚款、加收滞纳金；对其未主动补缴的偷税款8.24万元，处1倍罚款、加收滞纳金。

第四节　骗取出口退税风险

一、虚开增值税专用发票、低值高报骗取出口退税

（一）违法主体

在中华人民共和国境内销售货物或者加工、修理修配劳务，销售服务、无形资产、不动产以及进口货物的单位和个人。

（二）构成要件

1. 纳税人出口货物适用退（免）税规定的，应当向海关办理出口手续，凭出口报关单等有关凭证，在规定的出口退（免）税申报期内按月向主管税务机关申报办理该项出口货物的退（免）税；境内单位和个人跨境销售服务和无形

资产适用退（免）税规定的，应当按期向主管税务机关申报办理退（免）税。

2. 出口货物办理退税后发生退货或者退关的，纳税人应当依法补缴已退的税款。

3. 具有下列情形之一的，应当认定为刑法第二百零四条第一款规定的"假报出口或者其他欺骗手段"：

（1）使用虚开、非法购买或者以其他非法手段取得的增值税专用发票或者其他可以用于出口退税的发票申报出口退税的；

（2）将未负税或者免税的出口业务申报为已税的出口业务的；

（3）冒用他人出口业务申报出口退税的；

（4）虽有出口，但虚构应退税出口业务的品名、数量、单价等要素，以虚增出口退税额申报出口退税的；

（5）伪造、签订虚假的销售合同，或者以伪造、变造等非法手段取得出口报关单、运输单据等出口业务相关单据、凭证，虚构出口事实申报出口退税的；

（6）在货物出口后，又转入境内或者将境外同种货物转入境内循环进出口并申报出口退税的；

（7）虚报出口产品的功能、用途等，将不享受退税政策的产品申报为退税产品的；

（8）以其他欺骗手段骗取出口退税款的。

（三）法律责任

1. 以假报出口或者其他欺骗手段，骗取国家出口退税款的，由税务机关追缴其骗取的退税款，并处骗取税款1倍以上5倍以下的罚款；构成犯罪的，依法追究刑事责任。

2. 对骗取国家出口退税款的，税务机关可以在规定期间内停止为其办理出口退税。

3. 以假报出口或者其他欺骗手段，骗取国家出口退税款，数额较大的，处5年以下有期徒刑或者拘役，并处骗取税款1倍以上5倍以下罚金；数额巨大或者有其他严重情节的，处5年以上10年以下有期徒刑，并处骗取税款1倍以上5倍以下罚金；数额特别巨大或者有其他特别严重情节的，处10年以上有期徒刑或者无期徒刑，并处骗取税款1倍以上5倍以下罚金或者没收财产。

（四）典型案例

2024年2月，为促进外贸健康发展，规范出口退税政策落实，湖南湘西土家族苗族自治州税务、公安、检察等部门联合依法查处某美发用品有限公司骗取出口退税案件。

经查，该公司通过取得虚开的增值税专用发票、低值高报等违法手段骗取出口退税。湘西土家族苗族自治州税务部门依据《中华人民共和国税收征收管理法》及相关规定，追缴骗取出口退税2 955万元。

2024年6月，龙山县人民法院作出判决，刘某、阮某明因犯骗取出口退税罪，分别被判处有期徒刑12年和3年，邓某才、吴某强因犯虚开增值税专用发票罪，各被判处3年有期徒刑，以上4人并处罚金2 950万元；该公司犯骗取出口退税罪，判处罚金2 900万元。

二、虚开增值税专用发票、以虚高价格虚假出口骗取出口退税

（一）违法主体

在中华人民共和国境内销售货物或者加工、修理修配劳务，销售服务、无形资产、不动产以及进口货物的单位和个人。

（二）构成要件

1. 纳税人出口货物适用退（免）税规定的，应当向海关办理出口手续，凭出口报关单等有关凭证，在规定的出口退（免）税申报期内按月向主管税务机关申报办理该项出口货物的退（免）税；境内单位和个人跨境销售服务和无形资产适用退（免）税规定的，应当按期向主管税务机关申报办理退（免）税。

2. 出口货物办理退税后发生退货或者退关的，纳税人应当依法补缴已退的税款。

3. 具有下列情形之一的，应当认定为《中华人民共和国刑法》第二百零四条第一款规定的"假报出口或者其他欺骗手段"：

（1）使用虚开、非法购买或者以其他非法手段取得的增值税专用发票或者其他可以用于出口退税的发票申报出口退税的；

（2）将未负税或者免税的出口业务申报为已税的出口业务的；

（3）冒用他人出口业务申报出口退税的；

（4）虽有出口，但虚构应退税出口业务的品名、数量、单价等要素，以虚增出口退税额申报出口退税的；

（5）伪造、签订虚假的销售合同，或者以伪造、变造等非法手段取得出口报关单、运输单据等出口业务相关单据、凭证，虚构出口事实申报出口退税的；

（6）在货物出口后，又转入境内或者将境外同种货物转入境内循环进出口并申报出口退税的；

（7）虚报出口产品的功能、用途等，将不享受退税政策的产品申报为退税产品的；

（8）以其他欺骗手段骗取出口退税款的。

（三）法律责任

1. 以假报出口或者其他欺骗手段，骗取国家出口退税款的，由税务机关追缴其骗取的退税款，并处骗取税款1倍以上5倍以下的罚款；构成犯罪的，依法追究刑事责任。

2. 对骗取国家出口退税款的，税务机关可以在规定期间内停止为其办理出口退税。

3. 以假报出口或者其他欺骗手段，骗取国家出口退税款，数额较大的，处5年以下有期徒刑或者拘役，并处骗取税款1倍以上5倍以下罚金；数额巨大或者有其他严重情节的，处5年以上10年以下有期徒刑，并处骗取税款1倍以上5倍以下罚金；数额特别巨大或者有其他特别严重情节的，处10年以上有期徒刑或者无期徒刑，并处骗取税款1倍以上5倍以下罚金或者没收财产。

三、研发机构采购国产设备增值税违法退税

（一）违法主体

采购国产设备申请增值税退税的研发机构。

（二）构成要件

1. 符合条件的研发机构（以下简称研发机构）采购国产设备，全额退还增值税（以下简称采购国产设备退税）。

2. 研发机构、国产设备的具体条件和范围，按照现行研发机构采购设备增值税政策规定执行。

3. 主管研发机构退税的税务机关（以下简称主管税务机关）负责办理研发机构采购国产设备退税的备案、审核及后续管理工作。

4. 研发机构享受采购国产设备退税政策，应于首次申报退税时，持以下资料向主管税务机关办理退税备案手续：

（1）符合现行规定的研发机构资质证明资料。

（2）内容填写真实、完整的《出口退（免）税备案表》。该备案表在《国家税务总局关于出口退（免）税申报有关问题的公告》（2018年第16号）发布。其中，"企业类型"选择"其他单位"；"出口退（免）税管理类型"依据资质证明材料填写"内资研发机构"或"外资研发中心"；其他栏次按填表说明填写。

5.研发机构备案资料齐全，《出口退（免）税备案表》填写内容符合要求，签字、印章完整的，主管税务机关应当予以备案。备案资料或填写内容不符合要求的，主管税务机关应一次性告知研发机构，待其补正后再予备案。

6.已办理备案的研发机构，《出口退（免）税备案表》中内容发生变更的，应自变更之日起30日内，持相关资料向主管税务机关办理备案变更。

7.研发机构发生解散、破产、撤销以及其他依法应终止采购国产设备退税事项的，应持相关资料向主管税务机关办理备案撤回。主管税务机关应按规定结清退税款后，办理备案撤回。研发机构办理注销税务登记的，应先向主管税务机关办理退税备案撤回。

8.外资研发中心因自身条件发生变化不再符合现行规定条件的，应自条件变化之日起30日内办理退税备案撤回，并自条件变化之日起，停止享受采购国产设备退税政策。未按照规定办理退税备案撤回，并继续申报采购国产设备退税的，依照《研发机构采购国产设备增值税退税管理办法》第十九条规定处理。

9.研发机构新设、变更或者撤销的，主管税务机关应根据核定研发机构的牵头部门提供的名单及注明的相关资质起止时间，办理有关退税事项。

10.研发机构采购国产设备退税的申报期限，为采购国产设备之日（以发票开具日期为准）次月1日起至次年4月30日前的各增值税纳税申报期。研发机构未在规定期限内申报办理退税的，根据《财政部 税务总局关于明确国有农用地出租等增值税政策的公告》（2020年第2号）第四条的规定，在收齐相关凭证及电子信息后，即可申报办理退税。

11.已备案的研发机构应在退税申报期内，凭下列资料向主管税务机关办理采购国产设备退税：

（1）《购进自用货物退税申报表》。该申报表在《国家税务总局关于优化整合出口退税信息系统 更好服务纳税人有关事项的公告》（2021年第15号）发布。填写该表时，应在备注栏填写"科技开发、科学研究、教学设备"；

（2）采购国产设备合同；

（3）增值税专用发票。

上述增值税专用发票，应当已通过电子发票服务平台税务数字账户或者增值税发票综合服务平台确认用途为"用于出口退税"。

12. 属于增值税一般纳税人的研发机构申报采购国产设备退税，主管税务机关经审核符合规定的，应按规定办理退税。

研发机构申报采购国产设备退税，属于下列情形之一的，主管税务机关应采取发函调查或其他方式调查，在确认增值税专用发票真实、发票所列设备已按规定申报纳税后，方可办理退税：

（1）审核中发现疑点，经核实仍不能排除疑点的；

（2）非增值税一般纳税人申报退税的。

13. 研发机构采购国产设备的应退税额，为增值税专用发票上注明的税额。

14. 研发机构采购国产设备取得的增值税专用发票，已用于进项税额抵扣的，不得申报退税；已用于退税的，不得用于进项税额抵扣。

15. 主管税务机关应建立研发机构采购国产设备退税情况台账，记录国产设备的型号、发票开具时间、价格、已退税额等情况。

16. 已办理增值税退税的国产设备，自增值税专用发票开具之日起3年内，设备所有权转移或移作他用的，研发机构须按照下列计算公式，向主管税务机关补缴已退税款。

应补缴税款＝增值税专用发票上注明的税额×（设备折余价值÷设备原值）

设备折余价值＝增值税专用发票上注明的金额－累计已提折旧

累计已提折旧按照企业所得税法的有关规定计算。

（三）法律责任

1. 研发机构涉及重大税收违法失信案件，按照《重大税收违法失信主体信息公布管理办法》（国家税务总局令第54号）被公布信息的，研发机构应自案件信息公布之日起，停止享受采购国产设备退税政策，并在30日内办理退税备案撤回。研发机构违法失信案件信息停止公布并从公告栏撤出的，自信息撤出之日起，研发机构可重新办理采购国产设备退税备案，其采购的国产设备可继续享受退税政策。未按照规定办理退税备案撤回，并继续申报采购国产设备退税的，依照《研发机构采购国产设备增值税退税管理办法》第十九条规定处理。

2. 研发机构采取假冒采购国产设备退税资格、虚构采购国产设备业务、增值税专用发票既申报抵扣又申报退税、提供虚假退税申报资料等手段，骗取采购国产设备退税的，主管税务机关应追回已退税款，并依照《中华人民共和国税收征收管理法》的有关规定处理。

第五节　增值税优惠政策风险

一、利用小规模纳税人减免增值税政策虚开发票

（一）违法主体

在中华人民共和国境内销售货物或者加工、修理修配劳务，销售服务、无形资产、不动产以及进口货物的单位和个人。

（二）构成要件

1. 自2023年1月1日至2027年12月31日，对月销售额10万元以下（含本数）的增值税小规模纳税人，免征增值税。

2. 自2023年1月1日至2027年12月31日，增值税小规模纳税人适用3%征收率的应税销售收入，减按1%征收率征收增值税；适用3%预征率的预缴增值税项目，减按1%预征率预缴增值税。

3. 开具发票应当按照规定的时限、顺序、栏目，全部联次一次性如实开具，开具纸质发票应当加盖发票专用章。

4. 任何单位和个人不得有下列虚开发票行为：

（1）为他人、为自己开具与实际经营业务情况不符的发票；

（2）让他人为自己开具与实际经营业务情况不符的发票；

（3）介绍他人开具与实际经营业务情况不符的发票。

5. 具有下列情形之一的，应当认定为《中华人民共和国刑法》第二百零五条第一款规定的"虚开增值税专用发票或者虚开用于骗取出口退税、抵扣税款的其他发票"：

（1）没有实际业务，开具增值税专用发票、用于骗取出口退税、抵扣税款的其他发票的；

（2）有实际应抵扣业务，但开具超过实际应抵扣业务对应税款的增值税专用发票、用于骗取出口退税、抵扣税款的其他发票的；

（3）对依法不能抵扣税款的业务，通过虚构交易主体开具增值税专用发票、用于骗取出口退税、抵扣税款的其他发票的；

（4）非法篡改增值税专用发票或者用于骗取出口退税、抵扣税款的其他发票相关电子信息的；

（5）违反规定以其他手段虚开的。

6. 为虚增业绩、融资、贷款等不以骗抵税款为目的，没有因抵扣造成税款被骗损失的，不以本罪论处，构成其他犯罪的，依法以其他犯罪追究刑事责任。

（三）法律责任

1. 违反规定虚开发票的，由税务机关没收违法所得；虚开金额在1万元以下的，可以并处5万元以下的罚款；虚开金额超过1万元的，并处5万元以上50万元以下的罚款；构成犯罪的，依法追究刑事责任。

2. 虚开增值税专用发票或者虚开用于骗取出口退税、抵扣税款的其他发票的，处3年以下有期徒刑或者拘役，并处2万元以上20万元以下罚金；虚开的税款数额较大或者有其他严重情节的，处3年以上10年以下有期徒刑，并处5万元以上50万元以下罚金；虚开的税款数额巨大或者有其他特别严重情节的，处10年以上有期徒刑或者无期徒刑，并处5万元以上50万元以下罚金或者没收财产。

3. 单位犯上述规定之罪的，对单位判处罚金，并对其直接负责的主管人员和其他直接责任人员，处3年以下有期徒刑或者拘役；虚开的税款数额较大或者有其他严重情节的，处3年以上10年以下有期徒刑；虚开的税款数额巨大或者有其他特别严重情节的，处10年以上有期徒刑或者无期徒刑。

4. 虚开增值税专用发票或者虚开用于骗取出口退税、抵扣税款的其他发票，是指有为他人虚开、为自己虚开、让他人为自己虚开、介绍他人虚开行为之一的。

（四）典型案例

2024年6月，国家税务总局惠州市税务局稽查局联合公安经侦部门依法查处一起利用小规模纳税人减免增值税政策虚开发票案件，打掉犯罪团伙1个。

经查，该犯罪团伙成立多家空壳企业，利用小规模纳税人减免增值税政策，将单户空壳企业的开票金额控制在增值税免征额以内，在没有真实业务交易的情况下，通过收取开票费的方式，对外虚开增值税普通发票6834份，价税合计金额1亿元。税务稽查部门根据精准分析线索，迅速锁定违法企业，开展调查取证，联合公安经侦部门对犯罪团伙进行了全链条打击。目前，该团伙主要犯罪分子卢某来因犯虚开发票罪被判处有期徒刑2年8个月，并处罚金人民币6万元。

二、违法享受支持重点群体创业就业优惠政策

（一）违法主体

享受支持重点群体创业就业优惠政策的纳税人。

（二）构成要件

1. 自2023年1月1日至2027年12月31日，脱贫人口（含防止返贫监测对象，下同）、持《就业创业证》（注明"自主创业税收政策"或"毕业年度内自主创业税收政策"）或《就业失业登记证》（注明"自主创业税收政策"）的人员，从事个体经营的，自办理个体工商户登记当月起，在3年（36个月，下同）内按每户每年2万元为限额依次扣减其当年实际应缴纳的增值税、城市维护建设税、教育费附加、地方教育附加和个人所得税。限额标准最高可上浮20%，各省、自治区、直辖市人民政府可根据本地区实际情况在此幅度内确定具体限额标准。纳税人年度应缴纳税款小于上述扣减限额的，减免税额以其实际缴纳的税款为限；大于上述扣减限额的，以上述扣减限额为限。

2. 上述人员具体包括：

（1）纳入全国防止返贫监测和衔接推进乡村振兴信息系统的脱贫人口；

（2）在人力资源社会保障部门公共就业服务机构登记失业半年以上的人员；

（3）零就业家庭、享受城市居民最低生活保障家庭劳动年龄内的登记失业人员；

（4）毕业年度内高校毕业生。高校毕业生是指实施高等学历教育的普通高等学校、成人高等学校应届毕业的学生；毕业年度是指毕业所在自然年，即1月1日至12月31日。

3. 自2023年1月1日至2027年12月31日，企业招用脱贫人口，以及在人力资源社会保障部门公共就业服务机构登记失业半年以上且持《就业创业证》或《就业失业登记证》（注明"企业吸纳税收政策"）的人员，与其签订1年以上期限劳动合同并依法缴纳社会保险费的，自签订劳动合同并缴纳社会保险当月起，在3年内按实际招用人数予以定额依次扣减增值税、城市维护建设税、教育费附加、地方教育附加和企业所得税优惠。定额标准为每人每年6 000元，最高可上浮30%，各省、自治区、直辖市人民政府可根据本地区实际情况在此幅度内确定具体定额标准。城市维护建设税、教育费附加、地方教育附加的计税依据是享受本项税收优惠政策前的增值税应纳税额。按上述标准计算的税收扣减额应在企业当年实际应缴纳的增值税、城市维护建设税、教育费附加、地方教育附加和企业所得税税额中扣减，当年扣减不完的，不得结转下年使用。上述所称企业是指属于增值税纳税人或企业所得税纳税人的企业等单位。

4. 农业农村部（国家乡村振兴局）、人力资源社会保障部、税务总局要实现脱贫人口身份信息数据共享，推动数据下沉。

5. 企业招用就业人员既可以适用上述规定的税收优惠政策，又可以适用其他扶持就业专项税收优惠政策的,企业可以选择适用最优惠的政策,但不得重复享受。

6.纳税人在2027年12月31日享受上述规定的税收优惠政策未满3年的,可继续享受至3年期满为止。上述人员,以前年度已享受重点群体创业就业税收优惠政策满3年的,不得再享受上述规定的税收优惠政策;以前年度享受重点群体创业就业税收优惠政策未满3年且符合上述规定条件的,可按上述规定享受优惠至3年期满。

7.按上述规定应予减征的税费,在文件发布前已征收的,可抵减纳税人以后纳税期应缴纳税费或予以退还。发布之日前已办理注销的,不再追溯享受。

8.纳入全国防止返贫监测和衔接推进乡村振兴信息系统的脱贫人口(含防止返贫监测对象,以下简称"脱贫人口")、在人力资源社会保障部门公共就业服务机构登记失业半年以上的人员、零就业家庭和享受城市居民最低生活保障家庭劳动年龄内的登记失业人员、毕业年度内高校毕业生,向税务部门申报纳税时,填写《重点群体或自主就业退役士兵创业信息表》,通过填报相关纳税申报表享受政策,并按以下要求留存资料备查:

(1)脱贫人口享受政策的,由其留存能证明相关人员为脱贫人口的材料(含电子信息);

(2)登记失业半年以上人员、零就业家庭和城市低保家庭的登记失业人员享受政策的,由其留存《就业创业证》《就业失业登记证》,或者人力资源社会保障部门出具的其他能证明相关人员登记失业情况的材料(含电子信息);

(3)毕业年度内已毕业的高校毕业生享受政策的,由其留存毕业证、中国高等教育学历认证报告或国(境)外学历学位认证书和《就业创业证》(含电子信息);尚未毕业的,由其留存学生证或其他能够证明学籍信息的材料和《就业创业证》(含电子信息)。

9.重点群体从事个体经营的,以申报时本年度已实际经营月数换算其扣减限额。换算公式为:

扣减限额=年度限额标准÷12×本年度已实际经营月数

10.纳税人在扣减限额内,每月(季)依次扣减增值税、城市维护建设税、教育费附加、地方教育附加和个人所得税。城市维护建设税、教育费附加、地方教育附加的计税依据是享受本项税收优惠政策前的增值税应纳税额。纳税人本年内累计应缴纳税款小于上述扣减限额的,减免税额以其应缴纳税款为限;大于上述扣减限额的,以上述扣减限额为限。

11.企业持下列材料向县级以上(含县级)人力资源社会保障部门提交申请:

(1)招用重点群体清单,清单信息应包括招用重点群体人员姓名、公民身份号码、类别（脱贫人口或登记失业半年以上人员）、在本企业工作时间；

（2）企业与招用重点群体签订的劳动合同（含电子劳动合同），依法为其缴纳养老、工伤、失业保险的记录。上述材料已实现通过信息共享、数据比对等方式审核的地方，可不再要求企业提供相关材料。

12. 县级以上人力资源社会保障部门接到企业报送的材料后，重点核实以下情况：

（1）招用人员是否属于享受税收优惠政策的人员范围；

（2）企业是否与招用人员签订了1年以上期限劳动合同，并依法为招用人员缴纳养老、工伤、失业保险。

13. 人力资源社会保障部门核实后，对符合条件的企业核发《企业吸纳重点群体就业认定证明》或出具相关证明材料（含电子信息）；具备条件的，也可通过信息交换的方式将审核情况及时反馈至税务部门。

14. 招用人员发生变化的，企业应向人力资源社会保障部门办理变更申请。

15. 企业向税务部门申报纳税时，填写《重点群体或自主就业退役士兵就业信息表》，通过填报相关纳税申报表申报享受政策。

16. 企业应当留存与重点群体签订的劳动合同（含电子劳动合同）、为职工缴纳的社会保险费记录（含电子信息）备查。招用脱贫人口的，还需留存能证明相关人员为脱贫人口的材料（含电子信息）备查。招用登记失业半年以上人员的，还需留存其《就业创业证》《就业失业登记证》，以及人力资源社会保障部门核发的《企业吸纳重点群体就业认定证明》或出具的相关证明材料（含电子信息）备查；已通过信息交换的方式将审核情况反馈至税务部门的地区，可不再要求企业留存相关材料。

17. 企业应当以本年度招用重点群体人员申报时已实际工作月数换算扣减限额。实际工作月数按照纳税人本年度已为重点群体依法缴纳社会保险费的时间计算。计算公式为：

扣减限额＝∑每名重点群体本年度在本企业已实际工作月数÷12×年度定额标准

18. 企业在扣减限额内每月（季）依次扣减增值税、城市维护建设税、教育费附加和地方教育附加。企业本年内累计应缴纳税款小于上述扣减限额的，减免税额以其应缴纳税款为限；大于上述扣减限额的，以上述扣减限额为限。城市维护建设税、教育费附加、地方教育附加的计税依据是享受本项政策前的增值税应纳税额。

19. 纳税年度终了，如果企业实际减免的增值税、城市维护建设税、教育费附加和地方教育附加小于年度扣减限额，企业在企业所得税汇算清缴时以差额部分扣减企业所得税。当年扣减不完的，不再结转以后年度扣减。

（三）法律责任

1. 纳税人享受核准类或备案类减免税的，对符合政策规定条件的材料有留存备查的义务。纳税人在税务机关后续管理中不能提供相关印证材料的，不得继续享受税收减免，追缴已享受的减免税款，并依照《中华人民共和国税收征收管理法》的有关规定处理。

2. 纳税人、扣缴义务人在规定期限内不缴或者少缴应纳或者应解缴的税款，经税务机关责令限期缴纳，逾期仍未缴纳的，税务机关除依照《中华人民共和国税收征收管理法》第四十条的规定采取强制执行措施追缴其不缴或者少缴的税款外，可以处不缴或者少缴的税款 50% 以上 5 倍以下的罚款。

三、违法享受扶持自主就业退役士兵创业就业优惠政策

（一）违法主体

享受扶持自主就业退役士兵创业就业优惠政策的纳税人。

（二）构成要件

1. 自 2023 年 1 月 1 日至 2027 年 12 月 31 日，自主就业退役士兵从事个体经营的，自办理个体工商户登记当月起，在 3 年（36 个月，下同）内按每户每年 2 万元为限额依次扣减其当年实际应缴纳的增值税、城市维护建设税、教育费附加、地方教育附加和个人所得税。限额标准最高可上浮 20%，各省、自治区、直辖市人民政府可根据本地区实际情况在此幅度内确定具体限额标准。

纳税人年度应缴纳税款小于上述扣减限额的，减免税额以其实际缴纳的税款为限；大于上述扣减限额的，以上述扣减限额为限。纳税人的实际经营期不足 1 年的，应当按月换算其减免税限额。换算公式为：减免税限额＝年度减免税限额 ÷12× 实际经营月数。城市维护建设税、教育费附加、地方教育附加的计税依据是享受本项税收优惠政策前的增值税应纳税额。

2. 自 2023 年 1 月 1 日至 2027 年 12 月 31 日，企业招用自主就业退役士兵，与其签订 1 年以上期限劳动合同并依法缴纳社会保险费的，自签订劳动合同并缴纳社会保险当月起，在 3 年内按实际招用人数予以定额依次扣减增值税、城市维护建设税、教育费附加、地方教育附加和企业所得税优惠。定额标准为每人每年 6 000 元，最高可上浮 50%，各省、自治区、直辖市人民政府可根据本地区实际情况在此幅度内确定具体定额标准。

企业按招用人数和签订的劳动合同时间核算企业减免税总额，在核算减免税总额内每月依次扣减增值税、城市维护建设税、教育费附加和地方教育附加。企业实际应缴纳的增值税、城市维护建设税、教育费附加和地方教育附加小于核算减免税总额的，以实际应缴纳的增值税、城市维护建设税、教育费附加和地方教育附加为限；实际应缴纳的增值税、城市维护建设税、教育费附加和地方教育附加大于核算减免税总额的，以核算减免税总额为限。

纳税年度终了，如果企业实际减免的增值税、城市维护建设税、教育费附加和地方教育附加小于核算减免税总额，企业在企业所得税汇算清缴时以差额部分扣减企业所得税。当年扣减不完的，不再结转以后年度扣减。

自主就业退役士兵在企业工作不满1年的，应当按月换算减免税限额。计算公式为：

企业核算减免税总额＝Σ每名自主就业退役士兵本年度在本单位工作月份÷12×具体定额标准

城市维护建设税、教育费附加、地方教育附加的计税依据是享受本项税收优惠政策前的增值税应纳税额。

3. 上述所称自主就业退役士兵是指依照《退役士兵安置条例》（国务院 中央军委令第608号）的规定退出现役并按自主就业方式安置的退役士兵〔自2024年9月1日起，依照《退役军人安置条例》（国务院 中央军委令第787号）执行〕。所称企业是指属于增值税纳税人或企业所得税纳税人的企业等单位。

4. 自主就业退役士兵从事个体经营的，在享受税收优惠政策进行纳税申报时，注明其退役军人身份，并将《中国人民解放军退出现役证书》《中国人民解放军义务兵退出现役证》《中国人民解放军士官退出现役证》，或者《中国人民武装警察部队退出现役证书》《中国人民武装警察部队义务兵退出现役证》《中国人民武装警察部队士官退出现役证》留存备查。

5. 企业招用自主就业退役士兵享受税收优惠政策的，将以下资料留存备查：

（1）招用自主就业退役士兵的《中国人民解放军退出现役证书》《中国人民解放军义务兵退出现役证》《中国人民解放军士官退出现役证》，或者《中国人民武装警察部队退出现役证书》《中国人民武装警察部队义务兵退出现役证》《中国人民武装警察部队士官退出现役证》；

（2）企业与招用自主就业退役士兵签订的劳动合同（副本），为职工缴纳的社会保险费记录；

（3）自主就业退役士兵本年度在企业工作时间表。

6. 企业招用自主就业退役士兵既可以适用上述规定的税收优惠政策，又可以适用其他扶持就业专项税收优惠政策的，企业可以选择适用最优惠的政策，但不得重复享受。

7. 纳税人在 2027 年 12 月 31 日享受上述规定的税收优惠政策未满 3 年的，可继续享受至 3 年期满为止。退役士兵以前年度已享受退役士兵创业就业税收优惠政策满 3 年的，不得再享受上述规定的税收优惠政策；以前年度享受退役士兵创业就业税收优惠政策未满 3 年且符合上述规定条件的，可按上述规定享受优惠至 3 年期满。

按上述规定应予减征的税费，在文件发布前已征收的，可抵减纳税人以后纳税期应缴纳税费或予以退还。发布之日前已办理注销的，不再追溯享受。

8. 自主就业退役士兵从事个体经营的，向税务部门申报纳税时，填写《重点群体或自主就业退役士兵创业信息表》，通过填报相关纳税申报表申报享受政策。

9. 企业招用自主就业退役士兵就业的，向税务部门申报纳税时，填写《重点群体或自主就业退役士兵就业信息表》，通过填报相关纳税申报表申报享受政策。

10. 纳税人享受自主就业退役士兵创业就业政策的税款扣减额度、顺序等方面的规定比照重点群体创业就业税收优惠政策执行。

11. 纳税人应当按照《财政部　税务总局　退役军人事务部关于进一步扶持自主就业退役士兵创业就业有关税收政策的公告》（2023 年第 14 号）第四条的规定留存相关资料备查。自主就业退役士兵的退役证件遗失的，应当留存退役军人事务管理部门出具的其他能够证明其退役信息的材料（含电子信息）。

（三）法律责任

1. 纳税人享受核准类或备案类减免税的，对符合政策规定条件的材料有留存备查的义务。纳税人在税务机关后续管理中不能提供相关印证材料的，不得继续享受税收减免，追缴已享受的减免税款，并依照《中华人民共和国税收征收管理法》的有关规定处理。

2. 纳税人、扣缴义务人在规定期限内不缴或者少缴应纳或者应解缴的税款，经税务机关责令限期缴纳，逾期仍未缴纳的，税务机关除依照《中华人民共和国税收征收管理法》第四十条的规定采取强制执行措施追缴其不缴或者少缴的税款外，可以处不缴或者少缴的税款 50% 以上 5 倍以下的罚款。

四、违法享受金融机构农户贷款利息收入免征增值税政策

（一）违法主体

享受金融机构农户贷款利息收入免征增值税政策的纳税人。

（二）构成要件

1.对金融机构向农户发放小额贷款取得的利息收入，免征增值税。金融机构应将相关免税证明材料留存备查，单独核算符合免税条件的小额贷款利息收入，按现行规定向主管税务机关办理纳税申报；未单独核算的，不得免征增值税。

2.上述所称农户，是指长期（一年以上）居住在乡镇（不包括城关镇）行政管理区域内的住户，还包括长期居住在城关镇所辖行政村范围内的住户和户口不在本地而在本地居住一年以上的住户，国有农场的职工。位于乡镇（不包括城关镇）行政管理区域内和在城关镇所辖行政村范围内的国有经济的机关、团体、学校、企事业单位的集体户；有本地户口，但举家外出谋生一年以上的住户，无论是否保留承包耕地均不属于农户。农户以户为统计单位，既可以从事农业生产经营，也可以从事非农业生产经营。农户贷款的判定应以贷款发放时的借款人是否属于农户为准。

3.上述所称小额贷款，是指单户授信小于100万元（含本数）的农户贷款；没有授信额度的，是指单户贷款合同金额且贷款余额在100万元（含本数）以下的贷款。

4.上述政策执行至2027年12月31日。

（三）法律责任

纳税人弄虚作假享受上述税收优惠政策的，由税务机关追缴税款及滞纳金并依照《中华人民共和国税收征收管理法》的相关规定追究法律责任。

第五章
消费税缴纳风险

第一节　消费税偷税风险

一、将非应税品以应税品的名义销售

（一）违法主体

在中华人民共和国境内生产、委托加工和进口《中华人民共和国消费税暂行条例》规定的消费品的单位和个人，以及国务院确定的销售《中华人民共和国消费税暂行条例》规定的消费品的其他单位和个人。

（二）构成要件

消费税的税目、税率，依照《中华人民共和国消费税暂行条例》所附的《消费税税目税率表》执行（见表1）。

表 1　消费税税目税率表

税目		税率（税额）
一、烟	1. 甲类卷烟	56%加每支0.003元（生产环节）
	2. 乙类卷烟	36%加每支0.003元（生产环节）
	3. 卷烟批发	11%加每支0.005元
	4. 雪茄烟	36%
	5. 烟丝	30%
	6. 电子烟	
	（1）生产（进口）环节	36%
	（2）批发环节	11%

续表

税目		税率（税额）
二、酒	1. 白酒	20%加0.5元/斤或500毫升
	2. 黄酒	240元/吨
	3. 甲类啤酒	250元/吨
	4. 乙类啤酒	220元/吨
	5. 其他酒	10%
三、高档化妆品		15%
四、贵重首饰及珠宝玉石	1. 金、银首饰，钻石、钻石饰品	5%
	2. 其他贵重首饰、珠宝玉石	10%
五、鞭炮、焰火		15%
六、成品油	1. 汽油	1.52元/升
	2. 柴油	1.20元/升
	3. 石脑油	1.52元/升
	4. 溶剂油	1.52元/升
	5. 润滑油	1.52元/升
	6. 燃料油	1.20元/升
	7. 航空煤油	1.20元/升
七、摩托车	1. 排气量250毫升的	3%
	2. 排气量超过250毫升的	10%
八、小汽车	1. 乘用车	
	排气量不超过1.0升的	1%
	排气量超过1.0升，不超过1.5升的	3%
	排气量超过1.5升，不超过2.0升的	5%
	排气量超过2.0升，不超过2.5升的	9%
	排气量超过2.5升，不超过3.0升的	12%
	排气量超过3.0升，不超过4.0升的	25%
	排气量超过4.0升的	40%
	2. 中轻型商用客车	5%
	3. 超豪华小汽车	零售环节加征10%
九、高尔夫球及球具		10%
十、高档手表		20%
十一、游艇		10%

续表

税目	税率（税额）
十二、木制一次性筷子	5%
十三、实木地板	5%
十四、电池	4%
十五、涂料	4%

（三）法律责任

1.纳税人、扣缴义务人按照法律、行政法规规定或者税务机关依照法律、行政法规的规定确定的期限，缴纳或者解缴税款。

2.纳税人未按照规定期限缴纳税款的，扣缴义务人未按照规定期限解缴税款的，税务机关除责令限期缴纳外，从滞纳税款之日起，按日加收滞纳税款万分之五的滞纳金。

3.纳税人伪造、变造、隐匿、擅自销毁账簿、记账凭证，或者在账簿上多列支出或者不列、少列收入，或者经税务机关通知申报而拒不申报或者进行虚假的纳税申报，不缴或者少缴应纳税款的，是偷税。对纳税人偷税的，由税务机关追缴其不缴或者少缴的税款、滞纳金，并处不缴或者少缴的税款50%以上5倍以下的罚款；构成犯罪的，依法追究刑事责任。

二、非工业企业未依法缴纳消费税

（一）违法主体

在中华人民共和国境内生产、委托加工和进口《中华人民共和国消费税暂行条例》规定的消费品的单位和个人，以及国务院确定的销售《中华人民共和国消费税暂行条例》规定的消费品的其他单位和个人。

（二）构成要件

1.纳税人以原油或其他原料生产加工的在常温常压条件下（25℃/一个标准大气压）呈液态状（沥青除外）的产品，按以下原则划分是否征收消费税：

（1）产品符合汽油、柴油、石脑油、溶剂油、航空煤油、润滑油和燃料油征收规定的，按相应的汽油、柴油、石脑油、溶剂油、航空煤油、润滑油和燃料油的规定征收消费税；

（2）上述第（1）项规定以外的产品，符合该产品的国家标准或石油化工行业标准的相应规定（包括产品的名称、质量标准与相应的标准一致），在取得省级以上（含）质量技术监督部门出具的相关产品质量检验证明的当月起，不征收消费税；否则，视同石脑油征收消费税。

2. 纳税人以原油或其他原料生产加工的产品如以沥青产品对外销售时，该产品符合沥青产品的国家标准或石油化工行业标准的相应规定（包括名称、型号和质量标准等与相应标准一致），在取得省级以上（含）质量技术监督部门出具的相关产品质量检验证明的当月起，不征收消费税；否则，视同燃料油征收消费税。

3. 工业企业以外的单位和个人的下列行为视为应税消费品的生产行为，按规定征收消费税：

（1）将外购的消费税非应税产品以消费税应税产品对外销售的；

（2）将外购的消费税低税率应税产品以高税率应税产品对外销售的。

（三）法律责任

1. 纳税人、扣缴义务人按照法律、行政法规规定或者税务机关依照法律、行政法规的规定确定的期限，缴纳或者解缴税款。

2. 纳税人未按照规定期限缴纳税款的，扣缴义务人未按照规定期限解缴税款的，税务机关除责令限期缴纳外，从滞纳税款之日起，按日加收滞纳税款万分之五的滞纳金。

3. 纳税人伪造、变造、隐匿、擅自销毁账簿、记账凭证，或者在账簿上多列支出或者不列、少列收入，或者经税务机关通知申报而拒不申报或者进行虚假的纳税申报，不缴或者少缴应纳税款的，是偷税。对纳税人偷税的，由税务机关追缴其不缴或者少缴的税款、滞纳金，并处不缴或者少缴的税款50%以上5倍以下的罚款；构成犯罪的，依法追究刑事责任。

三、隐瞒收入少申报消费税

（一）违法主体

在中华人民共和国境内生产、委托加工和进口《中华人民共和国消费税暂行条例》规定的消费品的单位和个人，以及国务院确定的销售《中华人民共和国消费税暂行条例》规定的消费品的其他单位和个人。

（二）构成要件

1.纳税人兼营不同税率的应当缴纳消费税的消费品（以下简称应税消费品），应当分别核算不同税率应税消费品的销售额、销售数量；未分别核算销售额、销售数量，或者将不同税率的应税消费品组成成套消费品销售的，从高适用税率。

2.纳税人生产的应税消费品，于纳税人销售时纳税。纳税人自产自用的应税消费品，用于连续生产应税消费品的，不纳税；用于其他方面的，于移送使用时纳税。委托加工的应税消费品，除受托方为个人外，由受托方在向委托方交货时代收代缴税款。委托加工的应税消费品，委托方用于连续生产应税消费品的，所纳税款准予按规定抵扣。进口的应税消费品，于报关进口时纳税。

3.消费税实行从价定率、从量定额，或者从价定率和从量定额复合计税（以下简称复合计税）的办法计算应纳税额。应纳税额计算公式：

实行从价定率办法计算的应纳税额＝销售额 × 比例税率

实行从量定额办法计算的应纳税额＝销售数量 × 定额税率

实行复合计税办法计算的应纳税额＝销售额 × 比例税率＋销售数量 × 定额税率

纳税人销售的应税消费品，以人民币计算销售额。纳税人以人民币以外的货币结算销售额的，应当折合成人民币计算。

4.销售额为纳税人销售应税消费品向购买方收取的全部价款和价外费用。

5.纳税人自产自用的应税消费品，按照纳税人生产的同类消费品的销售价格计算纳税；没有同类消费品销售价格的，按照组成计税价格计算纳税。

实行从价定率办法计算纳税的组成计税价格计算公式：

组成计税价格＝（成本＋利润）÷（1－比例税率）

实行复合计税办法计算纳税的组成计税价格计算公式：

组成计税价格＝（成本＋利润＋自产自用数量 × 定额税率）÷（1－比例税率）

6.委托加工的应税消费品，按照受托方的同类消费品的销售价格计算纳税；没有同类消费品销售价格的，按照组成计税价格计算纳税。

实行从价定率办法计算纳税的组成计税价格计算公式：

组成计税价格＝（材料成本＋加工费）÷（1－比例税率）

实行复合计税办法计算纳税的组成计税价格计算公式：

组成计税价格＝（材料成本＋加工费＋委托加工数量 × 定额税率）÷（1－比例税率）

7.进口的应税消费品，按照组成计税价格计算纳税。

实行从价定率办法计算纳税的组成计税价格计算公式：

组成计税价格＝（关税完税价格＋关税）÷（1－消费税比例税率）

实行复合计税办法计算纳税的组成计税价格计算公式：

组成计税价格＝（关税完税价格＋关税＋进口数量×消费税定额税率）÷（1－消费税比例税率）

8.纳税人应税消费品的计税价格明显偏低并无正当理由的，由主管税务机关核定其计税价格。

（三）法律责任

1.纳税人、扣缴义务人按照法律、行政法规规定或者税务机关依照法律、行政法规的规定确定的期限，缴纳或者解缴税款。

2.纳税人未按照规定期限缴纳税款的，扣缴义务人未按照规定期限解缴税款的，税务机关除责令限期缴纳外，从滞纳税款之日起，按日加收滞纳税款万分之五的滞纳金。

3.纳税人伪造、变造、隐匿、擅自销毁账簿、记账凭证，或者在账簿上多列支出或者不列、少列收入，或者经税务机关通知申报而拒不申报或者进行虚假的纳税申报，不缴或者少缴应纳税款的，是偷税。对纳税人偷税的，由税务机关追缴其不缴或者少缴的税款、滞纳金，并处不缴或者少缴的税款50%以上5倍以下的罚款；构成犯罪的，依法追究刑事责任。

第二节 消费税优惠政策风险

一、违法享受成品油消费税优惠政策

（一）违法主体

在中华人民共和国境内生产、委托加工和进口《中华人民共和国消费税暂行条例》规定的消费品的单位和个人，以及国务院确定的销售《中华人民共和国消费税暂行条例》规定的消费品的其他单位和个人。

（二）构成要件

1.所有成品油发票均须通过增值税发票管理新系统中成品油发票开具模块开具。

（1）成品油发票是指销售汽油、柴油、航空煤油、石脑油、溶剂油、润滑油、

燃料油等成品油所开具的增值税专用发票（以下称"成品油专用发票"）和增值税普通发票。

（2）纳税人需要开具成品油发票的，由主管税务机关开通成品油发票开具模块。

2. 开具成品油发票时，应遵守以下规则：

（1）正确选择商品和服务税收分类编码；

（2）发票"单位"栏应选择"吨"或"升"，蓝字发票的"数量"栏为必填项且不为"0"；

（3）开具成品油专用发票后，发生销货退回、开票有误以及销售折让等情形的，应按规定开具红字成品油专用发票。销货退回、开票有误等原因涉及销售数量的，应在《开具红字增值税专用发票信息表》中填写相应数量，销售折让的不填写数量；

（4）成品油经销企业某一商品和服务税收分类编码的油品可开具成品油发票的总量，应不大于所取得的成品油专用发票、海关进口消费税专用缴款书对应的同一商品和服务税收分类编码的油品总量；

（5）成品油经销企业开具成品油发票前，应登录增值税发票选择确认平台确认已取得的成品油专用发票、海关进口消费税专用缴款书信息，并通过成品油发票开具模块下载上述信息。

3. 外购、进口和委托加工收回的汽油、柴油、石脑油、燃料油、润滑油用于连续生产应税成品油的，应凭通过增值税发票选择确认平台确认的成品油专用发票、海关进口消费税专用缴款书，以及税收缴款书（代扣代收专用），按规定计算扣除已纳消费税税款，其他凭证不得作为消费税扣除凭证。

4. 外购石脑油、燃料油用于生产乙烯、芳烃类化工产品的，应凭取得的成品油专用发票所载明的石脑油、燃料油的数量，按规定计算退还消费税，其他发票或凭证不得作为计算退还消费税的凭证。

5. 自2021年8月1日起，纳税人申报成品油消费税时应填写《国家税务总局关于增值税 消费税与附加税费申报整合有关事项的公告》（国家税务公告2021年第20号）公布的《消费税及附加税费申报表》及其附表。享受成品油消费税减免税优惠政策的纳税人，在纳税申报时应同时填写《本期减（免）税额明细表》。

6. 纳税人申报的某一类成品油销售数量，应大于或等于开具的该同一类成品油发票所载明的数量；申报扣除的成品油数量，应小于或等于取得的扣除凭证载明数量。申报比对相符后，主管税务机关对纳税人的税控设备进行解锁；比对不相符的，待解除异常后，方可解锁。

7. 主管税务机关通过石脑油、燃料油退（免）消费税管理系统（以下简称退（免）税系统）通过采集生产企业和使用企业退（免）税相关信息，完成退税审批和追踪管理。各级税务机关通过退（免）税系统监督本级和下级退（免）税管理情况。

8. 使用企业资格备案及备案事项变更的资料包括：

（1）《石脑油、燃料油消费税退（免）税资格备案表》。

（2）石脑油、燃料油用于生产乙烯、芳烃类化工产品的工艺设计方案、装置工艺流程以及相关生产设备情况。

（3）石脑油、燃料油用于生产乙烯、芳烃类化工产品的物料平衡图，要求标注每套生产装置的投入产出比例及年处理能力。

（4）原料储罐、产成品储罐和产成品仓库的分布图、用途、储存容量的相关资料。

（5）乙烯、芳烃类化工产品生产装置的全部流量计的安装位置图和计量方法说明，以及原材料密度的测量和计算方法说明。

（6）上一年度用石脑油、燃料油生产乙烯、芳烃类化工产品的分品种的销售明细表。

（7）营业执照登记、省级以上安全生产监督管理部门颁发的危险化学品《安全生产许可证》、如使用企业处于试生产阶段，应提供省级以上安全生产监督管理部门出具的试生产备案意见书原件及复印件。

（8）《石脑油、燃料油消费税退税资格备案表》。

9. 文书受理岗对资格备案及备案事项变更资料进行完整性审核，资料齐全的，向使用企业开具受理通知书，并于2个工作日内将受理资料传递税源管理岗；对资料不齐全的，应告知纳税人并退还资料。

10. 税源管理岗收到资格备案及变更资料后，在退（免）税系统进行资格备案及备案事项变更的电子信息录入，纸质备案资料归档。

11. 消费税退（免）税申报资料包括：生产企业按月报送《生产企业销售含税石脑油、燃料油完税情况明细表》。

使用企业按月报送的申报资料包括：

（1）《使用企业外购石脑油、燃料油凭证明细表》；

（2）《石脑油、燃料油生产、外购、耗用、库存月度统计表》；

（3）《乙烯、芳烃生产装置投入产出流量计统计表》；

（4）《使用企业外购石脑油、燃料油凭证明细表》中"外购含税油品"项"消费税完税凭证号码"所对应的消费税完税凭证的复印件；

（5）当期外购石脑油、燃料油取得认证相符的普通版及汉字防伪版（非

DDZG）增值税专用发票复印件；

（6）进口货物报关单、海关进口消费税专用缴款书、自动进口许可证等材料复印件。

使用企业申请退还消费税的，需报送《用于生产乙烯、芳烃类化工产品的石脑油、燃料油消费税应退税额计算表》。

（三）法律责任

1. 纳税人、扣缴义务人按照法律、行政法规规定或者税务机关依照法律、行政法规的规定确定的期限，缴纳或者解缴税款。

2. 纳税人未按照规定期限缴纳税款的，扣缴义务人未按照规定期限解缴税款的，税务机关除责令限期缴纳外，从滞纳税款之日起，按日加收滞纳税款万分之五的滞纳金。

3. 纳税人伪造、变造、隐匿、擅自销毁账簿、记账凭证，或者在账簿上多列支出或者不列、少列收入，或者经税务机关通知申报而拒不申报或者进行虚假的纳税申报，不缴或者少缴应纳税款的，是偷税。对纳税人偷税的，由税务机关追缴其不缴或者少缴的税款、滞纳金，并处不缴或者少缴的税款 50% 以上 5 倍以下的罚款；构成犯罪的，依法追究刑事责任。

二、纳税人无法证明免征消费税

（一）违法主体

在中华人民共和国境内生产、委托加工和进口《中华人民共和国消费税暂行条例》规定的消费品的单位和个人，以及国务院确定的销售《中华人民共和国消费税暂行条例》规定的消费品的其他单位和个人。

（二）构成要件

1. 燃料油也称重油、渣油，是用原油或其他原料加工生产，主要用作电厂发电、锅炉用燃料、加热炉燃料、冶金和其他工业炉燃料。腊油、船用重油、常压重油、减压重油、180CTS 燃料油、7 号燃料油、糠醛油、工业燃料、4—6 号燃料油等油品的主要用途是作为燃料燃烧，属于燃料油征收范围。

2. 从 2009 年 1 月 1 日起，对同时符合下列条件的纯生物柴油免征消费税：

（1）生产原料中废弃的动物油和植物油用量所占比重不低于 70%；

（2）生产的纯生物柴油符合国家《柴油机燃料调合生物柴油（BD100）》标准。

3. 对不符合上述规定的生物柴油，或者以柴油、柴油组分调合生产的生物柴油照章征收消费税。

（三）法律责任

1. 纳税人、扣缴义务人按照法律、行政法规规定或者税务机关依照法律、行政法规的规定确定的期限，缴纳或者解缴税款。

2. 纳税人未按照规定期限缴纳税款的，扣缴义务人未按照规定期限解缴税款的，税务机关除责令限期缴纳外，从滞纳税款之日起，按日加收滞纳税款万分之五的滞纳金。

3. 纳税人伪造、变造、隐匿、擅自销毁账簿、记账凭证，或者在账簿上多列支出或者不列、少列收入，或者经税务机关通知申报而拒不申报或者进行虚假的纳税申报，不缴或者少缴应纳税款的，是偷税。对纳税人偷税的，由税务机关追缴其不缴或者少缴的税款、滞纳金，并处不缴或者少缴的税款50%以上5倍以下的罚款；构成犯罪的，依法追究刑事责任。

三、违法享受废矿物油再生油品免征消费税优惠政策

（一）违法主体

享受废矿物油再生油品免征消费税优惠政策的单位和个人。

（二）构成要件

1. 废矿物油，是指工业生产领域机械设备及汽车、船舶等交通运输设备使用后失去或降低功效更换下来的废润滑油。

2. 纳税人利用废矿物油生产的润滑油基础油、汽油、柴油等工业油料免征消费税，应同时符合下列条件。

（1）纳税人必须取得生态环境部门颁发的《危险废物（综合）经营许可证》，且该证件上核准生产经营范围应包括"利用"或"综合经营"字样。生产经营范围为"综合经营"的纳税人，还应同时提供颁发《危险废物（综合）经营许可证》的生态环境部门出具的能证明其生产经营范围包括"利用"的材料。纳税人在申请办理免征消费税备案时，应同时提交污染物排放地生态环境部门确定的该纳税人应予执行的污染物排放标准，以及污染物排放地生态环境部门在此前6个月以内出具的该纳税人的污染物排放符合上述标准的证明材料。纳税人回收的废矿物油应具备能显示其名称、特性、数量、接受日期等项目的《危

险废物转移联单》。

（2）生产原料中废矿物油重量必须占到90%以上。产成品中必须包括润滑油基础油，且每吨废矿物油生产的润滑油基础油应不少于0.65吨。

（3）利用废矿物油生产的产品与利用其他原料生产的产品应分别核算。

3. 符合上述第2条规定的纳税人销售免税油品时，应在增值税专用发票上注明产品名称，并在产品名称后加注"（废矿物油）"。

4. 符合上述第2条规定的纳税人利用废矿物油生产的润滑油基础油连续加工生产润滑油，或纳税人（包括符合上述第2条规定的纳税人及其他纳税人）外购利用废矿物油生产的润滑油基础油加工生产润滑油，在申报润滑油消费税额时按当期销售的润滑油数量扣减其耗用的符合上述规定的润滑油基础油数量的余额计算缴纳消费税。

5. 上述政策执行至2027年12月31日。

（三）法律责任

1. 对未达到相应的污染物排放标准或被取消《危险废物（综合）经营许可证》的纳税人，自发生违规排放行为之日或《危险废物（综合）经营许可证》被取消之日起，取消其享受上述规定的免征消费税政策的资格，且3年内不得再次申请。纳税人自发生违规排放行为之日起已申请并办理免税的，应予追缴。

2. 各级税务机关应采取严密措施，对享受上述规定的免征消费税政策的纳税人加强动态监管。凡经核实纳税人弄虚作假骗取享受上述规定的免征消费税政策的，税务机关追缴其此前骗取的免税税款，并自纳税人发生上述违法违规行为年度起，取消其享受上述规定的免征消费税政策的资格，且纳税人3年内不得再次申请。

3. 发生违规排放行为之日，是指已由污染物排放地生态环境部门查证确认的、纳税人发生未达到应予执行的污染物排放标准行为的当日。

第六章 企业所得税缴纳风险

第一节 企业所得税偷税风险

一、账簿不清核定征税

(一) 违法主体

1. 在中华人民共和国境内,企业和其他取得收入的组织(以下统称企业)为企业所得税的纳税人,依照《中华人民共和国企业所得税法》的规定缴纳企业所得税。

2. 居民企业,是指依法在中国境内成立,或者依照外国(地区)法律成立但实际管理机构在中国境内的企业。

(二) 构成要件

1. 纳税人有下列情形之一的,税务机关有权核定其应纳税额:
(1) 依照法律、行政法规的规定可以不设置账簿的;
(2) 依照法律、行政法规的规定应当设置账簿但未设置的;
(3) 擅自销毁账簿或者拒不提供纳税资料的;
(4) 虽设置账簿,但账目混乱或者成本资料、收入凭证、费用凭证残缺不全,难以查账的;
(5) 发生纳税义务,未按照规定的期限办理纳税申报,经税务机关责令限期申报,逾期仍不申报的;

（6）纳税人申报的计税依据明显偏低，又无正当理由的。

2.税务机关核定应纳税额的具体程序和方法由国务院税务主管部门规定。税务机关应根据纳税人具体情况，对核定征收企业所得税的纳税人，核定应税所得率或者核定应纳所得税额。

3.具有下列情形之一的，核定其应税所得率：

（1）能正确核算（查实）收入总额，但不能正确核算（查实）成本费用总额的；

（2）能正确核算（查实）成本费用总额，但不能正确核算（查实）收入总额的；

（3）通过合理方法，能计算和推定纳税人收入总额或成本费用总额的。

纳税人不属于以上情形的，核定其应纳所得税额。

4.税务机关采用下列方法核定征收企业所得税：

（1）参照当地同类行业或者类似行业中经营规模和收入水平相近的纳税人的税负水平核定；

（2）按照应税收入额或成本费用支出额定率核定；

（3）按照耗用的原材料、燃料、动力等推算或测算核定；

（4）按照其他合理方法核定。

采用上述所列一种方法不足以正确核定应纳税所得额或应纳税额的，可以同时采用两种以上的方法核定。采用两种以上方法测算的应纳税额不一致时，可按测算的应纳税额从高核定。

5.采用应税所得率方式核定征收企业所得税的，应纳所得税额计算公式如下：

应纳所得税额＝应纳税所得额 × 适用税率

应纳税所得额＝应税收入额 × 应税所得率

或：应纳税所得额＝成本（费用）支出额/（1－应税所得率）× 应税所得率

6.实行应税所得率方式核定征收企业所得税的纳税人，经营多业的，无论其经营项目是否单独核算，均由税务机关根据其主营项目确定适用的应税所得率。

7.主营项目应为纳税人所有经营项目中，收入总额或者成本（费用）支出额或者耗用原材料、燃料、动力数量所占比重最大的项目。

8.应税所得率按表2规定的幅度标准确定：

表2　各行业应税所得率

行业	应税所得率
农、林、牧、渔业	3%~10%
制造业	5%~15%
批发和零售贸易业	4%~15%
交通运输业	7%~15%
建筑业	8%~20%
饮食业	8%~25%
娱乐业	15%~30%
其他行业	10%~30%

（三）法律责任

1. 纳税人、扣缴义务人按照法律、行政法规规定或者税务机关依照法律、行政法规的规定确定的期限，缴纳或者解缴税款。

2. 纳税人未按照规定期限缴纳税款的，扣缴义务人未按照规定期限解缴税款的，税务机关除责令限期缴纳外，从滞纳税款之日起，按日加收滞纳税款万分之五的滞纳金。

3. 纳税人伪造、变造、隐匿、擅自销毁账簿、记账凭证，或者在账簿上多列支出或者不列、少列收入，或者经税务机关通知申报而拒不申报或者进行虚假的纳税申报，不缴或者少缴应纳税款的，是偷税。对纳税人偷税的，由税务机关追缴其不缴或者少缴的税款、滞纳金，并处不缴或者少缴的税款50%以上5倍以下的罚款；构成犯罪的，依法追究刑事责任。

二、未依法确认收入

（一）违法主体

1. 在中华人民共和国境内，企业和其他取得收入的组织（以下统称企业）为企业所得税的纳税人，依照《中华人民共和国企业所得税法》的规定缴纳企业所得税。

2. 居民企业，是指依法在中国境内成立，或者依照外国（地区）法律成立但实际管理机构在中国境内的企业。

（二）构成要件

1.在计算应纳税所得额时,企业财务、会计处理办法与税收法律、行政法规的规定不一致的,应当依照税收法律、行政法规的规定计算。

2.纳税人、扣缴义务人的财务、会计制度或者财务、会计处理办法与国务院或者国务院财政、税务主管部门有关税收的规定抵触的,依照国务院或者国务院财政、税务主管部门有关税收的规定计算应纳税款、代扣代缴和代收代缴税款。

3.企业应纳税所得额的计算,以权责发生制为原则,属于当期的收入和费用,不论款项是否收付,均作为当期的收入和费用;不属于当期的收入和费用,即使款项已经在当期收付,均不作为当期的收入和费用。本条例和国务院财政、税务主管部门另有规定的除外。

4.开发产品销售收入的范围为销售开发产品过程中取得的全部价款,包括现金、现金等价物及其他经济利益。企业代有关部门、单位和企业收取的各种基金、费用和附加等,凡纳入开发产品价内或由企业开具发票的,应按规定全部确认为销售收入;未纳入开发产品价内并由企业之外的其他收取部门、单位开具发票的,可作为代收代缴款项进行管理。

5.企业通过正式签订《房地产销售合同》或《房地产预售合同》所取得的收入,应确认为销售收入的实现,具体按以下规定确认。

(1)采取一次性全额收款方式销售开发产品的,应于实际收讫价款或取得索取价款凭据(权利)之日,确认收入的实现。

(2)采取分期收款方式销售开发产品的,应按销售合同或协议约定的价款和付款日确认收入的实现。付款方提前付款的,在实际付款日确认收入的实现。

(3)采取银行按揭方式销售开发产品的,应按销售合同或协议约定的价款确定收入额,其首付款应于实际收到日确认收入的实现,余款在银行按揭贷款办理转账之日确认收入的实现。

(4)采取委托方式销售开发产品的,应按以下原则确认收入的实现:

采取支付手续费方式委托销售开发产品的,应按销售合同或协议中约定的价款于收到受托方已销开发产品清单之日确认收入的实现。

采取视同买断方式委托销售开发产品的,属于企业与购买方签订销售合同或协议,或企业、受托方、购买方三方共同签订销售合同或协议的,如果销售合同或协议中约定的价格高于买断价格,则应按销售合同或协议中约定的价格计算的价款于收到受托方已销开发产品清单之日确认收入的实现;如果属于前两种情况中销售合同或协议中约定的价格低于买断价格,以及属于受托方与购买方签订销售合同或协议的,则应按买断价格计算的价款于收到受托方已销开发产品清单之日确认收入的实现。

采取基价（保底价）并实行超基价双方分成方式委托销售开发产品的，属于由企业与购买方签订销售合同或协议，或企业、受托方、购买方三方共同签订销售合同或协议的，如果销售合同或协议中约定的价格高于基价，则应按销售合同或协议中约定的价格计算的价款于收到受托方已销开发产品清单之日确认收入的实现，企业按规定支付受托方的分成额，不得直接从销售收入中减除；如果销售合同或协议约定的价格低于基价的，则应按基价计算的价款于收到受托方已销开发产品清单之日确认收入的实现。属于由受托方与购买方直接签订销售合同的，则应按基价加上按规定取得的分成额于收到受托方已销开发产品清单之日确认收入的实现。

采取包销方式委托销售开发产品的，包销期内可根据包销合同的有关约定，参照上述1至3项规定确认收入的实现；包销期满后尚未出售的开发产品，企业应根据包销合同或协议约定的价款和付款方式确认收入的实现。

6.企业将开发产品用于捐赠、赞助、职工福利、奖励、对外投资、分配给股东或投资人、抵偿债务、换取其他企事业单位和个人的非货币性资产等行为，应视同销售，于开发产品所有权或使用权转移，或于实际取得利益权利时确认收入（或利润）的实现。确认收入（或利润）的方法和顺序为：

（1）按本企业近期或本年度最近月份同类开发产品市场销售价格确定；

（2）由主管税务机关参照当地同类开发产品市场公允价值确定；

（3）按开发产品的成本利润率确定。开发产品的成本利润率不得低于15%，具体比例由主管税务机关确定。

7.企业销售未完工开发产品的计税毛利率由各省、自治、直辖市国家税务局、地方税务局按下列规定进行确定：

（1）开发项目位于省、自治区、直辖市和计划单列市人民政府所在地城市城区和郊区的，不得低于15%；

（2）开发项目位于地及地级市城区及郊区的，不得低于10%；

（3）开发项目位于其他地区的，不得低于5%；

（4）属于经济适用房、限价房和危改房的，不得低于3%。

8.企业销售未完工开发产品取得的收入，应先按预计计税毛利率分季（或月）计算出预计毛利额，计入当期应纳税所得额。开发产品完工后，企业应及时结算其计税成本并计算此前销售收入的实际毛利额，同时将其实际毛利额与其对应的预计毛利额之间的差额，计入当年度企业本项目与其他项目合并计算的应纳税所得额。在年度纳税申报时，企业须出具对该项开发产品实际毛利额与预计毛利额之间差异调整情况的报告以及税务机关需要的其他相关资料。

9.企业新建的开发产品在尚未完工或办理房地产初始登记、取得产权证前，与承租人签订租赁预约协议的，自开发产品交付承租人使用之日起，出租方取得的预租价款按租金确认收入的实现。

10. 除《中华人民共和国企业所得税法》及《中华人民共和国企业所得税法实施条例》另有规定外，企业销售收入的确认必须遵循权责发生制原则和实质重于形式原则。

11. 企业销售商品同时满足下列条件的，应确认收入的实现：

（1）商品销售合同已经签订，企业已将商品所有权相关的主要风险和报酬转移给购货方；

（2）企业对已售出的商品既没有保留通常与所有权相联系的继续管理权，也没有实施有效控制；

（3）收入的金额能够可靠地计量；

（4）已发生或将发生的销售方的成本能够可靠地核算。

12. 符合上款收入确认条件，采取下列商品销售方式的，应按以下规定确认收入实现时间：

（1）销售商品采用托收承付方式的，在办妥托收手续时确认收入；

（2）销售商品采取预收款方式的，在发出商品时确认收入；

（3）销售商品需要安装和检验的，在购买方接受商品以及安装和检验完毕时确认收入。如果安装程序比较简单，可在发出商品时确认收入；

（4）销售商品采用支付手续费方式委托代销的，在收到代销清单时确认收入。

13. 采用售后回购方式销售商品的，销售的商品按售价确认收入，回购的商品作为购进商品处理。有证据表明不符合销售收入确认条件的，如以销售商品方式进行融资，收到的款项应确认为负债，回购价格大于原售价的，差额应在回购期间确认为利息费用。

14. 销售商品以旧换新的，销售商品应当按照销售商品收入确认条件确认收入，回收的商品作为购进商品处理。

15. 企业为促进商品销售而在商品价格上给予的价格扣除属于商业折扣，商品销售涉及商业折扣的，应当按照扣除商业折扣后的金额确定销售商品收入金额。

债权人为鼓励债务人在规定的期限内付款而向债务人提供的债务扣除属于现金折扣，销售商品涉及现金折扣的，应当按扣除现金折扣前的金额确定销售商品收入金额，现金折扣在实际发生时作为财务费用扣除。

企业因售出商品的质量不合格等原因而在售价上给的减让属于销售折让；企业因售出商品质量、品种不符合要求等原因而发生的退货属于销售退回。企业已经确认销售收入的售出商品发生销售折让和销售退回，应当在发生当期冲减当期销售商品收入。

16. 企业在各个纳税期末，提供劳务交易的结果能够可靠估计的，应采用完工进度（完工百分比）法确认提供劳务收入。

17. 提供劳务交易的结果能够可靠估计，是指同时满足下列条件：

（1）收入的金额能够可靠地计量；

（2）交易的完工进度能够可靠地确定；

（3）交易中已发生和将发生的成本能够可靠地核算。

18. 企业提供劳务完工进度的确定，可选用下列方法：

（1）已完工作的测量；

（2）已提供劳务占劳务总量的比例；

（3）发生成本占总成本的比例。

19. 企业应按照从接受劳务方已收或应收的合同或协议价款确定劳务收入总额，根据纳税期末提供劳务收入总额乘以完工进度扣除以前纳税年度累计已确认提供劳务收入后的金额，确认为当期劳务收入；同时，按照提供劳务估计总成本乘以完工进度扣除以前纳税期间累计已确认劳务成本后的金额，结转为当期劳务成本。

20. 下列提供劳务满足收入确认条件的，应按规定确认收入。

（1）安装费。应根据安装完工进度确认收入。安装工作是商品销售附带条件的，安装费在确认商品销售实现时确认收入。

（2）宣传媒介的收费。应在相关的广告或商业行为出现于公众面前时确认收入。广告的制作费，应根据制作广告的完工进度确认收入。

（3）软件费。为特定客户开发软件的收费，应根据开发的完工进度确认收入。

（4）服务费。包含在商品售价内可区分的服务费，在提供服务的期间分期确认收入。

（5）艺术表演、招待宴会和其他特殊活动的收费。在相关活动发生时确认收入。收费涉及几项活动的，预收的款项应合理分配给每项活动，分别确认收入。

（6）会员费。申请入会或加入会员，只允许取得会籍，所有其他服务或商品都要另行收费的，在取得该会员费时确认收入。申请入会或加入会员后，会员在会员期内不再付费就可得到各种服务或商品，或者以低于非会员的价格销售商品或提供服务的，该会员费应在整个受益期内分期确认收入。

（7）特许权费。属于提供设备和其他有形资产的特许权费，在交付资产或转移资产所有权时确认收入；属于提供初始及后续服务的特许权费，在提供服务时确认收入。

（8）劳务费。长期为客户提供重复的劳务收取的劳务费，在相关劳务活动发生时确认收入。

21. 企业以买一赠一等方式组合销售本企业商品的，不属于捐赠，应将总的销售金额按各项商品的公允价值的比例来分摊确认各项的销售收入。

（三）法律责任

1. 纳税人、扣缴义务人按照法律、行政法规规定或者税务机关依照法律、行政法规的规定确定的期限，缴纳或者解缴税款。

2. 纳税人未按照规定期限缴纳税款的，扣缴义务人未按照规定期限解缴税款的，税务机关除责令限期缴纳外，从滞纳税款之日起，按日加收滞纳税款万分之五的滞纳金。

3. 纳税人伪造、变造、隐匿、擅自销毁账簿、记账凭证，或者在账簿上多列支出或者不列、少列收入，或者经税务机关通知申报而拒不申报或者进行虚假的纳税申报，不缴或者少缴应纳税款的，是偷税。对纳税人偷税的，由税务机关追缴其不缴或者少缴的税款、滞纳金，并处不缴或者少缴的税款50%以上5倍以下的罚款；构成犯罪的，依法追究刑事责任。

三、在账簿上少计收入

（一）违法主体

1. 在中华人民共和国境内，企业和其他取得收入的组织（以下统称企业）为企业所得税的纳税人，依照《中华人民共和国企业所得税法》的规定缴纳企业所得税。

2. 居民企业，是指依法在中国境内成立，或者依照外国（地区）法律成立但实际管理机构在中国境内的企业。

（二）构成要件

1. 企业以货币形式和非货币形式从各种来源取得的收入，为收入总额。包括：
（1）销售货物收入；
（2）提供劳务收入；
（3）转让财产收入；
（4）股息、红利等权益性投资收益；

（5）利息收入；

（6）租金收入；

（7）特许权使用费收入；

（8）接受捐赠收入；

（9）其他收入。

2.企业应纳税所得额的计算，以权责发生制为原则，属于当期的收入和费用，不论款项是否收付，均作为当期的收入和费用；不属于当期的收入和费用，即使款项已经在当期收付，均不作为当期的收入和费用。本条例和国务院财政、税务主管部门另有规定的除外。

（三）法律责任

1.纳税人、扣缴义务人按照法律、行政法规规定或者税务机关依照法律、行政法规的规定确定的期限，缴纳或者解缴税款。

2.纳税人未按照规定期限缴纳税款的，扣缴义务人未按照规定期限解缴税款的，税务机关除责令限期缴纳外，从滞纳税款之日起，按日加收滞纳税款万分之五的滞纳金。

3.纳税人伪造、变造、隐匿、擅自销毁账簿、记账凭证，或者在账簿上多列支出或者不列、少列收入，或者经税务机关通知申报而拒不申报或者进行虚假的纳税申报，不缴或者少缴应纳税款的，是偷税。对纳税人偷税的，由税务机关追缴其不缴或者少缴的税款、滞纳金，并处不缴或者少缴的税款50%以上5倍以下的罚款；构成犯罪的，依法追究刑事责任。

（四）典型案例

辽宁省沈阳市中级人民法院
行 政 判 决 书

（2020）辽01行终742号

上诉人（原审原告）：沈阳高科精密铸造厂。

被上诉人（原审被告）：国家税务总局沈阳市税务局第一稽查局。

上诉人沈阳高科精密铸造厂与被上诉人国家税务总局沈阳市税务局第一稽查局行政处罚一案，不服沈阳市浑南区人民法院作出的（2020）辽0112行初13号行政判决，向本院提出上诉。本院依法组成合议庭，公开审理了本案。本案现已审理终结。

原审查明，沈阳高科精密铸造厂租用沈阳电力精铸机械厂筛碎设备厂的两台变压器使用，其中一台小变压器由四家单位共用。沈阳高科精密铸造厂收取了变压器共用人的电费,但未计入当期收入,未申报纳税。2019 年 9 月 2 日,被告国家税务总局沈阳市税务局第一稽查局依据《中华人民共和国增值税暂行条例》第一条及第九条、《中华人民共和国企业所得税法》第一条及第四条、《中华人民共和国企业所得税法实施条例》第二十七条、第三十三条及第九十二条、《中华人民共和国税收征收管理法》第六十三条第一款、《中华人民共和国城市维护建设税暂行条例》第二条、第三条及第四条、《关于进一步扩大小型微利企业所得税优惠政策范围的通知》(财税〔2015〕99 号文件)、《财政部税务总局关于扩大小型微利企业所得税优惠政策范围的通知》(财税〔2017〕43 号文件),作出沈税稽一罚〔2019〕50105 号税务行政处罚决定书,对原告应补的增值税处 0.5 倍罚款 2 373.8 元;对原告应补的城市维护建设税处 0.5 倍罚款 166.19 元;对原告应补的企业所得税处 0.5 倍罚款 1 367.87 元。以上应缴款项共计 3 907.86 元。原告不服,故诉至法院,要求:1. 撤销被告作出的税务行政处罚决定书(沈税稽一罚〔2019〕50105 号);2. 本案诉讼费用由被告承担。另查明,上述两台变压器(电表)用户编号分别为 7480026230 和 7480064690,用户名称均为沈阳高科精密铸造厂,供电单位为国网辽宁省电力有限公司沈阳供电公司于洪供电分公司。

原审认为,依据《中华人民共和国增值税暂行条例》第一条、第九条,《中华人民共和国企业所得税法》第一条、第四条,《中华人民共和国企业所得税法实施条例》第二十七条、第三十三条、第九十二条,《中华人民共和国税收征收管理法》第六十三条第一款以及《中华人民共和国城市维护建设税暂行条例》第二条、第三条、第四条的规定,被告具有税收征管职权,有权作出本案涉诉的税务行政处罚决定。本案中,原告存在收取变压器共用人的电费,但未计入当期收入、亦未申报纳税的违法事实,被告对原告作出沈税稽一罚〔2019〕50105 号税务行政处罚决定,对原告应补得增值税处 0.5 倍罚款 2 373.8 元;对原告应补的城市维护建设税处 0.5 倍罚款 166.19 元;对原告应补的企业所得税处 0.5 倍罚款 1 367.87 元,并无不当,且事实清楚,证据充分,适用法律正确,程序合法。原告虽对上述行政处罚提出异议,但不能提供相反的证据予以证明,故原审法院对原告的诉讼请求不予支持。综上,依据《中华人民共和国行政诉讼法》第六十九条之规定,判决驳回原告沈阳高科精密铸造厂的诉讼请求。案件受理费 50 元,由原告负担。

上诉人沈阳高科精密铸造厂上诉称,1. 本厂注册地沈阳市×花镇东狼村,没有房产,从没对外出租房屋,本厂在于洪区前民村租用的是沈阳筛碎设备厂的两台变压器,大的供生产用电,小的供生活用电;2. 举报人租用的房屋不是我厂的产权,其自行到电业局交的电费每度 0.85 元,他向共用一个电表其他用户收取电费每度1元，税费他个人已拿走了；3.我厂从来没有到电业局开过马某交的电费发票，马某也没有要求我厂给他开发票，我们到电业局开发票时，把自有的交费小票收据开具增值税发票，电业局按小票开发票，根本不存在我厂收取电费未入账或存在少计收入的问题；4.关于税务部门到沈阳市×花镇东狼村取证的事宜，上诉人在铁西区×花镇东狼村没有房产和工作人员，取得证明真假只能由法院鉴别；5.关于税务局询问笔录事宜，被询问人张某华（付某农母亲）1936年出生，2011年后得了老年痴呆症、青光眼、高血压等病，税务局对她进行问询并作为有效证据是否合理、真实；6.举报信提供的2014年至2016年共11个月的电费钱数与我们保存的9张电费钱款数不一致，只能证明我厂与马某先后到电业局进行了交费；7.我厂到电业部门开的发票，交的电费钱款与发票一致，并没有把马某到电业局交的电费钱款合并在一起开票。综上，我方不存在偷税、漏税的情形，请求撤销一审判决，依法改判，由被上诉人承担一二审诉讼费用。

被上诉人国家税务总局沈阳市税务局第一稽查局答辩称，一审法院认定事实清楚，适用法律正确，程序合法，请求二审法院依法予以维持。

本院审理查明的事实与原审查明的事实一致。

本院认为，《中华人民共和国税收征收管理法》第五条第一款、第六十三第一款的规定，被上诉人具有税收征管职权，有权作出本案涉案的税务行政处罚决定。本案中，上诉人存在收取变压器共用人的电费，但未计入当期收入，未申报纳税的违法情形，被上诉人就此对上诉人作出本案被诉处罚决定，具有事实及法律依据，处罚决定程序符合法律规定。上诉人虽主张其不存在上述违法事实，但其未提供充分证据证明其主张。综上，原审判决认定事实清楚，适用法律正确，依法应予维持。上诉人的上诉请求，本院不予支持。依照《中华人民共和国行政诉讼法》第八十九条第一款（一）项之规定，判决如下：

驳回上诉，维持原判。

2020年8月18日

第二节　企业所得税税前扣除风险

一、未经核定的准备金支出不允许扣除

（一）违法主体

1.在中华人民共和国境内，企业和其他取得收入的组织（以下统称企业）

为企业所得税的纳税人，依照《中华人民共和国企业所得税法》的规定缴纳企业所得税。

2. 居民企业，是指依法在中国境内成立，或者依照外国（地区）法律成立但实际管理机构在中国境内的企业。

（二）构成要件

1. 企业每一纳税年度的收入总额，减除不征税收入、免税收入、各项扣除以及允许弥补的以前年度亏损后的余额，为应纳税所得额。

2. 企业实际发生的与取得收入有关的、合理的支出，包括成本、费用、税金、损失和其他支出，准予在计算应纳税所得额时扣除。

3. 在计算应纳税所得额时，下列支出不得扣除：

（1）向投资者支付的股息、红利等权益性投资收益款项；

（2）企业所得税税款；

（3）税收滞纳金；

（4）罚金、罚款和被没收财物的损失；

（5）《中华人民共和国企业所得税法》第九条规定以外的捐赠支出；

（6）赞助支出；

（7）未经核定的准备金支出；

（8）与取得收入无关的其他支出。

（三）法律责任

1. 纳税人、扣缴义务人按照法律、行政法规规定或者税务机关依照法律、行政法规的规定确定的期限，缴纳或者解缴税款。

2. 纳税人未按照规定期限缴纳税款的，扣缴义务人未按照规定期限解缴税款的，税务机关除责令限期缴纳外，从滞纳税款之日起，按日加收滞纳税款万分之五的滞纳金。

3. 纳税人伪造、变造、隐匿、擅自销毁账簿、记账凭证，或者在账簿上多列支出或者不列、少列收入，或者经税务机关通知申报而拒不申报或者进行虚假的纳税申报，不缴或者少缴应纳税款的，是偷税。对纳税人偷税的，由税务机关追缴其不缴或者少缴的税款、滞纳金，并处不缴或者少缴的税款50%以上5倍以下的罚款；构成犯罪的，依法追究刑事责任。

二、无合法凭证的支出禁止扣除

（一）违法主体

1. 在中华人民共和国境内，企业和其他取得收入的组织（以下统称企业）为企业所得税的纳税人，依照《中华人民共和国企业所得税法》的规定缴纳企业所得税。

2. 居民企业，是指依法在中国境内成立，或者依照外国（地区）法律成立但实际管理机构在中国境内的企业。

（二）构成要件

1. 企业每一纳税年度的收入总额，减除不征税收入、免税收入、各项扣除以及允许弥补的以前年度亏损后的余额，为应纳税所得额。

2. 企业实际发生的与取得收入有关的、合理的支出，包括成本、费用、税金、损失和其他支出，准予在计算应纳税所得额时扣除。

3. 税前扣除凭证，是指企业在计算企业所得税应纳税所得额时，证明与取得收入有关的、合理的支出实际发生，并据以税前扣除的各类凭证。

4. 税前扣除凭证在管理中遵循真实性、合法性、关联性原则。真实性是指税前扣除凭证反映的经济业务真实，且支出已经实际发生；合法性是指税前扣除凭证的形式、来源符合国家法律、法规等相关规定；关联性是指税前扣除凭证与其反映的支出相关联且有证明力。

5. 企业发生支出，应取得税前扣除凭证，作为计算企业所得税应纳税所得额时扣除相关支出的依据。

6. 企业应在当年度企业所得税法规定的汇算清缴期结束前取得税前扣除凭证。

7. 企业应将与税前扣除凭证相关的资料，包括合同协议、支出依据、付款凭证等留存备查，以证实税前扣除凭证的真实性。

8. 税前扣除凭证按照来源分为内部凭证和外部凭证。内部凭证是指企业自制用于成本、费用、损失和其他支出核算的会计原始凭证。内部凭证的填制和使用应当符合国家会计法律、法规等相关规定。外部凭证是指企业发生经营活动和其他事项时，从其他单位、个人取得的用于证明其支出发生的凭证，包括但不限于发票（包括纸质发票和电子发票）、财政票据、完税凭证、收款凭证、分割单等。

9. 企业在境内发生的支出项目属于增值税应税项目（以下简称"应税项目"）

的，对方为已办理税务登记的增值税纳税人，其支出以发票（包括按照规定由税务机关代开的发票）作为税前扣除凭证；对方为依法无需办理税务登记的单位或者从事小额零星经营业务的个人，其支出以税务机关代开的发票或者收款凭证及内部凭证作为税前扣除凭证，收款凭证应载明收款单位名称、个人姓名及身份证号、支出项目、收款金额等相关信息。小额零星经营业务的判断标准是个人从事应税项目经营业务的销售额不超过增值税相关政策规定的起征点。税务总局对应税项目开具发票另有规定的，以规定的发票或者票据作为税前扣除凭证。

10. 企业在境内发生的支出项目不属于应税项目的，对方为单位的，以对方开具的发票以外的其他外部凭证作为税前扣除凭证；对方为个人的，以内部凭证作为税前扣除凭证。企业在境内发生的支出项目虽不属于应税项目，但按税务总局规定可以开具发票的，可以发票作为税前扣除凭证。

11. 企业从境外购进货物或者劳务发生的支出，以对方开具的发票或者具有发票性质的收款凭证、相关税费缴纳凭证作为税前扣除凭证。

12. 企业取得私自印制、伪造、变造、作废、开票方非法取得、虚开、填写不规范等不符合规定的发票（以下简称"不合规发票"），以及取得不符合国家法律、法规等相关规定的其他外部凭证（以下简称"不合规其他外部凭证"），不得作为税前扣除凭证。

13. 企业应当取得而未取得发票、其他外部凭证或者取得不合规发票、不合规其他外部凭证的，若支出真实且已实际发生，应当在当年度汇算清缴期结束前，要求对方补开、换开发票、其他外部凭证。补开、换开后的发票、其他外部凭证符合规定的，可以作为税前扣除凭证。

14. 企业在补开、换开发票、其他外部凭证过程中，因对方注销、撤销、依法被吊销营业执照、被税务机关认定为非正常户等特殊原因无法补开、换开发票、其他外部凭证的，可凭以下资料证实支出真实性后，其支出允许税前扣除：

（1）无法补开、换开发票、其他外部凭证原因的证明资料（包括工商注销、机构撤销、列入非正常经营户、破产公告等证明资料）；

（2）相关业务活动的合同或者协议；

（3）采用非现金方式支付的付款凭证；

（4）货物运输的证明资料；

（5）货物入库、出库内部凭证；

（6）企业会计核算记录以及其他资料。

上述第一项至第三项为必备资料。

15. 汇算清缴期结束后，税务机关发现企业应当取得而未取得发票、其他外部凭证或者取得不合规发票、不合规其他外部凭证并且告知企业的，企业应当自被告知之日起60日内补开、换开符合规定的发票、其他外部凭证。其中，因对方特殊原因无法补开、换开发票、其他外部凭证的，企业应当按照上述规定，自被告知之日起60日内提供可以证实其支出真实性的相关资料。

16. 企业在规定的期限未能补开、换开符合规定的发票、其他外部凭证，并且未能按照上述规定提供相关资料证实其支出真实性的，相应支出不得在发生年度税前扣除。

17. 除发生上述第15项规定的情形外，企业以前年度应当取得而未取得发票、其他外部凭证，且相应支出在该年度没有税前扣除的，在以后年度取得符合规定的发票、其他外部凭证或者按照上述第14项的规定提供可以证实其支出真实性的相关资料，相应支出可以追补至该支出发生年度税前扣除，但追补年限不得超过5年。

18. 企业与其他企业（包括关联企业）、个人在境内共同接受应纳增值税劳务（以下简称"应税劳务"）发生的支出，采取分摊方式的，应当按照独立交易原则进行分摊，企业以发票和分割单作为税前扣除凭证，共同接受应税劳务的其他企业以企业开具的分割单作为税前扣除凭证。企业与其他企业、个人在境内共同接受非应税劳务发生的支出，采取分摊方式的，企业以发票外的其他外部凭证和分割单作为税前扣除凭证，共同接受非应税劳务的其他企业以企业开具的分割单作为税前扣除凭证。

19. 企业租用（包括企业作为单一承租方租用）办公、生产用房等资产发生的水、电、燃气、冷气、暖气、通讯线路、有线电视、网络等费用，出租方作为应税项目开具发票的，企业以发票作为税前扣除凭证；出租方采取分摊方式的，企业以出租方开具的其他外部凭证作为税前扣除凭证。

（三）法律责任

1. 纳税人、扣缴义务人按照法律、行政法规规定或者税务机关依照法律、行政法规的规定确定的期限，缴纳或者解缴税款。

2. 纳税人未按照规定期限缴纳税款的，扣缴义务人未按照规定期限解缴税款的，税务机关除责令限期缴纳外，从滞纳税款之日起，按日加收滞纳税款万分之五的滞纳金。

3. 纳税人伪造、变造、隐匿、擅自销毁账簿、记账凭证，或者在账簿上多列支出或者不列、少列收入，或者经税务机关通知申报而拒不申报或者进行虚假的纳税申报，不缴或者少缴应纳税款的，是偷税。对纳税人偷税的，由税务机关追缴其不缴或者少缴的税款、滞纳金，并处不缴或者少缴的税款50%以上

5倍以下的罚款；构成犯罪的，依法追究刑事责任。

（四）典型案例

北京市第二中级人民法院

行 政 判 决 书

（2020）京02行终1464号

上诉人（一审原告）：丁某峰，男，1970年5月9日出生，汉族。

被上诉人（一审被告）：国家税务总局北京市税务局稽查局。

被上诉人（一审被告）：国家税务总局北京市税务局。

上诉人丁某峰因诉国家税务总局北京市税务局稽查局（以下简称北京税务稽查局）所作税务处理决定及国家税务总局北京市税务局（以下简称北京税务局）所作行政复议决定一案，不服北京市西城区人民法院（以下简称一审法院）所作（2020）京0102行初137号行政判决，向本院提出上诉。本院依法组成合议庭，对本案进行了审理，现已审理终结。

2019年12月16日，北京税务稽查局向丁某峰作出京税稽处〔2019〕JW002号《税务处理决定书》（以下简称被诉处理决定），主要内容为：一、违法事实。某顾问咨询（北京）有限公司（以下简称某公司）开具领购方与开具方不符的发票，取得收入未按规定申报缴纳企业所得税。（一）2009年7月，某公司向某证券有限责任公司（以下简称某证券）提供中介服务，取得收入110万元，使用北京某技术服务有限公司向税务机关领购的发票代码为211000872140，发票号码为10102710的《北京市服务业、娱乐业、文化体育业专用发票》，开具给某证券。（二）2009年11月，某公司向原航某证券有限责任公司（以下简称航某证券，该公司于2010年变更为国某证券有限责任公司）提供中介服务，取得收入100万元，使用北京某技术服务有限公司向税务机关领购的发票代码为211000872140，发票号码为10102749的《北京市服务业、娱乐业、文化体育业专用发票》，开具给航某证券。（三）2010年6月，某公司向某信托投资有限责任公司（以下简称某信托）提供中介服务，取得收入25万元，使用北京某信息咨询有限公司领购的发票代码为211000970050，发票号码为213800076的《北京市服务业、娱乐业、文化体育业专用发票》，开具给某信托。（四）2011年4月至6月，某公司向某信托提供中介服务，取得收入5 546 400.52元，使用北京某安信咨询有限公司领购的发票代码为211000970050，发票号码为21366280、21366284的2份《北京市服务业、娱乐业、文化体育业专用发票》，开具给某信托。某公司通过上述业务共计取得营业收入7 896 400.52元，均未按规定申报缴纳企业所得税，定性为偷税。另查明，2012年5月，某公司在未向税务机关如实申报缴纳税款的情况下，向原工商部门提供虚假清算报告等资料，骗取注销登记。二、处理决定。（一）追缴企业所得税。根据《中华人民共和国税收征收管理法》第六十三条、第五十二条和《中华人民共和国企业所得税法》第一条、第四条、第六条、第二十二条、第五十三条、第五十四条之规定，经计算追缴 2009 年企业所得税 496 125 元，追缴 2010 年企业所得税 59 062.5 元，追缴 2011 年企业所得税 1 308 451.48 元，共计追缴税款 1 863 638.98 元。（二）加收滞纳金。根据《中华人民共和国税收征收管理法》第三十二条、《中华人民共和国税收征收管理法实施细则》第七十五条之规定，对某公司少缴的企业所得税 1 863 638.98 元从滞纳税款之日起，按日加收滞纳税款万分之五的滞纳金。鉴于某公司已于 2012 年 5 月 16 日注销登记，其企业法人作为责任承担主体的法律地位已不存在。丁某峰作为公司唯一股东，骗取注销登记，从而逃避缴纳税款，已对国家税收权益造成实质性侵害。根据《中华人民共和国公司法》第二十条、第一百八十九条、《最高人民法院关于适用〈中华人民共和国公司法〉若干问题的规定（二）》（2014 年修正）第十九条之规定，决定向丁某峰个人追缴某公司应缴纳的税款及滞纳金。因丁某峰已于 2015 年 12 月 1 日以某公司名义将上述税款、滞纳金解缴入库，且京国税稽处〔2015〕JW3 号《税务处理决定书》被复议机关撤销后，某公司因已注销不能再作为法律主体接收退还的税款、滞纳金，故将上述应退还的税款、滞纳金抵为本处理决定项下丁某峰应纳之税款、滞纳金。丁某峰不服被诉处理决定，向北京税务局提出行政复议申请。2020 年 3 月 4 日，北京税务局作出京税复决字〔2020〕9 号《行政复议决定书》（以下简称被诉复议决定），维持了被诉处理决定。

丁某峰向一审法院诉称，被诉处理决定违法，主要理由如下：1. 征收方式违法："以数代账、查数征收方式""以票代账、查票征收方式"违反《中华人民共和国税收征收管理法》《中华人民共和国企业所得税法》；为使"查数、查票征收方式"尽量近似于查账征收方式，北京税务稽查局伪造扣除项目，并将"扣除"的时间后移覆盖至"补税"年度，以求形成"有扣除＝已查账"的假象，违反《中华人民共和国企业所得税法》；为证明"查数、查票征收方式"合法，北京税务稽查局篡改税收法规，且该法规已经废止；北京税务稽查局不承认"成本费用税金等扣除项目无法查明"这一基本事实，在"应纳税所得额"无法确认的情况下，作出"几乎就收入全额"征收企业所得税的决定（仅扣除营业税及附加），违反"就所得额征税"这一常识性的企业所得税征税原则，更违反企业所得税法和《税务稽查工作规程》。2. 计税依据违法：以某一两笔收入作为相关年度的应税收入总额，违反《中华人民共和国企业所得税法》，仅查明部分应纳税收入、不查明准予扣除项目，作出的被诉处理决定违反相关法规和规章，相关年度的扣除项目中未包括原北京市国家税务局稽查局已掌握的法定扣除项目，亦违反《中华人民共和国企业所得税法》。综上，北京税务稽查局通过提供虚假证据材料，伪造事实证据，有意曲解税收法规，篡改税收法规，以不道德的方式侵害公民合法权益。诉讼请求为：1.撤销北京税务稽查局作出的被诉处理决定；2.撤销北京税务局作出的被诉复议决定。

……

一审法院认为，根据《中华人民共和国税收征收管理法》第十四条及《中华人民共和国税收征收管理法实施细则》第九条的规定，北京税务稽查局具有依法查处涉税违法行为，作出相应行政处理决定的法定职责。根据《中华人民共和国行政复议法》第十二条的规定，北京税务局作为北京税务稽查局的上级主管部门，具有对北京税务稽查局作出的处理决定进行行政复议的职责。

综合考虑庭审情况及相关法律规定，本案争议焦点归纳为：1.北京税务稽查局认定某公司应当补缴税款的事实是否成立，2.企业注销后纳税主体的认定。下面分别予以论述。

一、北京税务稽查局认定某公司应当补缴税款的事实是否成立

根据《中华人民共和国税收征收管理法》第六十三条第一款规定，纳税人伪造、变造、隐匿、擅自销毁账簿、记账凭证，或者在账簿上多列支出或者不列、少列收入，或者经税务机关通知申报而拒不申报或者进行虚假的纳税申报，不缴或者少缴应纳税款的，是偷税。某公司应当按照《中华人民共和国税收征收管理法》《中华人民共和国企业所得税法》的相关规定，设置账簿，根据合法、有效凭证记账，进行核算并缴纳相应的企业所得税。根据查明的事实可知，某公司2009—2011年取得的7 896 400.52元营业收入未按规定申报缴纳企业所得税，造成少缴税款的结果，应当依法补缴税款并加收滞纳金。

关于应纳税所得额的计算问题，《中华人民共和国企业所得税法》第五条规定，企业每一纳税年度的收入总额，减除不征税收入、免税收入、各项扣除以及允许弥补的以前年度亏损后的余额，为应纳税所得额。《中华人民共和国企业所得税法》第八条规定，企业实际发生的与取得收入有关的、合理的支出，包括成本、费用、税金、损失和其他支出，准予在计算应纳税所得额时扣除。但丁某峰在税务机关的释明之下仍未提供证明某公司除自行申报的成本费用支出之外的其他成本费用支出的合法有效凭证，故北京税务稽查局按照某公司2009—2011年经营期间取得的咨询服务收入调增应纳税所得额7 896 400.52元，并在弥补亏损后确定2009至2011各年度的应补缴企业所得税，该征税行为符合法律规定。

二、企业注销后纳税主体的认定

《中华人民共和国公司法》第二十条规定，公司股东应当遵守法律、行政法规和公司章程，依法行使股东权利，不得滥用股东权利损害公司或者其他股东的利益；不得滥用公司法人独立地位和股东有限责任损害公司债权人的利益。《中华人民共和国税收征收管理法实施细则》第五十条规定，纳税人有解散、撤销、破产情形的，在清算前应当向其主管税务机关报告；未结清税款的，由其主管税务机关参加清算。

丁某峰作为某公司的唯一股东，在公司清算时作为该公司的清算组负责人理应按照《中华人民共和国公司法》的规定，如实进行公司清算，其中当然包括清缴所欠税款以及清算过程中产生的税款，并在公司清算结束后，制作清算报告并报送公司登记机关，申请注销公司登记。但丁某峰在《企业注销登记申请书》《注销清算报告》中签字确认"公司债权债务已清理完毕，各项税款及职工工资已结清"，由此致使某公司于2012年5月16日经原工商登记部门核准予以注销。

《最高人民法院关于适用〈中华人民共和国公司法〉若干问题的规定（二）》（2014年修正）第十九条规定：有限责任公司的股东、股份有限公司的董事和控股股东，以及公司的实际控制人在公司解散后，恶意处置公司财产给债权人造成损失，或者未经依法清算，以虚假的清算报告骗取公司登记机关办理法人注销登记，债权人主张其对公司债务承担相应赔偿责任的，人民法院应依法予以支持。本案中，某公司通过提供虚假清算资料的方式办理了注销登记，导致其法律主体地位不存在，但丁某峰作为某公司唯一股东，应当对某公司注销后不能承担缴纳税款责任而给国家造成的税款损失承担相应的法律责任，北京税务稽查局将丁某峰作为追缴税款的责任承担主体，在某公司已经注销不能作为法律主体接收退还的税款、滞纳金的情况下，将应退还的税款、滞纳金抵为被诉处理决定项下丁某峰应缴纳之税款、滞纳金符合法律规定。

《中华人民共和国行政复议法》第二十三条规定，行政复议机关负责法制工作的机构应当自行政复议申请受理之日起7日内，将行政复议申请书副本或者行政复议申请笔录复印件发送被申请人。被申请人应当自收到申请书副本或者申请笔录复印件之日起10日内，提出书面答复，并提交当初作出具体行政行为的证据、依据和其他有关材料。第三十一条规定，行政复议机关应当自受理申请之日起60日内作出行政复议决定；但是法律规定的行政复议期限少于60日的除外。情况复杂，不能在规定期限内作出行政复议决定的，经行政复议机关的负责人批准，可以适当延长，并告知申请人和被申请人；但是延长期限最多不超过30日。本案中，北京税务局作出的被诉复议决定在受理、通知答复、延期告知、送达等程序上符合上述法律规定、程序合法。

综上所述，北京税务稽查局所作的被诉处理决定认定事实清楚、适用法律正确、符合法定程序。北京税务局在此基础上依据《中华人民共和国行政复议法》第二十八条第一款第一项作出了维持的被诉复议决定，符合《中华人民共和国行政复议法》的相关规定，并无不当。丁某峰的诉讼请求缺乏事实及法律依据，不予支持。一审法院依照《中华人民共和国行政诉讼法》第六十九条、第七十九条之规定，判决驳回丁某峰的诉讼请求。

……

根据上述被认定为合法有效的证据及各方当事人的陈述，本院查明如下事实：2007年11月9日，丁某峰出资设立某公司，该公司类型为有限责任公司（自然人独资），丁某峰为某公司的唯一股东。2009年7月，某公司向某证券提供中介服务，取得收入1 100 000元，使用北京某技术服务有限公司从税务机关领购的发票开具给某证券。2009年11月，某公司向航某证券提供中介服务，取得收入1 000 000元，使用北京某技术服务有限公司从税务机关领购的发票开具给航某证券。2010年6月，某公司向某信托提供中介服务，取得收入250 000元，使用北京某信息咨询有限公司从税务机关领购的发票开具给某信托。2011年4月至6月，某公司向某信托提供中介服务，取得收入5 546 400.52元，使用北京某安信咨询有限公司从税务机关领购的发票开具给某信托。

2015年3月25日，原北京市国家税务局稽查局决定对某公司2009年1月1日至2011年12月31日期间涉税情况进行检查。2015年4月10日，丁某峰确认取得上述营业收入未记账、未申报缴纳税款，但认为有关收入非"中介服务取得收入"，系取得税务事项代理服务收入以及顾问咨询服务收入。2015年11月27日，原北京市国家税务局稽查局作出京国税稽处〔2015〕JW3号《税务处理决定书》并送达某公司，认为2009年至2011年期间，某公司共计7 896 400.52元的营业收入未按规定申报缴纳企业所得税，故认定追缴某公司1 863 638.98元税款及相应的滞纳金。丁某峰不服处理决定，于2015年12月2日向原北京市国家税务局申请行政复议。2019年11月15日，北京税务局作出京税复决字〔2019〕25号《行政复议决定书》，认为某公司已于2012年5月16日经公司登记机关注销登记，其企业法人资格消灭，不能再作为行政处理的被处理对象，故撤销原北京市国家税务局稽查局对某公司作出的京国税稽处〔2015〕JW3号《税务处理决定书》。

2019年12月9日，北京税务稽查局向丁某峰送达京税稽通〔2019〕1011号《税务事项通知书》，告知拟向其个人作出处理决定，并告知其享有陈述申辩以及提供相关证据材料的权利，丁某峰提交了书面陈述申辩意见，但未提供相关证据材料。

2019年12月16日，北京税务稽查局作出被诉处理决定并向丁某峰送达。丁某峰不服，于2019年12月19日向北京税务局申请行政复议，北京税务局于2019年12月20日收到丁某峰的行政复议申请。2019年12月26日，北京税务局作出受理行政复议申请通知书及行政复议答复通知书，并分别向丁某峰及北京税务稽查局送达，同时要求北京税务稽查局在10日内提交书面答复及作出被诉处理决定的证据、依据及相关材料。北京税务稽查局于2019年12月31日收到北京税务局的行政复议答复通知，于2020年1月8日提交行政复议答复书及相关证据、法律依据等材料。2020年2月14日，北京税务局作出行政复议延期审理通知书，并向丁某峰及北京税务稽查局送达。北京税务局于2020年3月4日作出被诉复议决定，并向丁某峰及北京税务稽查局送达。

本院认为，根据《中华人民共和国税收征收管理法》第十四条及《中华人民共和国税收征收管理法实施细则》第九条关于涉税案件查处机关及其职责的规定，北京税务稽查局具有依法查处涉税案件并作出相应处理的法定职责。依照《中华人民共和国行政复议法》关于行政复议机关及其职责的规定，北京税务局具有受理丁某峰所提行政复议申请，并根据具体情况作出行政复议决定的法定职责。

根据《中华人民共和国税收征收管理法》第六十三条第一款的规定，纳税人伪造、变造、隐匿、擅自销毁账簿、记账凭证，或者在账簿上多列支出或者不列、少列收入，或者经税务机关通知申报而拒不申报或者进行虚假的纳税申报，不缴或者少缴应纳税款的，是偷税。本案中，根据在案证据证明的事实，某公司自2009年至2011年间通过提供服务取得收入7 896 400.52元，并使用其他公司领购的发票开具给接受服务方，未按规定申报缴纳企业所得税，违反了《中华人民共和国税收征收管理法》《中华人民共和国企业所得税法》中关于纳税人缴纳税款的规定，应当依法补缴税款，并按照《中华人民共和国税收征收管理法》《中华人民共和国税收征收管理法实施细则》的规定加收滞纳金。

根据《中华人民共和国企业所得税法》第五条、第八条关于企业应纳税所得额及相关扣除项的规定，税务机关在计算应纳税所得额时会对企业实际发生的与取得收入有关的成本、费用等支出予以扣除。本案中，税务机关作出要求提交书面陈述申辩意见及相关证据材料的通知后，丁某峰未提交证据材料，故税务机关根据对某公司自2009年1月1日至2011年12月31日的纳税检查结果，依据应纳税所得额、相关扣除项及适用税率等计算并认定自2009年至2011年的追缴税款，并无不当。

根据《中华人民共和国公司法》第二十条的规定，公司股东应当遵守法律、行政法规和公司章程，依法行使股东权利，不得滥用股东权利损害公司或者其他股东的利益；不得滥用公司法人独立地位和股东有限责任损害公司债权人的利益。《中华人民共和国税收征收管理法实施细则》第五十条规定，纳税人有解散、撤销、破产情形的，在清算前应当向其主管税务机关报告；未结清税款的，由其主管税务机关参加清算。《最高人民法院关于适用〈中华人民共和国公司法〉若干问题的规定（二）》（2014年修正）第十九条规定，有限责任公司的股东、股份有限公司的董事和控股股东，以及公司的实际控制人在公司解散后，恶意处置公司财产给债权人造成损失，或者未经依法清算，以虚假的清算报告骗取公司登记机关办理法人注销登记，债权人主张其对公司债务承担相应赔偿责任的，人民法院应依法予以支持。本案中，在案《企业注销登记申请表》等证据能够证明由丁某峰签字确认的"主办单位（主管部门）或清算组织证明清理债权债务情况及同意注销的意见"中载明"公司债权债务已清理完毕，各项税款及职工工资已结清"。后某公司于2012年5月16日被准予注销。在案的发票、证明等证据能够证明某公司在注销前未依法清缴所欠税款。丁某峰作为某公司唯一的股东，应当按照上述规定对某公司欠缴税款及滞纳金承担相应的法律责任。北京税务稽查局将丁某峰作为追缴税款的责任主体，并根据对某公司的查处及解缴情况，与对丁某峰所作追缴处理决定进行相应的退抵，亦无不当。

根据《中华人民共和国行政复议法》第十七条、第二十三条、第三十一条第一款等关于行政复议的受理、审查、程序、时限等相关规定，北京税务局在收到丁某峰所提行政复议申请后，履行了受理、调查、延期、送达等程序，经审查作出被诉复议决定，符合上述法律规定。

综上，一审法院判决驳回丁某峰的诉讼请求正确，本院予以维持。丁某峰的上诉请求无事实及法律依据，本院不予支持。依照《中华人民共和国行政诉讼法》第八十九条第一款第一项的规定，判决如下：

驳回上诉，维持一审判决。

2020年12月21日

三、未依法扣除资产成本

（一）违法主体

1.在中华人民共和国境内，企业和其他取得收入的组织（以下统称企业）为企业所得税的纳税人，依照《中华人民共和国企业所得税法》的规定缴纳企业所得税。

2.居民企业,是指依法在中国境内成立,或者依照外国(地区)法律成立但实际管理机构在中国境内的企业。

(二)构成要件

1.企业的各项资产,包括固定资产、生物资产、无形资产、长期待摊费用、投资资产、存货等,以历史成本为计税基础。历史成本,是指企业取得该项资产时实际发生的支出。企业持有各项资产期间资产增值或者减值,除国务院财政、税务主管部门规定可以确认损益外,不得调整该资产的计税基础。

2.在计算应纳税所得额时,企业按照规定计算的固定资产折旧,准予扣除。固定资产,是指企业为生产产品、提供劳务、出租或者经营管理而持有的、使用时间超过12个月的非货币性资产,包括房屋、建筑物、机器、机械、运输工具以及其他与生产经营活动有关的设备、器具、工具等。

3.下列固定资产不得计算折旧扣除:

(1)房屋、建筑物以外未投入使用的固定资产;

(2)以经营租赁方式租入的固定资产;

(3)以融资租赁方式租出的固定资产;

(4)已足额提取折旧仍继续使用的固定资产;

(5)与经营活动无关的固定资产;

(6)单独估价作为固定资产入账的土地;

(7)其他不得计算折旧扣除的固定资产。

2.固定资产按照以下方法确定计税基础:

(1)外购的固定资产,以购买价款和支付的相关税费以及直接归属于使该资产达到预定用途发生的其他支出为计税基础;

(2)自行建造的固定资产,以竣工结算前发生的支出为计税基础;

(3)融资租入的固定资产,以租赁合同约定的付款总额和承租人在签订租赁合同过程中发生的相关费用为计税基础,租赁合同未约定付款总额的,以该资产的公允价值和承租人在签订租赁合同过程中发生的相关费用为计税基础;

(4)盘盈的固定资产,以同类固定资产的重置完全价值为计税基础;

(5)通过捐赠、投资、非货币性资产交换、债务重组等方式取得的固定资产,以该资产的公允价值和支付的相关税费为计税基础;

(6)改建的固定资产,除《中华人民共和国企业所得税法》第十三条第(一)项和第(二)项规定的支出外,以改建过程中发生的改建支出增加计税基础。

3.固定资产按照直线法计算的折旧,准予扣除。企业应当自固定资产投入使用月份的次月起计算折旧；停止使用的固定资产，应当自停止使用月份的次月起停止计算折旧。企业应当根据固定资产的性质和使用情况，合理确定固定资产的预计净残值。固定资产的预计净残值一经确定，不得变更。

4. 除国务院财政、税务主管部门另有规定外，固定资产计算折旧的最低年限如下：

（1）房屋、建筑物，为20年；

（2）飞机、火车、轮船、机器、机械和其他生产设备，为10年；

（3）与生产经营活动有关的器具、工具、家具等，为5年；

（4）飞机、火车、轮船以外的运输工具，为4年；

（5）电子设备，为3年。

5. 生产性生物资产按照以下方法确定计税基础：

（1）外购的生产性生物资产，以购买价款和支付的相关税费为计税基础；

（2）通过捐赠、投资、非货币性资产交换、债务重组等方式取得的生产性生物资产，以该资产的公允价值和支付的相关税费为计税基础。

生产性生物资产，是指企业为生产农产品、提供劳务或者出租等而持有的生物资产，包括经济林、薪炭林、产畜和役畜等。

6. 生产性生物资产按照直线法计算的折旧，准予扣除。企业应当自生产性生物资产投入使用月份的次月起计算折旧；停止使用的生产性生物资产，应当自停止使用月份的次月起停止计算折旧。企业应当根据生产性生物资产的性质和使用情况，合理确定生产性生物资产的预计净残值。生产性生物资产的预计净残值一经确定，不得变更。

7. 生产性生物资产计算折旧的最低年限如下：

（1）林木类生产性生物资产，为10年；

（2）畜类生产性生物资产，为3年。

8. 在计算应纳税所得额时，企业按照规定计算的无形资产摊销费用，准予扣除。无形资产，是指企业为生产产品、提供劳务、出租或者经营管理而持有的、没有实物形态的非货币性长期资产，包括专利权、商标权、著作权、土地使用权、非专利技术、商誉等。

9. 下列无形资产不得计算摊销费用扣除：

（1）自行开发的支出已在计算应纳税所得额时扣除的无形资产；

（2）自创商誉；

（3）与经营活动无关的无形资产；

（4）其他不得计算摊销费用扣除的无形资产。

10. 无形资产按照以下方法确定计税基础：

（1）外购的无形资产，以购买价款和支付的相关税费以及直接归属于使该资产达到预定用途发生的其他支出为计税基础；

（2）自行开发的无形资产，以开发过程中该资产符合资本化条件后至达到预定用途前发生的支出为计税基础；

（3）通过捐赠、投资、非货币性资产交换、债务重组等方式取得的无形资产，以该资产的公允价值和支付的相关税费为计税基础。

11. 无形资产按照直线法计算的摊销费用，准予扣除。无形资产的摊销年限不得低于10年。作为投资或者受让的无形资产，有关法律规定或者合同约定了使用年限的，可以按照规定或者约定的使用年限分期摊销。外购商誉的支出，在企业整体转让或者清算时，准予扣除。

12. 在计算应纳税所得额时，企业发生的下列支出作为长期待摊费用，按照规定摊销的，准予扣除：

（1）已足额提取折旧的固定资产的改建支出；

（2）租入固定资产的改建支出；

（3）固定资产的大修理支出；

（4）其他应当作为长期待摊费用的支出。

13. 企业对外投资期间，投资资产的成本在计算应纳税所得额时不得扣除。投资资产，是指企业对外进行权益性投资和债权性投资形成的资产。企业在转让或者处置投资资产时，投资资产的成本，准予扣除。

14. 投资资产按照以下方法确定成本：

（1）通过支付现金方式取得的投资资产，以购买价款为成本；

（2）通过支付现金以外的方式取得的投资资产，以该资产的公允价值和支付的相关税费为成本。

15. 企业使用或者销售存货，按照规定计算的存货成本，准予在计算应纳税所得额时扣除。存货，是指企业持有以备出售的产品或者商品、处在生产过程中的在产品、在生产或者提供劳务过程中耗用的材料和物料等。

16. 存货按照以下方法确定成本：

（1）通过支付现金方式取得的存货，以购买价款和支付的相关税费为成本；

（2）通过支付现金以外的方式取得的存货，以该存货的公允价值和支付的相关税费为成本；

（3）生产性生物资产收获的农产品，以产出或者采收过程中发生的材料费、人工费和分摊的间接费用等必要支出为成本。

企业使用或者销售的存货的成本计算方法，可以在先进先出法、加权平均法、个别计价法中选用一种。计价方法一经选用，不得随意变更。

17.除国务院财政、税务主管部门另有规定外，企业在重组过程中，应当在交易发生时确认有关资产的转让所得或者损失，相关资产应当按照交易价格重新确定计税基础。

（三）法律责任

1.纳税人、扣缴义务人按照法律、行政法规规定或者税务机关依照法律、行政法规的规定确定的期限，缴纳或者解缴税款。

2.纳税人未按照规定期限缴纳税款的，扣缴义务人未按照规定期限解缴税款的，税务机关除责令限期缴纳外，从滞纳税款之日起，按日加收滞纳税款万分之五的滞纳金。

3.纳税人伪造、变造、隐匿、擅自销毁账簿、记账凭证，或者在账簿上多列支出或者不列、少列收入，或者经税务机关通知申报而拒不申报或者进行虚假的纳税申报，不缴或者少缴应纳税款的，是偷税。对纳税人偷税的，由税务机关追缴其不缴或者少缴的税款、滞纳金，并处不缴或者少缴的税款50%以上5倍以下的罚款；构成犯罪的，依法追究刑事责任。

第三节　企业所得税优惠政策风险

一、违法享受西部大开发税收优惠

（一）违法主体

1.在中华人民共和国境内，企业和其他取得收入的组织（以下统称企业）为企业所得税的纳税人，依照《中华人民共和国企业所得税法》的规定缴纳企业所得税。

2.居民企业，是指依法在中国境内成立，或者依照外国（地区）法律成立但实际管理机构在中国境内的企业。

（二）构成要件

1.企业所得税的税率为25%。

2.自2021年1月1日至2030年12月31日，对设在西部地区的鼓励类产业企业减按15%的税率征收企业所得税。鼓励类产业企业是指以《西部地区鼓励类产业目录》中规定的产业项目为主营业务，且其主营业务收入占企业收入总额60%以上的企业。

3.《西部地区鼓励类产业目录》由发展改革委牵头制定。该目录在上述执行期限内修订的，自修订版实施之日起按新版本执行。

4.税务机关在后续管理中，不能准确判定企业主营业务是否属于国家鼓励类产业项目时，可提请发展改革等相关部门出具意见。对不符合税收优惠政策规定条件的，由税务机关按税收征收管理法及有关规定进行相应处理。具体办法由省级发展改革、税务部门另行制定。

5.西部地区包括内蒙古自治区、广西壮族自治区、重庆市、四川省、贵州省、云南省、西藏自治区、陕西省、甘肃省、青海省、宁夏回族自治区、新疆维吾尔自治区和新疆生产建设兵团。湖南省湘西土家族苗族自治州、湖北省恩施土家族苗族自治州、吉林省延边朝鲜族自治州和江西省赣州市，可以比照西部地区的企业所得税政策执行。

（三）法律责任

1.纳税人、扣缴义务人按照法律、行政法规规定或者税务机关依照法律、行政法规的规定确定的期限，缴纳或者解缴税款。

2.纳税人未按照规定期限缴纳税款的，扣缴义务人未按照规定期限解缴税款的，税务机关除责令限期缴纳外，从滞纳税款之日起，按日加收滞纳税款万分之五的滞纳金。

3.纳税人伪造、变造、隐匿、擅自销毁账簿、记账凭证，或者在账簿上多列支出或者不列、少列收入，或者经税务机关通知申报而拒不申报或者进行虚假的纳税申报，不缴或者少缴应纳税款的，是偷税。对纳税人偷税的，由税务机关追缴其不缴或者少缴的税款、滞纳金，并处不缴或者少缴的税款50%以上5倍以下的罚款；构成犯罪的，依法追究刑事责任。

二、违法享受经营性文化事业单位转制为企业税收优惠

（一）违法主体

转制为企业的经营性文化事业单位。

（二）构成要件

1.经营性文化事业单位转制为企业，可以享受以下税收优惠政策：

（1）经营性文化事业单位转制为企业，自转制注册之日起5年内免征企业所得税；

（2）由财政部门拨付事业经费的文化单位转制为企业，自转制注册之日起5年内对其自用房产免征房产税；

（3）党报、党刊将其发行、印刷业务及相应的经营性资产剥离组建的文化企业，自注册之日起所取得的党报、党刊发行收入和印刷收入免征增值税；

（4）对经营性文化事业单位转制中资产评估增值、资产转让或划转涉及的企业所得税、增值税、城市维护建设税、契税、印花税等，符合现行规定的享受相应税收优惠政策。

上述所称"经营性文化事业单位"，是指从事新闻出版、广播影视和文化艺术的事业单位。转制包括整体转制和剥离转制。其中，整体转制包括：（图书、音像、电子）出版社、非时政类报刊出版单位、新华书店、艺术院团、电影制片厂、电影（发行放映）公司、影剧院、重点新闻网站等整体转制为企业；剥离转制包括：新闻媒体中的广告、印刷、发行、传输网络等部分，以及影视剧等节目制作与销售机构，从事业体制中剥离出来转制为企业。

上述所称"转制注册之日"，是指经营性文化事业单位转制为企业并进行企业法人登记之日。对于经营性文化事业单位转制前已进行企业法人登记，则按注销事业单位法人登记之日，或者核销事业编制的批复之日（转制前未进行事业单位法人登记的）确定转制完成并享受上述所规定的税收优惠政策。

2.享受税收优惠政策的转制文化企业应同时符合以下条件：

（1）根据相关部门的批复进行转制；

（2）转制文化企业已进行企业法人登记；

（3）整体转制前已进行事业单位法人登记的，转制后已核销事业编制、注销事业单位法人；整体转制前未进行事业单位法人登记的，转制后已核销事业编制；

（4）已同在职职工全部签订劳动合同，按企业办法参加社会保险；

（5）转制文化企业引入非公有资本和境外资本的，须符合国家法律法规和政策规定；变更资本结构依法应经批准的，需经行业主管部门和国有文化资产监管部门批准。

上述政策适用于所有转制文化单位。中央所属转制文化企业的认定，由中央宣传部会同财政部、税务总局确定并发布名单；地方所属转制文化企业的认定，按照登记管理权限，由地方各级宣传部门会同同级财政、税务部门确定和发布名单，并按程序抄送中央宣传部、财政部和税务总局。

已认定发布的转制文化企业名称发生变更的，如果主营业务未发生变化，可持同级党委宣传部门出具的同意变更函，到主管税务机关履行变更手续；如果主营业务发生变化，依照上述规定的条件重新认定。

3.经认定的转制文化企业，应按有关税收优惠事项管理规定办理优惠手续，申报享受税收优惠政策。企业应将转制方案批复函，企业营业执照，同级机构编制管理机关核销事业编制、注销事业单位法人的证明，与在职职工签订劳动合同、按企业办法参加社会保险制度的有关材料，相关部门对引入非公有资本和境外资本、变更资本结构的批准文件等留存备查，税务部门依法加强后续管理。

4.对已转制企业按照上述规定应予减免的税款，在文件下发以前已经征收入库的，可抵减以后纳税期应缴税款或办理退库。

5.上述规定的税收政策执行至2027年12月31日。企业在2027年12月31日享受上述第1条第（1）（2）项税收政策不满5年的，可继续享受至5年期满为止。

（三）法律责任

1.未经认定的转制文化企业或转制文化企业不符合上述规定的，不得享受相关税收优惠政策。已享受优惠的，主管税务机关应追缴其已减免的税款。

2.纳税人、扣缴义务人按照法律、行政法规规定或者税务机关依照法律、行政法规的规定确定的期限，缴纳或者解缴税款。

3.纳税人未按照规定期限缴纳税款的，扣缴义务人未按照规定期限解缴税款的，税务机关除责令限期缴纳外，从滞纳税款之日起，按日加收滞纳税款万分之五的滞纳金。

4.纳税人伪造、变造、隐匿、擅自销毁账簿、记账凭证，或者在账簿上多列支出或者不列、少列收入，或者经税务机关通知申报而拒不申报或者进行虚假的纳税申报，不缴或者少缴应纳税款的，是偷税。对纳税人偷税的，由税务机关追缴其不缴或者少缴的税款、滞纳金，并处不缴或者少缴的税款50%以上5倍以下的罚款；构成犯罪的，依法追究刑事责任。

（四）典型案例

2024年7月，厦门市税务局按照税务总局工作部署，加强对税费优惠政策落实领域的监督执纪工作，1名税务人员内外勾结帮助不符合税费优惠政策享受条件的企业骗取税款被移送司法部门处理。

经查，厦门市某区税务局税源管理二科二级主办林某内外勾结，在明知企业不符合税费优惠政策享受条件的情况下，利用其担任税源管理员的职务便利，违规予以审核通过，并从骗取的税款中分成牟利。林某涉嫌犯罪问题已移送司法部门处理。

税务总局有关负责人表示，将进一步加强对税务人员落实税费优惠政策的监督检查，对内外勾结、通同作弊等违纪违法行为，深入开展一案双查，发现一起、查处一起，依法严惩、绝不姑息，持续释放全面从严、一严到底的强烈信号，确保税费优惠政策落稳落好。

三、违法享受生产和装配伤残人员专门用品免征企业所得税优惠政策

（一）违法主体

享受生产和装配伤残人员专门用品免征企业所得税优惠政策的纳税人。

（二）构成要件

1. 对符合下列条件的居民企业，免征企业所得税：

（1）生产和装配伤残人员专门用品，且在民政部发布的《中国伤残人员专门用品目录》范围之内；

（2）以销售本企业生产或者装配的伤残人员专门用品为主，其所取得的年度伤残人员专门用品销售收入(不含出口取得的收入)占企业收入总额60%以上。收入总额，是指《中华人民共和国企业所得税法》第六条规定的收入总额。

（3）企业账证健全，能够准确、完整地向主管税务机关提供纳税资料，且本企业生产或者装配的伤残人员专门用品所取得的收入能够单独、准确核算。

（4）企业拥有假肢制作师、矫形器制作师资格证书的专业技术人员不得少于1人；其企业生产人员如超过20人，则其拥有假肢制作师、矫形器制作师资格证书的专业技术人员不得少于全部生产人员的1/6。

（5）具有与业务相适应的测量取型、模型加工、接受腔成型、打磨、对线组装、功能训练等生产装配专用设备和工具。

（6）具有独立的接待室、假肢或者矫形器（辅助器具）制作室和假肢功能训练室，使用面积不少于115平方米。

2. 符合上述规定条件的企业，按照《国家税务总局关于发布修订后的〈企业所得税优惠政策事项办理办法〉的公告》（国家税务总局公告2018年第23号）的规定，采取"自行判别、申报享受、相关资料留存备查"的办理方式享受税收优惠政策。

3. 上述政策执行至2027年12月31日。

（三）法律责任

1. 企业享受优惠事项后发现其不符合优惠事项规定条件的，应当依法及时

自行调整并补缴税款及滞纳金。

2.企业未能按照税务机关要求提供留存备查资料，或者提供的留存备查资料与实际生产经营情况、财务核算情况、相关技术领域、产业、目录、资格证书等不符，无法证实符合优惠事项规定条件的，或者存在弄虚作假情况的，税务机关将依法追缴其已享受的企业所得税优惠，并按照《中华人民共和国税收征收管理法》等相关规定处理。

四、违法享受支持农村金融发展的企业所得税优惠政策

（一）违法主体

享受支持农村金融发展的企业所得税优惠政策的纳税人。

（二）构成要件

1.对金融机构农户小额贷款的利息收入，在计算应纳税所得额时，按90%计入收入总额。

2.对保险公司为种植业、养殖业提供保险业务取得的保费收入，在计算应纳税所得额时，按90%计入收入总额。

3.上述所称农户，是指长期（一年以上）居住在乡镇（不包括城关镇）行政管理区域内的住户，还包括长期居住在城关镇所辖行政村范围内的住户和户口不在本地而在本地居住一年以上的住户，国有农场的职工和农村个体工商户。位于乡镇（不包括城关镇）行政管理区域内和在城关镇所辖行政村范围内的国有经济的机关、团体、学校、企事业单位的集体户；有本地户口，但举家外出谋生一年以上的住户，无论是否保留承包耕地均不属于农户。农户以户为统计单位，既可以从事农业生产经营，也可以从事非农业生产经营。农户贷款的判定应以贷款发放时的承贷主体是否属于农户为准。

4.上述所称小额贷款，是指单笔且该农户贷款余额总额在10万元（含本数）以下的贷款。

5.上述所称保费收入，是指原保险保费收入加上分保费收入减去分出保费后的余额。

6.金融机构应对符合条件的农户小额贷款利息收入进行单独核算，不能单独核算的不得适用上述第1条规定的优惠政策。

7.上述政策执行至2027年12月31日。

（三）法律责任

1. 纳税人弄虚作假享受上述税收优惠政策的，由税务机关追缴税款及滞纳金并依照《中华人民共和国税收征收管理法》的相关规定追究法律责任。

2. 纳税人、扣缴义务人按照法律、行政法规规定或者税务机关依照法律、行政法规的规定确定的期限，缴纳或者解缴税款。

3. 纳税人未按照规定期限缴纳税款的，扣缴义务人未按照规定期限解缴税款的，税务机关除责令限期缴纳外，从滞纳税款之日起，按日加收滞纳税款万分之五的滞纳金。

4. 纳税人伪造、变造、隐匿、擅自销毁账簿、记账凭证，或者在账簿上多列支出或者不列、少列收入，或者经税务机关通知申报而拒不申报或者进行虚假的纳税申报，不缴或者少缴应纳税款的，是偷税。对纳税人偷税的，由税务机关追缴其不缴或者少缴的税款、滞纳金，并处不缴或者少缴的税款50%以上5倍以下的罚款；构成犯罪的，依法追究刑事责任。

第七章 个人所得税缴纳风险

第一节 个人所得税偷税风险

一、未依法申报经营所得逃税罪

（一）违法主体

在中国境内有住所，或者无住所而一个纳税年度内在中国境内居住累计满183天的个人。

（二）构成要件

1. 经营所得，是指：

（1）个体工商户从事生产、经营活动取得的所得，个人独资企业投资人、合伙企业的个人合伙人来源于境内注册的个人独资企业、合伙企业生产、经营的所得。

（2）个人依法从事办学、医疗、咨询以及其他有偿服务活动取得的所得。

（3）个人对企业、事业单位承包经营、承租经营以及转包、转租取得的所得。

（4）个人从事其他生产、经营活动取得的所得。

2. 经营所得，以每一纳税年度的收入总额减除成本、费用以及损失后的余额，为应纳税所得额。成本、费用，是指生产、经营活动中发生的各项直接支出和分配计入成本的间接费用以及销售费用、管理费用、财务费用；所称损失，是指生产、经营活动中发生的固定资产和存货的盘亏、毁损、报废损失，转让财产损失，坏账损失，自然灾害等不可抗力因素造成的损失以及其他损失。

3. 建筑安装业，包括建筑、安装、修缮、装饰及其他工程作业。从事建筑安装业的工程承包人、个体户及其他个人为个人所得税的纳税义务人。其从事建筑安装业取得的所得，应依法缴纳个人所得税。

4.承包建筑安装业各项工程作业的承包人取得的所得，应区别不同情况计征个人所得税：经营成果归承包人个人所有的所得，或按照承包合同（协议）规定，将一部分经营成果留归承包人个人的所得，按经营所得项目征税；以其他分配方式取得的所得，按工资、薪金所得项目征税。

5.从事建筑安装业的个体工商户和未领取营业执照承揽建筑安装业工程作业的建筑安装队和个人，以及建筑安装企业实行个人承包后工商登记改变为个体经济性质的，其从事建筑安装业取得的收入应依照经营所得项目计征个人所得税。

6.从事建筑安装业工程作业的其他人员取得的所得，分别按照工资、薪金所得项目和劳务报酬所得项目计征个人所得税。

7.从事建筑安装业的单位和个人，应依法办理税务登记。在异地从事建筑安装业的单位和个人，必须自工程开工之日前3日内，持营业执照、外出经营活动税收管理证明、城建部门批准开工的文件和工程承包合同（协议）、开户银行账号以及主管税务机关要求提供的其他资料向主管税务机关办理有关登记手续。

8.对未领取营业执照承揽建筑安装业工程作业的单位和个人，主管税务机关可以根据其工程规模，责令其缴纳一定数额的纳税保证金。在规定的期限内结清税款后，退还纳税保证金；逾期未结清税款的，以纳税保证金抵缴应纳税款和滞纳金。

9.从事建筑安装业的单位和个人应设置会计账簿，健全财务制度，准确、完整地进行会计核算。对未设立会计账簿，或者不能准确、完整地进行会计核算的单位和个人，主管税务机关可根据其工程规模、工程承包合同（协议）价款和工程完工进度等情况，核定其应纳税所得额或应纳税额，据以征税。具体核定办法由县以上（含县级）税务机关制定。

10.从事建筑安装业工程作业的单位和个人应按照主管税务机关的规定，购领、填开和保管建筑安装业专用发票或许可使用的其他发票。

11.建筑安装业的个人所得税，由扣缴义务人代扣代缴和纳税人自行申报缴纳。

12.承揽建筑安装业工程作业的单位和个人是个人所得税的代扣代缴义务人，应在向个人支付收入时依法代扣代缴其应纳的个人所得税。

13.没有扣缴义务人的和扣缴义务人未按规定代扣代缴税款的，纳税人应自行向主管税务机关申报纳税。

14.按经营所得以及工资、薪金所得项目征税所涉及的纳税人和扣缴义务人应按每月工程完工量预缴、预扣个人所得税，按年结算。一项工程跨年度作业的，应按各年所得预缴、预扣和结算个人所得税。难以划分各年所得的，可以按月预缴、预扣税款，并在工程完工后按各年度工程完工量分摊所得并结算税款。

15. 扣缴义务人每月所扣的税款，自行申报纳税人每月应纳的税款，应当在次月7日内缴入国库，并向主管税务机关报送扣缴个人所得税报告表或纳税申报表以及税务机关要求报送的其他资料。

16. 对扣缴义务人按照所扣缴的税款，付给2%的手续费。

17. 建筑安装业单位所在地税务机关和工程作业所在地税务机关双方可以协商有关个人所得税代扣代缴和征收的具体操作办法，都有权对建筑安装业单位和个人依法进行税收检查，并有权依法处理其违反税收规定的行为。但一方已经处理的，另一方不得重复处理。

（三）法律责任

1. 从事生产、经营活动，未提供完整、准确的纳税资料，不能正确计算应纳税所得额的，由主管税务机关核定应纳税所得额或者应纳税额。

2. 纳税人、扣缴义务人按照法律、行政法规规定或者税务机关依照法律、行政法规的规定确定的期限，缴纳或者解缴税款。

3. 纳税人未按照规定期限缴纳税款的，扣缴义务人未按照规定期限解缴税款的，税务机关除责令限期缴纳外，从滞纳税款之日起，按日加收滞纳税款万分之五的滞纳金。

4. 纳税人采取欺骗、隐瞒手段进行虚假纳税申报或者不申报，逃避缴纳税款数额较大并且占应纳税额10%以上的，处3年以下有期徒刑或者拘役，并处罚金；数额巨大并且占应纳税额30%以上的，处3年以上7年以下有期徒刑，并处罚金。

二、未依法申报股权转让所得逃税罪

（一）违法主体

在中国境内有住所，或者无住所而一个纳税年度内在中国境内居住累计满183天的个人。

（二）构成要件

1. 下列各项个人所得，应当缴纳个人所得税：

（1）工资、薪金所得；

（2）劳务报酬所得；

（3）稿酬所得；

（4）特许权使用费所得；

（5）经营所得；

（6）利息、股息、红利所得；

（7）财产租赁所得；

（8）财产转让所得；

（9）偶然所得。

2.财产转让所得，是指个人转让有价证券、股权、合伙企业中的财产份额、不动产、机器设备、车船以及其他财产取得的所得。

3.财产转让所得，以转让财产的收入额减除财产原值和合理费用后的余额，为应纳税所得额。

4.财产转让所得，适用比例税率，税率为20%。

5.股权转让是指个人将股权转让给其他个人或法人的行为，包括以下情形：

（1）出售股权；

（2）公司回购股权；

（3）发行人首次公开发行新股时，被投资企业股东将其持有的股份以公开发行方式一并向投资者发售；

（4）股权被司法或行政机关强制过户；

（5）以股权对外投资或进行其他非货币性交易；

（6）以股权抵偿债务；

（7）其他股权转移行为。

6.个人转让股权，以股权转让收入减除股权原值和合理费用后的余额为应纳税所得额，按"财产转让所得"缴纳个人所得税。合理费用是指股权转让时按照规定支付的有关税费。

7.个人股权转让所得个人所得税，以股权转让方为纳税人，以受让方为扣缴义务人。

8.扣缴义务人应于股权转让相关协议签订后5个工作日内，将股权转让的有关情况报告主管税务机关。

9.被投资企业应当详细记录股东持有本企业股权的相关成本，如实向税务机关提供与股权转让有关的信息，协助税务机关依法执行公务。

（三）法律责任

1. 纳税人、扣缴义务人按照法律、行政法规规定或者税务机关依照法律、行政法规的规定确定的期限，缴纳或者解缴税款。

2. 纳税人未按照规定期限缴纳税款的，扣缴义务人未按照规定期限解缴税款的，税务机关除责令限期缴纳外，从滞纳税款之日起，按日加收滞纳税款万分之五的滞纳金。

3. 纳税人采取欺骗、隐瞒手段进行虚假纳税申报或者不申报，逃避缴纳税款数额较大并且占应纳税额10%以上的，处3年以下有期徒刑或者拘役，并处罚金；数额巨大并且占应纳税额30%以上的，处3年以上7年以下有期徒刑，并处罚金。

三、未依法申报房产转让所得逃税罪

（一）违法主体

在中国境内有住所，或者无住所而一个纳税年度内在中国境内居住累计满183天的个人。

（二）构成要件

1. 下列各项个人所得，应当缴纳个人所得税：
（1）工资、薪金所得；
（2）劳务报酬所得；
（3）稿酬所得；
（4）特许权使用费所得；
（5）经营所得；
（6）利息、股息、红利所得；
（7）财产租赁所得；
（8）财产转让所得；
（9）偶然所得。

2. 财产转让所得，是指个人转让有价证券、股权、合伙企业中的财产份额、不动产、机器设备、车船以及其他财产取得的所得。

3. 财产转让所得，以转让财产的收入额减除财产原值和合理费用后的余额，为应纳税所得额。

4. 财产转让所得，适用比例税率，税率为20%。

（三）法律责任

1. 纳税人、扣缴义务人按照法律、行政法规规定或者税务机关依照法律、行政法规的规定确定的期限，缴纳或者解缴税款。

2. 纳税人未按照规定期限缴纳税款的，扣缴义务人未按照规定期限解缴税款的，税务机关除责令限期缴纳外，从滞纳税款之日起，按日加收滞纳税款万分之五的滞纳金。

3. 纳税人采取欺骗、隐瞒手段进行虚假纳税申报或者不申报，逃避缴纳税款数额较大并且占应纳税额10%以上的，处3年以下有期徒刑或者拘役，并处罚金；数额巨大并且占应纳税额30%以上的，处3年以上7年以下有期徒刑，并处罚金。

四、未依法申报股息所得逃税罪

（一）违法主体

在中国境内有住所，或者无住所而一个纳税年度内在中国境内居住累计满183天的个人。

（二）构成要件

1. 下列各项个人所得，应当缴纳个人所得税：
（1）工资、薪金所得；
（2）劳务报酬所得；
（3）稿酬所得；
（4）特许权使用费所得；
（5）经营所得；
（6）利息、股息、红利所得；
（7）财产租赁所得；
（8）财产转让所得；
（9）偶然所得。

2. 利息、股息、红利所得，是指个人拥有债权、股权等而取得的利息、股息、红利所得。

3. 个人独资企业、合伙企业的个人投资者以企业资金为本人、家庭成员及其相关人员支付与企业生产经营无关的消费性支出及购买汽车、住房等财产性支出，视为企业对个人投资者的利润分配，并入投资者个人的生产经营所得，依照"经营所得"项目计征个人所得税。

4.除个人独资企业、合伙企业以外的其他企业的个人投资者,以企业资金为本人、家庭成员及其相关人员支付与企业生产经营无关的消费性支出及购买汽车、住房等财产性支出,视为企业对个人投资者的红利分配,依照"利息、股息、红利所得"项目计征个人所得税。

5.纳税年度内个人投资者从其投资企业(个人独资企业、合伙企业除外)借款,在该纳税年度终了后既不归还,又未用于企业生产经营的,其未归还的借款可视为企业对个人投资者的红利分配,依照"利息、股息、红利所得"项目计征个人所得税。

(三)法律责任

1.纳税人、扣缴义务人按照法律、行政法规规定或者税务机关依照法律、行政法规的规定确定的期限,缴纳或者解缴税款。

2.纳税人未按照规定期限缴纳税款的,扣缴义务人未按照规定期限解缴税款的,税务机关除责令限期缴纳外,从滞纳税款之日起,按日加收滞纳税款万分之五的滞纳金。

3.纳税人采取欺骗、隐瞒手段进行虚假纳税申报或者不申报,逃避缴纳税款数额较大并且占应纳税额10%以上的,处3年以下有期徒刑或者拘役,并处罚金;数额巨大并且占应纳税额30%以上的,处3年以上7年以下有期徒刑,并处罚金。

(四)典型案例

湖南省郴州市苏仙区人民法院
刑 事 判 决 书

(2018)湘1003刑初316号

公诉机关:湖南省郴州市苏仙区人民检察院。

被告人:林某某,经商。因涉嫌犯逃税罪于2017年12月6日被郴州市公安局苏仙分局刑事拘留,同年12月20日被郴州市公安局苏仙分局取保候审,同年5月16日经郴州市苏仙区人民检察院决定被取保候审,同年10月26日经本院决定被郴州市公安局苏仙分局依法逮捕,押于郴州市看守所。

湖南省郴州市苏仙区人民检察院以郴苏检公诉刑诉〔2018〕312号起诉书指控被告人林某某犯逃税罪,于2018年10月22日向本院提起公诉。本院经审查后于同日立案,依法适用普通程序,并依法组成合议庭,于同年12月5日公开开庭审理了本案。现已审理终结。

……

经审理查明,郴州亿森房地产开发有限公司(以下简称"郴州亿森公司")成立于2008年3月28日,注册资本3 000万元,公司股东共四名,分别是福建冠恒投资发展有限公司、林某1、陈某、被告人林某某。福建冠恒投资发展有限公司占股36.835%、林某1占股28.707%、陈某占股17.823%、被告人林某某占股16.635%。被告人林某某名下的股份投资共计700万元,其中被告人林某某投资125万元,林某3、刘某2、林某5、林某2、刘某1等人共投资575万元。2008年,中国国际贸易促进委员会郴州支会在招商引资活动中引进了郴州亿森公司。

2008年,郴州亿森公司以招投标的方式拍得郴江路爱莲湖附近占地17.5亩的一块地,用于建设"爱莲名城"项目,总投资1.3亿元,项目负责人是被告人林某某。2011年1月至2014年间,郴州亿森公司以退回借款的形式给各股东予以分红,其中,林某1分得861.21万元,陈某分得534.69万元,被告人林某某分得499.05万元。被告人林某某将所获分红款按比例分给了其名下的各投资人,其中被告人林某某分得36.55万元,林某3、刘某2、林某5等人共分得462.5万元。

2015年12月12日,郴州亿森公司召开第一次董事会,会议内容:1.关于剩余房源按股东股权比例包干销售的议案;2.关于如何合理安排公司现有资金使用的议案。被告人林某某因不服郴州亿森公司董事会决议,于2016年1月12日向本院提起诉讼,同年3月15日,本院判决驳回被告人林某某的诉讼请求,被告人林某某向郴州市中级人民法院提出上诉,郴州市中级人民法院判决驳回上诉,维持原判。被告人林某某遂向税务机关、纪委等部门举报郴州亿森公司偷逃巨额税款的事实。2016年9月中旬,地税机关成立了省、市、区三级联动办案,由郴州市地方税务局稽查局牵头,对郴州亿森公司2011年至2015年的涉税情况进行检查,同年12月5日查出郴州亿森公司应补缴个人所得税382.63万元,其中林某1应补缴个人所得税172.24万元、陈某应补缴个人所得税110.58万元、被告人林某某应补缴个人所得税99.81万元。郴州市苏仙区地方税务局稽查局下达苏地税稽限改〔2016〕5号、6号责令限期改正通知书,限期补缴个人所得税。之后,林某1按期补缴个人所得税172.24万元,陈某按期补缴个人所得税110.58万元,被告人林某某未按期补缴税款。郴州市苏仙区地方税务稽查局多次向被告人林某某下达追缴通知后,被告人林某某一直未到郴州市苏仙区地方税务局补缴个人所得税。郴州市苏仙区地方税务局将该案移送郴州市公安局苏仙分局,郴州市公安局苏仙分局于2017年11月21日以林某某涉嫌犯逃税罪立案侦查。2018年2月13日,郴州市苏仙区地方税务局稽查局作出苏地税稽罚〔2018〕2号税务行政处罚决定书,对被告人林某某处罚金10万元。

另查明,2017年12月6日,被告人林某某主动到郴州市公安局苏仙分局经济犯罪侦查大队投案,并如实供述自己的犯罪事实。2018年1月8日,被告人林某某补缴了个人所得税99.81万元,并缴纳行政处罚罚款10万元。

上述事实,有下列经庭审举证、质证的证据证实,本院予以确认:……

本院认为,被告人林某某从郴州亿森房地产开发有限公司取得"利息、股息、红利"不申报,逃避缴纳税款数额较大并且占应纳税额10%以上,其行为已构成逃税罪。公诉机关指控被告人林某某犯逃税罪罪名成立,本院予以支持。案发后,被告人林某某主动到公安机关投案,并如实供述自己的罪行,系自首。鉴于被告人林某某认罪态度较好,已经补缴了个人所得税,并交纳行政处罚罚款,且具有自首情节,依法可对其从轻处罚,并适用缓刑不致再危害社会,采纳被告人林某某的辩护人朱慧敏关于此节的辩护意见。据此,依照《中华人民共和国刑法》第二百零一条第一、三款、第六十七条第一款、第五十二条、第五十三条第一款、第七十二条第一、三款、第七十三条第二、三款和《中华人民共和国刑事诉讼法》第二百条第(一)项之规定,判决如下:

被告人林某某犯逃税罪,判处有期徒刑1年,缓刑1年,并处罚金10万元(罚金已缴清)。(缓刑考验期限,从判决确定之日起计算。)

2018年12月5日

第二节 个人所得税优惠政策风险

一、不符合免税条件构成逃税罪

(一)违法主体

在中国境内有住所,或者无住所而一个纳税年度内在中国境内居住累计满183天的个人。

(二)构成要件

1.下列各项个人所得,应当缴纳个人所得税:
(1)工资、薪金所得;
(2)劳务报酬所得;
(3)稿酬所得;
(4)特许权使用费所得;
(5)经营所得;

（6）利息、股息、红利所得；

（7）财产租赁所得；

（8）财产转让所得；

（9）偶然所得。

2. 利息、股息、红利所得，是指个人拥有债权、股权等而取得的利息、股息、红利所得。

3. 股权分置改革中非流通股股东通过对价方式向流通股股东支付的股份、现金等收入，暂免征收流通股股东应缴纳的企业所得税和个人所得税。

4. 自 2010 年 1 月 1 日起，对个人转让限售股取得的所得，按照"财产转让所得"，适用 20% 的比例税率征收个人所得税。

5. 限售股，包括：

（1）上市公司股权分置改革完成后股票复牌日之前股东所持原非流通股股份，以及股票复牌日至解禁日期间由上述股份孳生的送、转股（以下统称股改限售股）；

（2）2006 年股权分置改革新老划断后，首次公开发行股票并上市的公司形成的限售股，以及上市首日至解禁日期间由上述股份孳生的送、转股（以下统称新股限售股）；

（3）财政部、税务总局、法制办和证监会共同确定的其他限售股。

6. 个人转让限售股，以每次限售股转让收入，减除股票原值和合理税费后的余额，为应纳税所得额。即：

应纳税所得额＝限售股转让收入－（限售股原值＋合理税费）

应纳税额＝应纳税所得额 × 20%

7. 限售股转让收入，是指转让限售股股票实际取得的收入。限售股原值，是指限售股买入时的买入价及按照规定缴纳的有关费用。合理税费，是指转让限售股过程中发生的印花税、佣金、过户费等与交易相关的税费。

8. 如果纳税人未能提供完整、真实的限售股原值凭证的，不能准确计算限售股原值的，主管税务机关一律按限售股转让收入的 15% 核定限售股原值及合理税费。

9. 限售股转让所得个人所得税，以限售股持有者为纳税义务人，以个人股东开户的证券机构为扣缴义务人。限售股个人所得税由证券机构所在地主管税务机关负责征收管理。

（三）法律责任

1. 纳税人、扣缴义务人按照法律、行政法规规定或者税务机关依照法律、行政法规的规定确定的期限，缴纳或者解缴税款。

2. 纳税人未按照规定期限缴纳税款的，扣缴义务人未按照规定期限解缴税款的，税务机关除责令限期缴纳外，从滞纳税款之日起，按日加收滞纳税款万分之五的滞纳金。

3. 纳税人采取欺骗、隐瞒手段进行虚假纳税申报或者不申报，逃避缴纳税款数额较大并且占应纳税额 10% 以上的，处 3 年以下有期徒刑或者拘役，并处罚金；数额巨大并且占应纳税额 30% 以上的，处 3 年以上 7 年以下有期徒刑，并处罚金。

二、避税行为应依法缴纳个人所得税

（一）违法主体

在中国境内有住所，或者无住所而一个纳税年度内在中国境内居住累计满 183 天的个人。

（二）构成要件

1. 下列各项个人所得，应当缴纳个人所得税：
（1）工资、薪金所得；
（2）劳务报酬所得；
（3）稿酬所得；
（4）特许权使用费所得；
（5）经营所得；
（6）利息、股息、红利所得；
（7）财产租赁所得；
（8）财产转让所得；
（9）偶然所得。

2. 利息、股息、红利所得，是指个人拥有债权、股权等而取得的利息、股息、红利所得。

3. 利息、股息、红利所得，财产租赁所得，财产转让所得和偶然所得，适用比例税率，税率为 20%。

4. 利息、股息、红利所得和偶然所得，以每次收入额为应纳税所得额。

（三）法律责任

1. 纳税人、扣缴义务人按照法律、行政法规规定或者税务机关依照法律、行政法规的规定确定的期限，缴纳或者解缴税款。

2.纳税人未按照规定期限缴纳税款的，扣缴义务人未按照规定期限解缴税款的，税务机关除责令限期缴纳外，从滞纳税款之日起，按日加收滞纳税款万分之五的滞纳金。

三、网拍房应依法缴纳个人所得税

（一）违法主体

在中国境内有住所，或者无住所而一个纳税年度内在中国境内居住累计满183天的个人。

（二）构成要件

1.下列各项个人所得，应当缴纳个人所得税：

（1）工资、薪金所得；

（2）劳务报酬所得；

（3）稿酬所得；

（4）特许权使用费所得；

（5）经营所得；

（6）利息、股息、红利所得；

（7）财产租赁所得；

（8）财产转让所得；

（9）偶然所得。

2.利息、股息、红利所得，是指个人拥有债权、股权等而取得的利息、股息、红利所得。

3.利息、股息、红利所得，财产租赁所得，财产转让所得和偶然所得，适用比例税率，税率为20%。

4.利息、股息、红利所得和偶然所得，以每次收入额为应纳税所得额。

5.对住房转让所得征收个人所得税时，以实际成交价格为转让收入。纳税人申报的住房成交价格明显低于市场价格且无正当理由的，征收机关依法有权根据有关信息核定其转让收入，但必须保证各税种计税价格一致。

6.对转让住房收入计算个人所得税应纳税所得额时，纳税人可凭原购房合同、发票等有效凭证，经税务机关审核后，允许从其转让收入中减除房屋原值、转让住房过程中缴纳的税金及有关合理费用。

7.房屋原值具体包括以下几种情况。

（1）商品房：购置该房屋时实际支付的房价款及缴纳的相关税费。

（2）自建住房：实际发生的建造费用及建造和取得产权时实际交纳的相关税费。

（3）经济适用房（含集资合作建房、安居工程住房）：原购房人实际支付的房价款及相关税费，以及按规定交纳的土地出让金。经济适用房价格按县级（含县级）以上地方人民政府规定的标准确定。

（4）已购公有住房：原购公有住房标准面积按当地经济适用房价格计算的房价款，加上原购公有住房超标准面积实际支付的房价款以及按规定向财政部门（或原产权单位）交纳的所得收益及相关税费。已购公有住房是指城镇职工根据国家和县级（含县级）以上人民政府有关城镇住房制度改革政策规定，按照成本价（或标准价）购买的公有住房。

8.城镇拆迁安置住房：根据《城市房屋拆迁管理条例》（国务院令第305号）和《建设部关于印发〈城市房屋拆迁估价指导意见〉的通知》（建住房〔2003〕234号）等有关规定，其原值分别为：

（1）房屋拆迁取得货币补偿后购置房屋的，为购置该房屋实际支付的房价款及交纳的相关税费；

（2）房屋拆迁采取产权调换方式的，所调换房屋原值为《房屋拆迁补偿安置协议》注明的价款及交纳的相关税费；

（3）房屋拆迁采取产权调换方式，被拆迁人除取得所调换房屋，又取得部分货币补偿的，所调换房屋原值为《房屋拆迁补偿安置协议》注明的价款和交纳的相关税费，减去货币补偿后的余额；

（4）房屋拆迁采取产权调换方式，被拆迁人取得所调换房屋，又支付部分货币的，所调换房屋原值为《房屋拆迁补偿安置协议》注明的价款，加上所支付的货币及交纳的相关税费。

9.转让住房过程中缴纳的税金是指：纳税人在转让住房时实际缴纳的营业税、城市维护建设税、教育费附加、土地增值税、印花税等税金。

10.合理费用是指：纳税人按照规定实际支付的住房装修费用、住房贷款利息、手续费、公证费等费用。

11.支付的住房装修费用。纳税人能提供实际支付装修费用的税务统一发票，并且发票上所列付款人姓名与转让房屋产权人一致的，经税务机关审核，其转让的住房在转让前实际发生的装修费用，可在以下规定比例内扣除：

（1）已购公有住房、经济适用房：最高扣除限额为房屋原值的15%；

（2）商品房及其他住房：最高扣除限额为房屋原值的10%。

纳税人原购房为装修房，即合同注明房价款中含有装修费（铺装了地板，装配了洁具、厨具等）的，不得再重复扣除装修费用。

12. 支付的住房贷款利息。纳税人出售以按揭贷款方式购置的住房的，其向贷款银行实际支付的住房贷款利息，凭贷款银行出具的有效证明据实扣除。

13. 纳税人按照有关规定实际支付的手续费、公证费等，凭有关部门出具的有效证明据实扣除。

14. 纳税人未提供完整、准确的房屋原值凭证，不能正确计算房屋原值和应纳税额的，税务机关可根据《中华人民共和国税收征收管理法》第三十五条的规定，对其实行核定征税，即按纳税人住房转让收入的一定比例核定应纳个人所得税额。具体比例由省级地方税务局或者省级地方税务局授权的地市级地方税务局根据纳税人出售住房的所处区域、地理位置、建造时间、房屋类型、住房平均价格水平等因素，在住房转让收入1%～3%的幅度内确定。

（三）法律责任

1. 纳税人、扣缴义务人按照法律、行政法规规定或者税务机关依照法律、行政法规的规定确定的期限，缴纳或者解缴税款。

2. 纳税人未按照规定期限缴纳税款的，扣缴义务人未按照规定期限解缴税款的，税务机关除责令限期缴纳外，从滞纳税款之日起，按日加收滞纳税款万分之五的滞纳金。

四、违法享受上市公司股权激励优惠政策

（一）违法主体

享受上市公司股权激励优惠政策的纳税人。

（二）构成要件

1. 境内上市公司授予个人的股票期权、限制性股票和股权奖励，经向主管税务机关备案，个人可自股票期权行权、限制性股票解禁或取得股权奖励（以下简称行权）之日起，在不超过36个月的期限内缴纳个人所得税。纳税人在此期间内离职的，应在离职前缴清全部税款。

2. 上述所称境内上市公司是指其股票在上海证券交易所、深圳证券交易所、北京证券交易所上市交易的股份有限公司。

3. 上述政策自2024年1月1日起执行至2027年12月31日，纳税人在此

期间行权的，可按上述规定执行。纳税人在 2023 年 1 月 1 日后行权且尚未缴纳全部税款的，可按上述规定执行，分期缴纳税款的期限自行权日起计算。

4. 证券监管部门同税务部门建立信息共享机制，按季度向税务部门共享上市公司股权激励相关信息，财政、税务、证券监管部门共同做好政策落实工作。

（三）法律责任

1. 纳税人享受核准类或备案类减免税的，对符合政策规定条件的材料有留存备查的义务。纳税人在税务机关后续管理中不能提供相关印证材料的，不得继续享受税收减免，追缴已享受的减免税款，并依照《中华人民共和国税收征收管理法》的有关规定处理。

2. 纳税人、扣缴义务人在规定期限内不缴或者少缴应纳或者应解缴的税款，经税务机关责令限期缴纳，逾期仍未缴纳的，税务机关除依照《中华人民共和国税收征收管理法》第四十条的规定采取强制执行措施追缴其不缴或者少缴的税款外，可以处不缴或者少缴的税款 50% 以上 5 倍以下的罚款。

第三节　个人所得税汇算清缴风险

一、未依法汇算清缴个人所得税

（一）违法主体

在中国境内有住所，或者无住所而一个纳税年度内在中国境内居住累计满 183 天的个人。

（二）构成要件

1. 居民个人取得综合所得，按年计算个人所得税；有扣缴义务人的，由扣缴义务人按月或者按次预扣预缴税款；需要办理汇算清缴的，应当在取得所得的次年 3 月 1 日至 6 月 30 日内办理汇算清缴。预扣预缴办法由国务院税务主管部门制定。

2. 纳税人在上一年已依法预缴个人所得税且符合下列情形之一的，无需办理汇算：

（1）汇算需补税但综合所得收入全年不超过 12 万元的；

（2）汇算需补税金额不超过 400 元的；

（3）已预缴税额与汇算应纳税额一致的；
（4）符合汇算退税条件但不申请退税的。

3. 符合下列情形之一的，纳税人需办理汇算：

（1）已预缴税额大于汇算应纳税额且申请退税的；

（2）上一年取得的综合所得收入超过12万元且汇算需要补税金额超过400元的。

4. 因适用所得项目错误或者扣缴义务人未依法履行扣缴义务，造成上一年少申报或者未申报综合所得的，纳税人应当依法据实办理汇算。

（三）法律责任

1. 纳税人、扣缴义务人按照法律、行政法规规定或者税务机关依照法律、行政法规的规定确定的期限，缴纳或者解缴税款。

2. 纳税人未按照规定期限缴纳税款的，扣缴义务人未按照规定期限解缴税款的，税务机关除责令限期缴纳外，从滞纳税款之日起，按日加收滞纳税款万分之五的滞纳金。

3. 纳税人伪造、变造、隐匿、擅自销毁账簿、记账凭证，或者在账簿上多列支出或者不列、少列收入，或者经税务机关通知申报而拒不申报或者进行虚假的纳税申报，不缴或者少缴应纳税款的，是偷税。对纳税人偷税的，由税务机关追缴其不缴或者少缴的税款、滞纳金，并处不缴或者少缴的税款50%以上5倍以下的罚款；构成犯罪的，依法追究刑事责任。

（四）典型案例

2024年云南省昭通市税务部门在对个人所得税综合所得汇算清缴办理情况开展事后抽查时，发现某策划公司职员陈某未办理2021年度个人所得税综合所得汇算清缴，遂依法对其进行立案检查。

经查，纳税人陈某未在法定限期内办理2021年度个人所得税综合所得汇算清缴，少缴个人所得税。经税务部门提醒督促，陈某仍不办理汇算申报。税务部门对其立案检查。依据《中华人民共和国个人所得税法》《中华人民共和国税收征收管理法》《中华人民共和国行政处罚法》等相关法律法规规定，昭通市税务局第一稽查局对陈某追缴税款、加收滞纳金并处罚款共计13.35万元。2024年3月，税务部门已依法送达《税务处理决定书》和《税务行政处罚决定书》，陈某已按规定缴清税款、滞纳金和罚款。

税务机关发现存在涉税问题的，会对纳税人进行提示提醒、督促整改和约谈警示，并通过电子、书面等方式向其发送税务文书，提醒督促纳税人整改，对于拒不整改或整改不彻底的纳税人，税务机关将依法进行立案检查，并纳入税收监管重点人员名单，对其以后3个纳税年度申报情况加强审核。

二、虚假填报大病医疗专项附加扣除

（一）违法主体

在中国境内有住所，或者无住所而一个纳税年度内在中国境内居住累计满183天的个人。

（二）构成要件

1. 下列各项个人所得，应当缴纳个人所得税：
（1）工资、薪金所得；
（2）劳务报酬所得；
（3）稿酬所得；
（4）特许权使用费所得；
（5）经营所得；
（6）利息、股息、红利所得；
（7）财产租赁所得；
（8）财产转让所得；
（9）偶然所得。

2. 居民个人取得前述第一项至第四项所得（以下称综合所得），按纳税年度合并计算个人所得税；非居民个人取得前述第一项至第四项所得，按月或者按次分项计算个人所得税。

3. 居民个人的综合所得，以每一纳税年度的收入额减除费用6万元以及专项扣除、专项附加扣除和依法确定的其他扣除后的余额，为应纳税所得额。

4. 在一个纳税年度内，纳税人发生的与基本医保相关的医药费用支出，扣除医保报销后个人负担（指医保目录范围内的自付部分）累计超过15 000元的部分，由纳税人在办理年度汇算清缴时，在8万元限额内据实扣除。

5. 纳税人发生的医药费用支出可以选择由本人或者其配偶扣除；未成年子女发生的医药费用支出可以选择由其父母一方扣除。

6. 纳税人及其配偶、未成年子女发生的医药费用支出，按上述规定分别计算扣除额。

7. 纳税人应当留存医药服务收费及医保报销相关票据原件（或者复印件）等资料备查。医疗保障部门应当向患者提供在医疗保障信息系统记录的本人年度医药费用信息查询服务。

（三）法律责任

1. 纳税人、扣缴义务人按照法律、行政法规规定或者税务机关依照法律、行政法规的规定确定的期限，缴纳或者解缴税款。

2. 纳税人未按照规定期限缴纳税款的，扣缴义务人未按照规定期限解缴税款的，税务机关除责令限期缴纳外，从滞纳税款之日起，按日加收滞纳税款万分之五的滞纳金。

3. 纳税人伪造、变造、隐匿、擅自销毁账簿、记账凭证，或者在账簿上多列支出或者不列、少列收入，或者经税务机关通知申报而拒不申报或者进行虚假的纳税申报，不缴或者少缴应纳税款的，是偷税。对纳税人偷税的，由税务机关追缴其不缴或者少缴的税款、滞纳金，并处不缴或者少缴的税款50%以上5倍以下的罚款；构成犯罪的，依法追究刑事责任。

（四）典型案例

2024年3月，深圳市税务部门在2022年度个税汇算退税审核时发现，纳税人姜某某存在虚假填报大病医疗专项附加扣除的情况。经查，该纳税人通过网络购物平台购买了"所谓"的个人所得税年度汇算退税申请服务，并应用平台店家提供的虚假"国家医保服务平台"App查询结果作为证据材料申请退税。在税务部门开展辅导后，纳税人认识到错误并补缴了税款。税务部门通过平台对外公示信息延伸调查发现位于海南的兜售虚假服务店家。目前，涉事网店已被强制关停，税务部门将进一步依法查处。

三、错误填报继续教育专项附加扣除

（一）违法主体

在中国境内有住所，或者无住所而一个纳税年度内在中国境内居住累计满183天的个人。

（二）构成要件

1. 下列各项个人所得，应当缴纳个人所得税：

（1）工资、薪金所得；

（2）劳务报酬所得；

（3）稿酬所得；

（4）特许权使用费所得；

（5）经营所得；

（6）利息、股息、红利所得；

（7）财产租赁所得；

（8）财产转让所得；

（9）偶然所得。

2.居民个人取得前述第一项至第四项所得（以下称综合所得），按纳税年度合并计算个人所得税；非居民个人取得前述第一项至第四项所得，按月或者按次分项计算个人所得税。

3.居民个人的综合所得，以每一纳税年度的收入额减除费用6万元以及专项扣除、专项附加扣除和依法确定的其他扣除后的余额，为应纳税所得额。

4.纳税人在中国境内接受学历（学位）继续教育的支出，在学历（学位）教育期间按照每月400元定额扣除。同一学历（学位）继续教育的扣除期限不能超过48个月。纳税人接受技能人员职业资格继续教育、专业技术人员职业资格继续教育的支出，在取得相关证书的当年，按照3 600元定额扣除。

5.个人接受本科及以下学历（学位）继续教育，符合本办法规定扣除条件的，可以选择由其父母扣除，也可以选择由本人扣除。

6.纳税人接受技能人员职业资格继续教育、专业技术人员职业资格继续教育的，应当留存相关证书等资料备查。

（三）法律责任

1.纳税人、扣缴义务人按照法律、行政法规规定或者税务机关依照法律、行政法规的规定确定的期限，缴纳或者解缴税款。

2.纳税人未按照规定期限缴纳税款的，扣缴义务人未按照规定期限解缴税款的，税务机关除责令限期缴纳外，从滞纳税款之日起，按日加收滞纳税款万分之五的滞纳金。

（四）典型案例

2024年3月，甘肃省白银市税务部门在2022年度个税汇算退税审核时发现，某中学王某某、杜某等多名教师在办理汇算时错误填报了继续教育专项附加扣除。根据《个人所得税专项附加扣除暂行办法》规定，纳税人接受职业资格继续教育的，在取得该证书的当年可以享受个税继续教育专项附加扣除。经进一步调查，该中学共有多名老师误信网上虚假退税秘笈填报了继续教育专项附加扣除，税务部门迅速与学校取得联系，确认纳税人取得的"继续教育培训学分证书"，属于在取得教师资格证书后续年度发生的进修、学习、年审等培训证书，并非当年度取得教师资格证书的情况，不符合继续教育专项附加扣除条件。白银市税务部门对错误填报的纳税人逐一纠正补征税款。

四、虚假填报捐赠扣除

（一）违法主体

在中国境内有住所，或者无住所而一个纳税年度内在中国境内居住累计满183天的个人。

（二）构成要件

1. 下列各项个人所得，应当缴纳个人所得税：

（1）工资、薪金所得；

（2）劳务报酬所得；

（3）稿酬所得；

（4）特许权使用费所得；

（5）经营所得；

（6）利息、股息、红利所得；

（7）财产租赁所得；

（8）财产转让所得；

（9）偶然所得。

2. 居民个人取得前述第一项至第四项所得（以下称综合所得），按纳税年度合并计算个人所得税；非居民个人取得前述第一项至第四项所得，按月或者按次分项计算个人所得税。

3. 居民个人的综合所得，以每一纳税年度的收入额减除费用6万元以及专项扣除、专项附加扣除和依法确定的其他扣除后的余额，为应纳税所得额。

4. 个人将其所得对教育、扶贫、济困等公益慈善事业进行捐赠，捐赠额未超过纳税人申报的应纳税所得额30%的部分，可以从其应纳税所得额中扣除；国务院规定对公益慈善事业捐赠实行全额税前扣除的，从其规定。

5. 上述所称个人将其所得对教育、扶贫、济困等公益慈善事业进行捐赠，是指个人将其所得通过中国境内的公益性社会组织、国家机关向教育、扶贫、济困等公益慈善事业的捐赠；所称应纳税所得额，是指计算扣除捐赠额之前的应纳税所得额。

（三）法律责任

1. 纳税人、扣缴义务人按照法律、行政法规规定或者税务机关依照法律、行政法规的规定确定的期限，缴纳或者解缴税款。

2. 纳税人未按照规定期限缴纳税款的，扣缴义务人未按照规定期限解缴税款的，税务机关除责令限期缴纳外，从滞纳税款之日起，按日加收滞纳税款万分之五的滞纳金。

3. 纳税人伪造、变造、隐匿、擅自销毁账簿、记账凭证，或者在账簿上多列支出或者不列、少列收入，或者经税务机关通知申报而拒不申报或者进行虚假的纳税申报，不缴或者少缴应纳税款的，是偷税。对纳税人偷税的，由税务机关追缴其不缴或者少缴的税款、滞纳金，并处不缴或者少缴的税款50%以上5倍以下的罚款；构成犯罪的，依法追究刑事责任。

（四）典型案例

2024年3月，江苏省苏州市税务部门在2022年度个税汇算退税数据分析时发现，纳税人吴某存在虚假填报捐赠扣除和大病医疗专项附加扣除的情况。经查，吴某先后就职于苏州某人力资源有限公司、苏州某房地产经纪有限公司，在办理2022年度个税汇算时，填报了大额的公益性捐赠扣除和大病医疗专项附加扣除，并提供了伪造的"国家医保服务平台"相关扣除截图和捐赠支出凭证截图。税务部门进一步对该纳税人以前年度的个税汇算情况进行了核查，发现该纳税人在办理2019—2021年度个税汇算时，均存在以上类似情况。吴某在个人所得税年度汇算时存在伪造证据骗取国家税款的情况，性质较为恶劣，税务部门已对其立案稽查，并在后续3年纳入税收监管重点人员名单。

五、虚假填报子女教育专项附加扣除

（一）违法主体

在中国境内有住所，或者无住所而一个纳税年度内在中国境内居住累计满183天的个人。

（二）构成要件

1. 下列各项个人所得，应当缴纳个人所得税：

（1）工资、薪金所得；

（2）劳务报酬所得；

（3）稿酬所得；

（4）特许权使用费所得；

（5）经营所得；

（6）利息、股息、红利所得；

（7）财产租赁所得；

（8）财产转让所得；

（9）偶然所得。

2.居民个人取得前述第一项至第四项所得（以下称综合所得），按纳税年度合并计算个人所得税；非居民个人取得前述第一项至第四项所得，按月或者按次分项计算个人所得税。

3.居民个人的综合所得，以每一纳税年度的收入额减除费用6万元以及专项扣除、专项附加扣除和依法确定的其他扣除后的余额，为应纳税所得额。

4.纳税人的子女接受全日制学历教育的相关支出，按照每个子女每月1 000元的标准定额扣除。自2023年1月1日起子女教育专项附加扣除标准，由每个子女每月1 000元提高到2 000元。

5.学历教育包括义务教育（小学、初中教育）、高中阶段教育（普通高中、中等职业、技工教育）、高等教育（大学专科、大学本科、硕士研究生、博士研究生教育）。年满3岁至小学入学前处于学前教育阶段的子女，按上述规定执行。

6.父母可以选择由其中一方按扣除标准的100%扣除，也可以选择由双方分别按扣除标准的50%扣除，具体扣除方式在一个纳税年度内不能变更。

7.纳税人子女在中国境外接受教育的，纳税人应当留存境外学校录取通知书、留学签证等相关教育的证明资料备查。

（三）法律责任

1.纳税人、扣缴义务人按照法律、行政法规规定或者税务机关依照法律、行政法规的规定确定的期限，缴纳或者解缴税款。

2.纳税人未按照规定期限缴纳税款的，扣缴义务人未按照规定期限解缴税款的，税务机关除责令限期缴纳外，从滞纳税款之日起，按日加收滞纳税款万分之五的滞纳金。

（四）典型案例

2023年8月，深圳税务部门在2022年度个人所得税汇算退税审核时发现，某保险有限公司营销员石某某存在虚假填报子女教育专项附加扣除的情况。经查，石某某为享受子女教育专项附加扣除，虚假填报了5个子女信息，不符合《国务院关于印发个人所得税专项附加扣除暂行办法的通知》（国发〔2018〕41号）的规定。此外，纳税人还存在虚假填报继续教育、大病医疗专项附加扣除的情况。税务机关对石某某进行了严肃的批评教育，石某某主动认错，对上述专项附加扣除数据进行了修正后更正了年度汇算申报。

2023年7月，河南平顶山市税务部门在2022年度个人所得税汇算退税审核时发现，纳税人张某某与梁某某填报的子女教育专项附加扣除中子女信息完全相同且扣除比例均为100%，存在错误享受子女教育专项附加扣除的情况。经查，张某某与梁某某系夫妻关系，在对子女教育专项附加扣除政策不了解的情况下，重复填报导致错误享受了2019年度、2021年度、2022年度子女教育专项附加扣除，不符合《国务院关于印发个人所得税专项附加扣除暂行办法的通知》（国发〔2018〕41号）的规定。经辅导后，上述两名纳税人主动修改了专项附加扣除信息，并补缴了税款及滞纳金。

六、虚假填报赡养老人专项附加扣除

（一）违法主体

在中国境内有住所，或者无住所而一个纳税年度内在中国境内居住累计满183天的个人。

（二）构成要件

1. 下列各项个人所得，应当缴纳个人所得税：

（1）工资、薪金所得；

（2）劳务报酬所得；

（3）稿酬所得；

（4）特许权使用费所得；

（5）经营所得；

（6）利息、股息、红利所得；

（7）财产租赁所得；

（8）财产转让所得；

（9）偶然所得。

2. 居民个人取得前述第一项至第四项所得（以下称综合所得），按纳税年度合并计算个人所得税；非居民个人取得前述第一项至第四项所得，按月或者按次分项计算个人所得税。

3.居民个人的综合所得，以每一纳税年度的收入额减除费用60 000元以及专项扣除、专项附加扣除和依法确定的其他扣除后的余额，为应纳税所得额。

4.纳税人赡养一位及以上被赡养人的赡养支出，统一按照以下标准定额扣除：

（1）纳税人为独生子女的，按照每月2 000元的标准定额扣除；

（2）纳税人为非独生子女的，由其与兄弟姐妹分摊每月2 000元的扣除额度，每人分摊的额度不能超过每月1 000元。可以由赡养人均摊或者约定分摊，也可以由被赡养人指定分摊。约定或者指定分摊的须签订书面分摊协议，指定分摊优先于约定分摊。具体分摊方式和额度在一个纳税年度内不能变更。

5.上述所称被赡养人是指年满60岁的父母，以及子女均已去世的年满60岁的祖父母、外祖父母。

6.自2023年1月1日起，赡养老人专项附加扣除标准，由每月2 000元提高到3 000元。其中，独生子女按照每月3 000元的标准定额扣除；非独生子女与兄弟姐妹分摊每月3 000元的扣除额度，每人分摊的额度不能超过每月1 500元。

（三）法律责任

1.纳税人、扣缴义务人按照法律、行政法规规定或者税务机关依照法律、行政法规的规定确定的期限，缴纳或者解缴税款。

2.纳税人未按照规定期限缴纳税款的，扣缴义务人未按照规定期限解缴税款的，税务机关除责令限期缴纳外，从滞纳税款之日起，按日加收滞纳税款万分之五的滞纳金。

3.纳税人伪造、变造、隐匿、擅自销毁账簿、记账凭证，或者在账簿上多列支出或者不列、少列收入，或者经税务机关通知申报而拒不申报或者进行虚假的纳税申报，不缴或者少缴应纳税款的，是偷税。对纳税人偷税的，由税务机关追缴其不缴或者少缴的税款、滞纳金，并处不缴或者少缴的税款50%以上5倍以下的罚款；构成犯罪的，依法追究刑事责任。

（四）典型案例

2023年8月，山西迎泽税务部门在2022年度个人所得税汇算退税审核时发现，某银行纳税人王某某存在虚假填报赡养老人专项附加扣除的情况。经查，王某某在父母均未满60周岁的情况下，以祖父母信息填报享受赡养老人专项附加扣除。进一步核查发现，该单位有5名纳税人存在类似情况，均不符合《国务院关于印发个人所得税专项附加扣除暂行办法的通知》（国发〔2018〕41号）的规定。税务部门迅速约谈了该银行财务人员，并向上述纳税人进行了政策辅导。经辅导后，上述纳税人认识到错误，如实修正了专项附加扣除信息，并更正了年度汇算申报。

对于存在虚假填报、篡改证明材料等恶劣情节的，税务部门将依法严肃处理，并纳入税收监管重点人员名单，对其以后3个纳税年度申报情况加强审核；对拒不整改的，将依法依规立案稽查。

七、虚假填报免税收入

（一）违法主体

在中国境内有住所，或者无住所而一个纳税年度内在中国境内居住累计满183天的个人。

（二）构成要件

1. 下列各项个人所得，免征个人所得税：

（1）省级人民政府、国务院部委和中国人民解放军军以上单位，以及外国组织、国际组织颁发的科学、教育、技术、文化、卫生、体育、环境保护等方面的奖金；

（2）国债和国家发行的金融债券利息；

（3）按照国家统一规定发给的补贴、津贴；

（4）福利费、抚恤金、救济金；

（5）保险赔款；

（6）军人的转业费、复员费、退役金；

（7）按照国家统一规定发给干部、职工的安家费、退职费、基本养老金或者退休费、离休费、离休生活补助费；

（8）依照有关法律规定应予免税的各国驻华使馆、领事馆的外交代表、领事官员和其他人员的所得；

（9）中国政府参加的国际公约、签订的协议中规定免税的所得；

（10）国务院规定的其他免税所得。

上述第十项免税规定，由国务院报全国人民代表大会常务委员会备案。

2.有下列情形之一的,可以减征个人所得税,具体幅度和期限,由省、自治区、直辖市人民政府规定,并报同级人民代表大会常务委员会备案:

(1)残疾、孤老人员和烈属的所得;

(2)因自然灾害遭受重大损失的。

国务院可以规定其他减税情形,报全国人民代表大会常务委员会备案。

3.依法批准设立的非营利性研究开发机构和高等学校(以下简称非营利性科研机构和高校)根据《中华人民共和国促进科技成果转化法》规定,从职务科技成果转化收入中给予科技人员的现金奖励,可减按50%计入科技人员当月"工资、薪金所得",依法缴纳个人所得税。

非营利性科研机构和高校包括国家设立的科研机构和高校、民办非营利性科研机构和高校。

国家设立的科研机构和高校是指利用财政性资金设立的、取得《事业单位法人证书》的科研机构和公办高校,包括中央和地方所属科研机构和高校。

民办非营利性科研机构和高校是指同时满足以下条件的科研机构和高校。

(1)根据《民办非企业单位登记管理暂行条例》在民政部门登记,并取得《民办非企业单位登记证书》。

(2)对于民办非营利性科研机构,其《民办非企业单位登记证书》记载的业务范围应属于"科学研究与技术开发、成果转让、科技咨询与服务、科技成果评估"范围。对业务范围存在争议的,由税务机关转请县级(含)以上科技行政主管部门确认。

对于民办非营利性高校,应取得教育主管部门颁发的《民办学校办学许可证》,《民办学校办学许可证》记载学校类型为"高等学校"。

(3)经认定取得企业所得税非营利组织免税资格。

4.科技人员享受上述税收优惠政策,须同时符合以下条件。

(1)科技人员是指非营利性科研机构和高校中对完成或转化职务科技成果作出重要贡献的人员。非营利性科研机构和高校应按规定公示有关科技人员名单及相关信息(国防专利转化除外),具体公示办法由科技部会同财政部、税务总局制定。

(2)科技成果是指专利技术(含国防专利)、计算机软件著作权、集成电路布图设计专有权、植物新品种权、生物医药新品种,以及科技部、财政部、税务总局确定的其他技术成果。

(3)科技成果转化是指非营利性科研机构和高校向他人转让科技成果或者许可他人使用科技成果。现金奖励是指非营利性科研机构和高校在取得科技成果转化收入3年(36个月)内奖励给科技人员的现金。

(4)非营利性科研机构和高校转化科技成果,应当签订技术合同,并根据《技术合同认定登记管理办法》,在技术合同登记机构进行审核登记,并取得技术合同认定登记证明。非营利性科研机构和高校应健全科技成果转化的资金核算,不得将正常工资、奖金等收入列入科技人员职务科技成果转化现金奖励享受税收优惠。

5.非营利性科研机构和高校向科技人员发放现金奖励时,应按个人所得税法规定代扣代缴个人所得税,并按规定向税务机关履行备案手续。

(三)法律责任

1.纳税人、扣缴义务人按照法律、行政法规规定或者税务机关依照法律、行政法规的规定确定的期限,缴纳或者解缴税款。

2.纳税人未按照规定期限缴纳税款的,扣缴义务人未按照规定期限解缴税款的,税务机关除责令限期缴纳外,从滞纳税款之日起,按日加收滞纳税款万分之五的滞纳金。

3.纳税人伪造、变造、隐匿、擅自销毁账簿、记账凭证,或者在账簿上多列支出或者不列、少列收入,或者经税务机关通知申报而拒不申报或者进行虚假的纳税申报,不缴或者少缴应纳税款的,是偷税。对纳税人偷税的,由税务机关追缴其不缴或者少缴的税款、滞纳金,并处不缴或者少缴的税款50%以上5倍以下的罚款;构成犯罪的,依法追究刑事责任。

第八章 财产税缴纳风险

第一节 房产税缴纳风险

一、房产税逃税罪

（一）违法主体

房产税由产权所有人缴纳。

（二）构成要件

1. 房产税在城市、县城、建制镇和工矿区征收。

2. 产权属于全民所有的，由经营管理的单位缴纳。产权出典的，由承典人缴纳。产权所有人、承典人不在房产所在地的，或者产权未确定及租典纠纷未解决的，由房产代管人或者使用人缴纳。

3. 房产税按年征收、分期缴纳。纳税期限由省、自治区、直辖市人民政府规定。

（三）法律责任

1. 纳税人、扣缴义务人按照法律、行政法规规定或者税务机关依照法律、行政法规的规定确定的期限，缴纳或者解缴税款。

2. 纳税人未按照规定期限缴纳税款的，扣缴义务人未按照规定期限解缴税款的，税务机关除责令限期缴纳外，从滞纳税款之日起，按日加收滞纳税款万分之五的滞纳金。

3. 纳税人采取欺骗、隐瞒手段进行虚假纳税申报或者不申报，逃避缴纳税款数额较大并且占应纳税额 10% 以上的，处 3 年以下有期徒刑或者拘役，并处罚金；数额巨大并且占应纳税额 30% 以上的，处 3 年以上 7 年以下有期徒刑，并处罚金。

二、未依法缴纳房产税

（一）违法主体

1. 房产税由产权所有人缴纳。
2. 产权属于全民所有的，由经营管理的单位缴纳。
3. 产权出典的，由承典人缴纳。
4. 产权所有人、承典人不在房产所在地的，或者产权未确定及租典纠纷未解决的，由房产代管人或者使用人缴纳。

（二）构成要件

1. 房产税在城市、县城、建制镇和工矿区征收。
2. 房产税依照房产原值一次减除 10%～30% 后的余值计算缴纳。具体减除幅度，由省、自治区、直辖市人民政府规定。
3. 没有房产原值作为依据的，由房产所在地税务机关参考同类房产核定。
4. 房产出租的，以房产租金收入为房产税的计税依据。
5. 房产税的税率，依照房产余值计算缴纳的，税率为 1.2%；依照房产租金收入计算缴纳的，税率为 12%。
6. 房产税按年征收、分期缴纳。纳税期限由省、自治区、直辖市人民政府规定。
7. 房产税由房产所在地的税务机关征收。

（三）法律责任

1. 纳税人、扣缴义务人按照法律、行政法规规定或者税务机关依照法律、行政法规的规定确定的期限，缴纳或者解缴税款。
2. 纳税人未按照规定期限缴纳税款的，扣缴义务人未按照规定期限解缴税款的，税务机关除责令限期缴纳外，从滞纳税款之日起，按日加收滞纳税款万分之五的滞纳金。

三、未依法确定房产税的纳税人

（一）违法主体

房产税由产权所有人缴纳。

（二）构成要件

1.产权属于全民所有的，由经营管理的单位缴纳。

2.产权出典的，由承典人缴纳。

3.产权所有人、承典人不在房产所在地的，或者产权未确定及租典纠纷未解决的，由房产代管人或者使用人缴纳。

（三）法律责任

1.纳税人、扣缴义务人按照法律、行政法规规定或者税务机关依照法律、行政法规的规定确定的期限，缴纳或者解缴税款。

2.纳税人未按照规定期限缴纳税款的，扣缴义务人未按照规定期限解缴税款的，税务机关除责令限期缴纳外，从滞纳税款之日起，按日加收滞纳税款万分之五的滞纳金。

第二节　契税缴纳风险

一、纳税前置与复议前置

（一）违法主体

在中华人民共和国境内转移土地、房屋权属，承受的单位和个人。

（二）构成要件

1.在中华人民共和国境内转移土地、房屋权属，承受的单位和个人为契税的纳税人，应当依法缴纳契税。

2.纳税人、扣缴义务人、纳税担保人同税务机关在纳税上发生争议时，必须先依照税务机关的纳税决定缴纳或者解缴税款及滞纳金或者提供相应的担保，然后可以依法申请行政复议；对行政复议决定不服的，可以依法向人民法院起诉。

（三）法律责任

1.纳税人、扣缴义务人、纳税担保人同税务机关在纳税上发生争议时，未依照税务机关的纳税决定缴纳或者解缴税款及滞纳金或者提供相应的担保，行政复议机关不予受理行政复议申请。

2.纳税人、扣缴义务人、纳税担保人同税务机关在纳税上发生争议时，未经行政复议的，人民法院不予受理或者受理后驳回起诉。

（四）典型案例

吉林省东丰县人民法院
行 政 裁 定 书

（2024）吉0421行初1号

原告：杜某，男，1943年10月3日生。

被告：国家税务总局东丰县税务局。

原告杜某诉被告国家税务总局东丰县税务局征缴税款一案，本院受理后，依法组成合议庭，依法进行了审理，现已审理终结。

原告杜某诉称，被告于2021年11月22日以房屋买卖为由，收缴原告契税16 178.19元。涉案房屋不是买卖所得，是原告于2008年7月1日与东丰县棚户区改造建设指挥部签订《房屋产权调换安置协议》，拆迁原告所有的108平方米的门市房，回迁给原告120平方米门市房。被告在2021年11月12日通知原告缴纳房屋买卖契税16 178.19元。当时原告有病住院，由其女儿代办，缴纳契税16 178.19元，被告出具完税证明。原告出院后，发现被告对回迁房屋，以房屋买卖为由，收缴契税的行政行为没有法律依据，便向税务机关提出异议，被告故意推脱、拖延。2023年5月16日答复，以"原告不享受退税待遇"为由，不予纠正。原告提起行政诉讼，由于错误的请求撤销信访意见被驳回。原告认为按照《中华人民共和国契税法》第一条"在中华人民共和国境内转移土地、房屋权属，承受的单位和个人为契税的纳税人，应当依照本法规定缴纳契税"。该法没有规定，拆迁安置产权调换取得的房屋产权应当缴纳契税。原告取得的门市房屋，是依据《城市房屋拆迁补偿条例》取得的，不属于征税范围，更不属于免税范围。因此，被告以房屋买卖事由，收缴原告的契税行为违法。依据《中华人民共和国行政诉讼法》第十二条（十二）规定，原告认为行政机关侵犯原告财产合法权益，向人民法院起诉。请求人民法院依法公断。

本院认为，《中华人民共和国行政诉讼法》第四十四条第二款规定：法律、法规规定应当先向行政机关申请复议，对复议决定不服再向人民法院提起诉讼的，依照法律、法规的规定。《最高人民法院关于适用〈中华人民共和国行政诉讼法〉的解释》第六十九条第一款第（五）项规定：未按照法律、法规规定先向行政机关申请复议的，已经立案的，应当裁定驳回起诉。《中华人民共和国税收征收管理法》第八十八条第一款规定，纳税人、扣缴义务人、纳税担保人同税务机关在纳税上发生争议时，必须先依照税务机关的纳税决定缴纳或者解缴税款及滞纳金或者提供相应的担保，然后可以依法申请行政复议；对行政复议决定不服的，可以依法向人民法院起诉。《中华人民共和国税收征收管理法实施细则》第一百条规定，税收征管法第八十八条规定的纳税争议，是指纳税人、扣缴义务人、纳税担保人对税务机关确定纳税主体、征税对象、征税范围、减税、免税及退税、适用税率、计税依据、纳税环节、纳税期限、纳税地点以及税款征收方式等具体行政行为有异议而发生的争议。本案中，杜某对国家税务总局东丰县税务局作出的征税行为有异议，属于上述法律规定的纳税争议，杜庆生应先依法申请行政复议，对复议决定不服再向人民法院提起诉讼。杜庆生未申请行政复议，直接向人民法院提起行政诉讼，不符合法定的起诉条件。对杜庆生的起诉，本院应予以驳回。

依照《最高人民法院关于适用〈中华人民共和国行政诉讼法〉的解释》第六十九条第一款第（五）项之规定，裁定如下：

驳回原告杜某的起诉。

2024年1月19日

二、契税纳税义务的实际负担人

（一）违法主体

在中华人民共和国境内转移土地、房屋权属，承受的单位和个人。

（二）构成要件

1. 转移土地、房屋权属，是指下列行为：
（1）土地使用权出让；
（2）土地使用权转让，包括出售、赠与、互换；该项土地使用权转让，不包括土地承包经营权和土地经营权的转移。
（3）房屋买卖、赠与、互换。

2. 以作价投资（入股）、偿还债务、划转、奖励等方式转移土地、房屋权属的，应当依法征收契税。

3. 契税税率为3%~5%。契税的具体适用税率，由省、自治区、直辖市人民政府在前款规定的税率幅度内提出，报同级人民代表大会常务委员会决定，并报全国人民代表大会常务委员会和国务院备案。省、自治区、直辖市可以依照上述规定的程序对不同主体、不同地区、不同类型的住房的权属转移确定差别税率。

4.契税的计税依据：

（1）土地使用权出让、出售，房屋买卖，为土地、房屋权属转移合同确定的成交价格，包括应交付的货币以及实物、其他经济利益对应的价款；

（2）土地使用权互换、房屋互换，为所互换的土地使用权、房屋价格的差额；

（3）土地使用权赠与、房屋赠与以及其他没有价格的转移土地、房屋权属行为，为税务机关参照土地使用权出售、房屋买卖的市场价格依法核定的价格。

5.纳税人申报的成交价格、互换价格差额明显偏低且无正当理由的，由税务机关依照《中华人民共和国税收征收管理法》的规定核定。

6.契税的应纳税额按照计税依据乘以具体适用税率计算。

（三）法律责任

1.纳税人、扣缴义务人按照法律、行政法规规定或者税务机关依照法律、行政法规的规定确定的期限，缴纳或者解缴税款。

2.纳税人未按照规定期限缴纳税款的，扣缴义务人未按照规定期限解缴税款的，税务机关除责令限期缴纳外，从滞纳税款之日起，按日加收滞纳税款万分之五的滞纳金。

（四）典型案例

广州铁路运输中级法院
行 政 判 决 书

（2023）粤71行终1924号

上诉人（原审原告）：彭某某。

被上诉人（原审被告）：国家税务总局广州市增城区税务局第一税务所。

被上诉人（原审被告）：国家税务总局广州市增城区税务局。

上诉人彭某某因诉被上诉人国家税务总局广州市增城区税务局第一税务所（以下简称增城区第一税务所）、国家税务总局广州市增城区税务局（以下简称增城区税务局）征缴税款及行政复议一案，不服广州铁路运输法院（2023）粤7101行初1243号行政判决，向本院提起上诉。本院依法组成合议庭，对本案进行了审理。现已审理终结。

原审法院经审理查明，2022年10月21日，原告彭某某因办理司法拍卖房屋过户手续，向增城区第一税务所申报缴纳增值税、城市维护建设税、教育费附加、地方教育附加、契税等税费，同时提交了广州市白云区人民法院执行裁定书和协助执行通知书、拍卖公告、网络竞价成交确认书等材料。

广州市白云区人民法院（2022）粤0111执恢××号《执行裁定书》载明，原告以××元竞得司法网络拍卖平台上（京东网）被执行人名下的广州市×区×街×路×号×苑×街×号×栋×房产（以下简称涉案房产）。

司法拍卖平台（京东拍卖）网页截图显示，上述房产的《竞买公告》明示："四、特别提示……4.标的物过户登记手续由买受人自行办理，并承担权属变更手续所涉及的买卖双方所需承担的包括但不限于契税、个人所得税、增值税等一切税费和所需补交的相关税费。"广州市白云区人民法院于2022年9月14日作出的上述房产的《拍卖公告》（第2次）亦载明上述内容。《网络竞价成交确认书》显示上述房屋成交价XX元，并注明"请按照《竞买公告》《竞买须知》要求，及时办理拍卖成交余款缴纳以及相关手续。"。

增城区第一税务所受理该事项后打印了《存量房交易综合申报表》（以下简称被诉征税行为），根据《网络竞价成交确认书》中载明的成交价××元作为计税依据，其中转让方实缴税额教育费附加××元、增值税××元、城市维护建设税××元、地方教育附加××元，个人所得税、印花税××元，合计××元。承受方实缴税额契税××元，印花税××元，合计××元。原告于当日缴纳了上述费用。

原告不服被诉征税行为，于2022年12月3日向增城区税务局提起行政复议。增城区税务局于2022年12月3日受理，并于2022年12月8日向原告作出《受理行政复议申请通知书》，于2022年12月9日向增城区第一税务所做出《行政复议答复通知书》。2022年12月16日，增城区第一税务所向增城区税务局提交了《行政复议答复书》及证据材料。2023年1月19日，增城区税务局作出《行政复议延期审理通知书》并于2023年1月20日送达原告。2023年2月27日，增城区税务局作出增税行复〔2022〕××号《行政复议决定书》（以下简称被诉复议决定）维持了原行政行为，并于同日直接送达增城区第一税务所，于2023年3月1日送达原告。原告仍不服，诉至原审法院。

原审法院认为，《中华人民共和国税收征收管理法》第五条第一款规定："国务院税务主管部门主管全国税收征收管理工作。各地国家税务局和地方税务局应当按照国务院规定的税收征收管理范围分别进行征收管理。"增城区第一税务所作为辖区内负责税收征收的税务机关，具有对位于增城区范围的不动产转移登记作出增值税、城市维护建设税、教育费附加、地方教育附加、契税征收行为的法定职权。

《国家税务总局关于实施房地产税收一体化管理若干具体问题的通知》第二条规定："严格坚持依法治税。对于存量房交易环节所涉及的营业税及城市维护建设税和教育费附加、个人所得税、土地增值税、印花税、契税等税种，各地要依法征收，不得以任何理由和借口，对税法及相关税收政策进行变通和调整。"《财政部、国家税务总局关于全面推开营业税改征增值税试点的通知》规定："经国务院批准，自2016年5月1日起，在全国范围内全面推开营业税改征增值税（以下称营改增）试点，建筑业、房地产业、金融业、生活服务业等全部营业税纳税人，纳入试点范围，由缴纳营业税改为缴纳增值税。……"《国家税务总局关于发布〈纳税人转让不动产增值税征收管理暂行办法〉的公告》第五条第一款规定："个人转让其购买的住房，按照以下规定缴纳增值税：（一）个人转让其购买的住房，按照有关规定全额缴纳增值税的，以取得的全部价款和价外费用为销售额，按照5%的征收率计算应纳税额。……"《中华人民共和国城市维护建设税法》第七条规定："城市维护建设税的纳税义务发生时间与增值税、消费税的纳税义务发生时间一致，分别与增值税、消费税同时缴纳。"第二条规定："城市维护建设税以纳税人依法实际缴纳的增值税、消费税税额为计税依据。"第四条规定："纳税人所在地在市区的，税率为百分之七；……"《征收教育费附加的暂行规定》第三条第一款规定："教育费附加，以各单位和个人实际缴纳的增值税、营业税、消费税的税额为计征依据，教育费附加率为3%，分别与增值税、营业税、消费税同时缴纳。"《广东省财政厅广东省教育厅国家税务总局广东省税务局关于明确广东省地方教育附加征收管理有关问题的通知》（粤财税〔2021〕11号）第二条规定："对广东省行政区域内缴纳增值税、消费税（以下简称'两税'）的单位和个人（包括外商投资企业、外国企业和外籍个人），按实际缴纳'两税'税额的2%征收地方教育附加，并与'两税'一并缴纳。"《广东省财政厅　国家税务总局广东省税务局关于我省实施小微企业"六税两费"减免政策的通知》（粤财税〔2022〕10号）第一条规定："对我省增值税小规模纳税人、小型微利企业和个体工商户，减按50%征收资源税、城市维护建设税、房产税、城镇土地使用税、印花税（不含证券交易印花税）、耕地占用税和教育费附加、地方教育附加。"《国家税务总局关于个人住房转让所得征收个人所得税有关问题的通知》（国税发〔2006〕108号）第二条规定："对转让住房收入计算个人所得税应纳税所得额时，纳税人可凭原购房合同、发票等有效凭证，经税务机关审核后，允许从其转让收入中减除房屋原值、转让住房过程中缴纳的税金及有关合理费用；（一）房屋原值具体为：1.商品房：购置该房屋时实际支付的房价款及交纳的相关税费。……"《财政部　国家税务总局关于调整房地产交易环节税收政策的通知》（财税〔2008〕137号）第二条规定："对个人销售或购买住房暂免征收印花税。"《中华人民共和国契税法》第四条第一款规定："契税的计税依据：（一）土地使用权出让、出售，房屋买卖，为土地、房屋权属转移合同确定的成交价格，包括应交付的货币以及实物、其他经济利益对应的价款；……"《国家税务总局关于契税纳税服务与征收管理若干事项的公告》（国家税务总局公告2021年第25号）第三条规定："契税计税依据不包括增值税，……"《广东省人民代表大会常务委员会关于广东省契税具体适用税率等事项的决定》〔广东省第十三届人民代表大会常务委员会公告（第86号）〕第一条规定："我省契税适用税率为3%。……"本案中，被告依据上述规定对涉案房产办理过户手续所需要缴纳的税费进行计算后征收，事实清楚，证据充分。原告亦对征收的税种及计税方式、数额并无异议。

原告关于其并非增值税、城市维护建设税、教育费附加、地方教育附加的纳税主体，不应由其缴纳上述税费的主张。经查，虽然我国税收征管方面的法律法规对于不同税种的征收均明确规定了纳税义务人，但税、费具有金钱给付的特征，不具有人身专属性，因而税、费的实际承担者可以由当事人约定，我国法律法规也未对纳税义务人与他人约定承担税款作出禁止性规定。本案中，原告参与竞拍涉案房产前，司法拍卖平台（京东拍卖）已在上述房产的《竞买公告》明示："四、特别提示……4.标的物过户登记手续由买受人自行办理，并承担权属变更手续所涉及的买卖双方所需承担的包括但不限于契税、个人所得税、增值税等一切税、费和所需补交的相关税、费。"广州市白云区人民法院发布的《拍卖公告》中亦显示此内容，原告办理过户手续所持的《网络竞价成交确认书》亦注明"请按照《竞买公告》《竞买须知》要求，及时办理拍卖成交余款缴纳以及相关手续。"因此，原告在参与司法拍卖时对买受人承担本案涉案房产办理权属变更手续时涉及双方买卖所属承担的一切税、费的条款内容已经知悉，其成功竞买涉案房产应当视为其接受该条款并遵守约定。虽然涉案房产转让方是争议税费的法定纳税义务主体，但原告与广州市白云区人民法院在司法拍卖中关于税款缴纳的约定并不违反法律法规的强制性规定，亦未损害国家和社会公共利益及他人合法权益，对于该约定的效力，应当予以认可。被告增城区第一税务所根据《竞买公告》《拍卖公告》要求原告承担权属变更手续涉及的买卖双方税、费，并无不当。

《中华人民共和国行政复议法》第二十八条规定："行政复议机关负责法制工作的机构应当对被申请人作出的具体行政行为进行审查，提出意见，经行政复议机关的负责人同意或者集体讨论通过后，按照下列规定作出行政复议决定：（一）具体行政行为认定事实清楚，证据确凿，适用依据正确，程序合法，内容适当的，决定维持"，第三十一条第一款规定："行政复议机关应当自受理申请之日起60日内作出行政复议决定；但是法律规定的行政复议期限少于60日的除外。情况复杂，不能在规定期限内作出行政复议决定的，经行政复议机关的负责人批准，可以适当延长，并告知申请人和被申请人；但是延长期限最多不超过 30 日。"增城区税务局作为复议机关，收到原告行政复议申请后，查明相关事实并在法定期限内作出被诉复议决定，符合上述规定。

综上所述，原告的诉讼请求缺乏事实和法律依据，原审法院不予支持。依照《中华人民共和国行政诉讼法》第六十九条、第七十九条的规定，判决驳回原告彭某某的诉讼请求。一审案件受理费 50 元，由原告彭某某负担。

上诉人彭某某不服原审判决，向本院提起上诉称，根据《最高人民法院关于人民法院网络司法拍卖若干问题的规定》的内容，网络司法拍卖形成的税费由相应的主体承担，法院履行确定税费的职责应按照法律、法规的规定，对于网络司法拍卖中涉及房产、车辆、设备等税费的纳税义务人，法律已有较明确的规定，只有在法律法规对纳税义务人没有规定的时候，法院才可以对负税人作出约定。国家税务总局曾在相关答复中明确拍卖不动产的税费按照规定由买卖双方各自负担，最高人民法院也对此提出工作要求，严格禁止在拍卖公告中要求买受人概括承担全部税费。从目前各地的规定与做法来看，司法拍卖中都有提示，不得载明、表述一切税、费由买受人承担。综上，被诉征税行为依据不足，请求撤销原审判决并重新审理本案，案件受理费由被上诉人承担。

被上诉人增城区第一税务所、增城区税务局二审均坚持原审意见，原审判决认定事实，适用法律正确，程序合法。上诉人的上诉请求不能成立，请求予以驳回。

经二审审理查明，原审判决查明的事实清楚并有相应证据证实，本院予以确认。

本院认为，我国法律法规虽对不同税种的征收明确规定了纳税义务人，但并未禁止当事人对税、费的实际承担进行约定，若非纳税义务人通过约定或承诺为纳税义务人缴纳税款，该约定在不违反法律禁止性规定的情况下，应视为合法有效，并对双方产生约束力。本案中，上诉人在司法拍卖平台通过竞卖的方式获得涉案房产，该房产的《竞买公告》与人民法院《拍卖公告》均载明，房产过户登记手续由买受人自行办理，并承担权属变更手续所涉及的买卖双方所需承担的包括但不限于契税、个人所得税、增值税等一切税、费和所需补交的相关税、费。上诉人持广州市白云区人民法院出具的《执行裁定书》《协助执行通知书》等材料办理涉案房产的登记缴税过户，其在竞买涉案房产之前已知悉法院拍卖公告内容，作为买受人不是房产拍卖过户出让方税款的法定纳税人，但其在知晓竞买公告规定相关税费由其承担后仍参与了涉案房产的竞拍并竞拍成功，应视为其已同意按照涉案竞买公告的规定缴纳相关税款。而且被上诉人增城区第一税务所受理该事项后亦是依据该竞买公告及协助执行通知核定了涉案税款，上诉人也缴纳了涉案税款。被上诉人增城区第一税务所作为行政机关在核定涉案税款时，对人民法院做出涉案竞买公告的合法性不具有法定的审查职权。上诉人按照竞买公告的规定自行申请缴纳税款后又对该竞买公告规定办理涉案房产过户的税款等由买受人负担有异议，可向组织拍卖的人民法院提出。被上诉人增城区第一税务所的征税行为未违反税收法律法规的强制性规定，事实清楚，处理正确，被上诉人增城区税务局作为复议机关，依法受理上诉人的行政复议申请，在法定期限内做出被诉复议决定，维持被诉征税行为，程序合法，原审法院均予以支持，并无不当。

综上，原审判决认定事实清楚，适用法律正确，程序合法，本院予以维持。上诉人请求撤销原审判决和被诉征税行为、复议决定，没有事实和法律依据，本院不予支持。依照《中华人民共和国行政诉讼法》第八十九条第一款第（一）项的规定，判决如下：

驳回上诉，维持原判。

2023年11月6日

三、契税纳税义务与不动产登记

（一）违法主体

在中华人民共和国境内转移土地、房屋权属，承受的单位和个人。

（二）构成要件

1.契税的纳税义务发生时间，为纳税人签订土地、房屋权属转移合同的当日，或者纳税人取得其他具有土地、房屋权属转移合同性质凭证的当日。

2.纳税人应当在依法办理土地、房屋权属登记手续前申报缴纳契税。

3.税务机关应当与相关部门建立契税涉税信息共享和工作配合机制。自然资源、住房城乡建设、民政、公安等相关部门应当及时向税务机关提供与转移土地、房屋权属有关的信息，协助税务机关加强契税征收管理。

（三）法律责任

纳税人办理纳税事宜后，税务机关应当开具契税完税凭证。纳税人办理土地、房屋权属登记，不动产登记机构应当查验契税完税、减免税凭证或者有关信息。未按照规定缴纳契税的，不动产登记机构不予办理土地、房屋权属登记。

四、违法享受契税优惠政策

（一）违法主体

在中华人民共和国境内转移土地、房屋权属，承受的单位和个人。

（二）构成要件

1. 契税税率为3%~5%。契税的具体适用税率，由省、自治区、直辖市人民政府在前款规定的税率幅度内提出，报同级人民代表大会常务委员会决定，并报全国人民代表大会常务委员会和国务院备案。省、自治区、直辖市可以依照前款规定的程序对不同主体、不同地区、不同类型的住房的权属转移确定差别税率。

2. 有下列情形之一的，免征契税：

（1）国家机关、事业单位、社会团体、军事单位承受土地、房屋权属用于办公、教学、医疗、科研、军事设施；

（2）非营利性的学校、医疗机构、社会福利机构承受土地、房屋权属用于办公、教学、医疗、科研、养老、救助；

（3）承受荒山、荒地、荒滩土地使用权用于农、林、牧、渔业生产；

（4）婚姻关系存续期间夫妻之间变更土地、房屋权属；

（5）法定继承人通过继承承受土地、房屋权属；

（6）依照法律规定应当予以免税的外国驻华使馆、领事馆和国际组织驻华代表机构承受土地、房屋权属。

3. 根据国民经济和社会发展的需要，国务院对居民住房需求保障、企业改制重组、灾后重建等情形可以规定免征或者减征契税，报全国人民代表大会常务委员会备案。

4. 省、自治区、直辖市可以决定对下列情形免征或者减征契税：

（1）因土地、房屋被县级以上人民政府征收、征用，重新承受土地、房屋权属；

（2）因不可抗力灭失住房，重新承受住房权属。

上述规定的免征或者减征契税的具体办法，由省、自治区、直辖市人民政府提出，报同级人民代表大会常务委员会决定，并报全国人民代表大会常务委员会和国务院备案。

5. 自2024年12月1日起，对个人购买家庭唯一住房（家庭成员范围包括购房人、配偶以及未成年子女，下同），面积为140平方米及以下的，减按1%的税率征收契税；面积为140平方米以上的，减按1.5%的税率征收契税。

6. 自2024年12月1日起，对个人购买家庭第二套住房，面积为140平方米及以下的，减按1%的税率征收契税；面积为140平方米以上的，减按2%的税率征收契税。家庭第二套住房是指已拥有一套住房的家庭购买的第二套住房。

7. 纳税人申请享受税收优惠的，应当向主管税务机关提交家庭成员信息证明和购房所在地的房地产管理部门出具的纳税人家庭住房情况书面查询结果。具备部门信息共享条件的，纳税人可授权主管税务机关通过信息共享方式取得相关信息；不具备信息共享条件，且纳税人不能提交相关证明材料的，纳税人可按规定适用告知承诺制办理，报送相应的《税务证明事项告知承诺书》，并对承诺的真实性承担法律责任。

8. 契税的纳税义务发生时间，为纳税人签订土地、房屋权属转移合同的当日，或者纳税人取得其他具有土地、房屋权属转移合同性质凭证的当日。

（三）法律责任

1. 纳税人改变有关土地、房屋的用途，或者有其他不再属于规定的免征、减征契税情形的，应当缴纳已经免征、减征的税款。

2. 纳税人、扣缴义务人按照法律、行政法规规定或者税务机关依照法律、行政法规的规定确定的期限，缴纳或者解缴税款。

3. 纳税人未按照规定期限缴纳税款的，扣缴义务人未按照规定期限解缴税款的，税务机关除责令限期缴纳外，从滞纳税款之日起，按日加收滞纳税款万分之五的滞纳金。

第三节　土地增值税缴纳风险

一、未依法计算土地增值税

（一）违法主体

转让国有土地使用权、地上的建筑物及其附着物（以下简称转让房地产）并取得收入的单位和个人。

（二）构成要件

1.土地增值税按照纳税人转让房地产所取得的增值额和规定的税率计算征收。

2.纳税人转让房地产所取得的收入减除规定扣除项目金额后的余额，为增值额。

3.纳税人转让房地产所取得的收入，包括货币收入、实物收入和其他收入。

4.计算增值额的扣除项目：

（1）取得土地使用权所支付的金额；

（2）开发土地的成本、费用；

（3）新建房及配套设施的成本、费用，或者旧房及建筑物的评估价格；

（4）与转让房地产有关的税金；

（5）财政部规定的其他扣除项目。

5.土地增值税实行四级超率累进税率：

（1）增值额未超过扣除项目金额50%的部分，税率为30%；

（2）增值额超过扣除项目金额50%、未超过扣除项目金额100%的部分，税率为40%；

（3）增值额超过扣除项目金额100%、未超过扣除项目金额200%的部分，税率为50%；

（4）增值额超过扣除项目金额200%的部分，税率为60%。

6.有下列情形之一的，免征土地增值税：

（1）纳税人建造普通标准住宅出售，增值额未超过扣除项目金额20%的；

（2）因国家建设需要依法征收、收回的房地产。

7.纳税人有下列情形之一的，按照房地产评估价格计算征收：

（1）隐瞒、虚报房地产成交价格的；

（2）提供扣除项目金额不实的；

（3）转让房地产的成交价格低于房地产评估价格，又无正当理由的。

8.纳税人应当自转让房地产合同签订之日起7日内向房地产所在地主管税务机关办理纳税申报，并在税务机关核定的期限内缴纳土地增值税。

9.土地增值税由税务机关征收。土地管理部门、房产管理部门应当向税务机关提供有关资料，并协助税务机关依法征收土地增值税。

10.纳税人未按照规定缴纳土地增值税的，土地管理部门、房产管理部门不得办理有关的权属变更手续。

（三）法律责任

1.纳税人、扣缴义务人按照法律、行政法规规定或者税务机关依照法律、行政法规的规定确定的期限，缴纳或者解缴税款。

2.纳税人未按照规定期限缴纳税款的，扣缴义务人未按照规定期限解缴税款的，税务机关除责令限期缴纳外，从滞纳税款之日起，按日加收滞纳税款万分之五的滞纳金。

（四）典型案例

天津市高级人民法院
行 政 判 决 书

（2024）津行终32号

上诉人（原审原告）：天津元某某投资担保有限公司。

被上诉人（原审被告）：国家税务总局天津市河北区税务局新开河税务所。

被上诉人（原审被告）：国家税务总局天津市河北区税务局。

上诉人天津元某某投资担保有限公司（以下简称元某某公司）因诉被上诉人国家税务总局天津市河北区税务局新开河税务所（以下简称新开河税务所）、被上诉人国家税务总局天津市河北区税务局（以下简称河北区税务局）征缴税款及行政复议一案，不服天津市第二中级人民法院（2023）津02行初44号行政判决，向本院提起上诉。本院依法组成合议庭，于2024年2月21日公开开庭审理了本案。本案现已审理终结。

原审法院经审理查明，原告元某某公司委托天津市万象税务师事务所（以下简称万象税务所）于2010年10月26日出具"金品家园"项目《土地增值税清算税款鉴证报告》（以下简称《鉴证报告》），截至《鉴证报告》作出之日2010年8月31日，该项目销售比例为99.37%，《鉴证报告》结论为应补缴土地增值税税额1 657 221.75元。原告于2010年11月5日预缴土地增值税税款165万元。2014年1月13日原告对销售部分剩余房产预缴土地增值税税款252 908.52元。后被告新开河税务所要求原告提供"金品家园"项目土地增值税清算资料。原告于2019年10月21日出具《情况说明》，说明因"管理档案人员更换、档案存放地点失火"等原因无法提供清算资料。被告新开河税务所于2021年3月29日向原告作出津北税新通〔2021〕590号《税务事项通知书》，通知原告15日内办理土地增值税清算申报。后被告新开河税务所于2021年3月29日前往原告注册地送达上述《税务事项通知书》未果。同日，在国家税务总局天津市税务局网站上公告送达。公告期满后，原告逾期未履行清算申报手续。

2021年7月15日，被告新开河税务所向原告作出津北税新限改〔2021〕1480号《责令限期改正通知书》，限原告于2021年7月23日前办理土地增值税清算申报。2021年7月16日被告新开河税务所前往原告注册地送达上述《责令限期改正通知书》未果。后于2021年7月27日在国家税务总局天津市税务局网站上公告送达。公告期满后，原告未在规定的期限内办理土地增值税清算申报。被告河北区税务局于2021年12月10日向天津市房地产市场服务中心发出《关于协助查询天津元某某投资担保有限公司等公司所开发项目商品房销售合同的函》，协查原告元某某公司开发案涉商品房项目的销售合同数据，以准确计算应缴纳的土地增值税。天津市房地产市场服务中心于2021年12月15日作出《关于协助查询天津元某某投资担保有限公司等公司所开发项目商品房销售合同的复函》，并提供了原告元某某公司开发案涉商品房项目的销售数据。被告新开河税务所依据原告提交的《鉴证报告》及天津市房地产市场服务中心出具的《关于协助查询天津元某某投资担保有限公司等公司所开发项目商品房销售合同的复函》，经集体讨论决定，于2022年1月24日向原告作出津北税新通〔2022〕13号《税务事项通知书》，内容为"你单位转让房地产收入审定数为230 651 296.70（其中普通住宅163 270 429.46；非普通住宅67 380 867.24，其他类型房地产0.00）；扣除项目全额审定数为204 658 265.00（其中普通住宅150 052 307.33；非普通住宅54 605 957.67，其他类型房地产0.00）；应缴土地增值税税额审定数为3 832 472.87（其中普通住宅0.00；非普通住宅3 832 472.87，其他类型房地产0.00）；据此审定数，你单位应补（退）土地增值税税额为540 518.69（其中普通住宅0.00；非普通住宅540 518.69，其他类型房地产0.00），办理期限为2022年2月24日。"该《税务事项通知书》于2022年2月9日送达原告。后原告于2022年3月20日向被告新开河税务所提交《关于不同意"补缴土地增值税"的情况说明》，对于被诉《税务事项通知书》书面提出异议，认为历经11年之久，已经超过税务追征期，无须补缴税款。被告新开河税务所收到异议书后，于2022年3月28日作出津北税新通〔2022〕42号《税务事项通知书》通知原告"津北税新通〔2022〕13号《税务事项通知书》是依法对'金品家园'项目土地增值税清算审核确认的补退税结果，你单位如对该结果存在异议，可在完成清算申报后，结清税款或提供相应的担保，并在法定的期限内书面提出行政复议申请。鉴于你单位认为已于2010年底完成了金品家园项目土地增值税清算手续，请你单位在收到本通知后5个工作日内提供包括但不限于税务机关当时给你单位出具的相关法律文书等有利于你单位主张的所有资料，我所将根据你单位清算完成情况适时调整相关结论，该过程不中止津北税新通〔2022〕13号《税务事项通知书》的执行效力。"该《税务事项通知书》于同日直接送达原告。

2022年6月28日被告新开河税务所出具津北税新通〔2022〕117号《税务事项通知书》，内容为原告开发的"金品家园"项目，土地增值税清算应缴税款已结清，并于2022年7月4日向原告直接送达。

原告不服被告新开河税务所作出的×号《税务事项通知书》，于2022年4月11日缴清全部540 518.69元税款后，向被告河北区税务局提出行政复议。被告河北区税务局于2022年4月11日收到原告提交的行政复议申请，请求：撤销被告新开河税务所作出的津北税新通〔2022〕13号《税务事项通知书》。2022年4月15日，被告河北区税务局向被告新开河税务所做出《行政复议答复通知书》。2022年4月18日，被告河北区税务局向原告送达《行政复议补正通知书》，告知原告补充相关材料。在原告补充相关材料后，被告河北区税务局于2022年4月20日，向原告做出《行政复议受理通知书》，并于2022年4月22日直接送达原告。2022年4月26日，被告新开河税务所提交书面答复及相关证据、法律依据等有关材料。被告河北区税务局经审查认为，被告新开河税务所作出的津北税新通〔2022〕13号《税务事项通知书》认定事实清楚、适用法律正确、程序合法，遂依据《中华人民共和国行政复议法》第二十八条第一款的规定，于2022年6月17日作出津北税复决字〔2022〕第1号《税务行政复议决定书》，决定维持并执行被告新开河税务所作出的津北税新通〔2022〕13号《税务事项通知书》，后送达原告及被告新开河税务所。原告不服，提起行政诉讼，请求：1. 撤销被告新开河税务所作出的津北税新通〔2022〕13号《税务事项通知书》和被告河北区税务局作出的津北税复决字〔2022〕第1号《税务行政复议决定书》；2. 本案诉讼费由二被告承担。

原审法院认为，本案争议焦点为：一、被告新开河税务所作出的津北税新通〔2022〕13号《税务事项通知书》认定事实是否清楚、适用法律是否正确、程序是否合法；二、被告河北区税务局作出的津北税复决字〔2022〕第1号《税务行政复议决定书》认定事实是否清楚、适用法律是否正确。

关于第一个争议焦点，依据《中华人民共和国土地增值税暂行条例》第十条、第十一条，《中华人民共和国土地增值税暂行条例实施细则》第十五条，《国家税务总局关于印发〈土地增值税清算管理规程〉的通知》（国税发〔2009〕91号）第五条第二款之规定，被告新开河税务所具有作出被诉《税务事项通知书》的主体资格和法定职权。

一、关于被诉《税务事项通知书》是否超过追征期的问题。《税收征收管理法实施细则》第八十三条规定："税收征管法第五十二条规定的补缴和追征税款、滞纳金的期限，自纳税人、扣缴义务人应缴未缴或者少缴税款之日起计算。"《土地增值税清算管理规程》第三条规定："《规程》所称土地增值税清算，是指纳税人在符合土地增值税清算条件后，依照税收法律、法规及土地增值税有关政策规定，计算房地产开发项目应缴纳的土地增值税税额，并填写《土地增值税清算申报表》，向主管税务机关提供有关资料，办理土地增值税清算手续，结清该房地产项目应缴纳土地增值税税款的行为。"《天津市房地产开发企业土地增值税清算管理办法》第七条规定："符合下列情形之一的，主管税务机关可要求纳税人进行土地增值税清算：（一）已通过竣工验收的房地产开发项目，已转让的房地产建筑面积占整个项目可销售建筑面积的比例在85%以上，或该比例虽未超过85%，但剩余的可售建筑面积已经出租或自用的；（二）取得开发项目销售（预售）许可证满3年仍未销售完毕的；（三）纳税人申请注销税务登记但未办理土地增值税清算手续的；（四）纳税人涉嫌重大税收违法行为的；（五）其他需要清算的情况。"基于上述法律规定，税务机关对房地产开发企业征缴土地增值税是按照预缴＋清算的模式进行管理，项目在达到清算条件前由纳税人按照本期收入乘以预征率的方式自行预缴申报。达到清算条件后，相关的成本已经能够准确核算，这时纳税人需要依照税收法律、法规及土地增值税等法律、法规的规定，计算房地产开发项目应缴纳的土地增值税税额，并填写《土地增值税清算申报表》，向主管税务机关提供有关资料、办理土地增值税清算手续，是纳税人的法定义务。主管税务机关审核完成后最终确定该项目土地增值税的应纳税额，纳税人结清该房地产项目应缴纳土地增值税税款。可见，土地增值税清算的纳税期限与其他固定期限税种不同，在达到清算条件后经过清算程序，最终由税务机关核准的税额及规定的期限缴纳，审核结论确定的期限才是追征期起算的时点，税务机关出具审核结论是土地增值税清算的必经程序也是最终程序。本案原告元某某公司在"金品家园"项目清算条件具备后仅提供给税务机关《鉴证报告》并没有提供其他清算材料，应当视为没有完成土地增值税清算申报，到2019年10月21日出具《情况说明》，以管理档案人员更换、档案存放地点失火等理由一直未主动履行清算申报义务，直至×号《税务事项通知书》作出。故原告元某某公司应承担"金品家园"项目未及时清算、使应缴少缴税款不能及时入国库的纳税人的责任。"金品家园"项目未及时清算并非属于《中华人民共和国税收征收管理法》第五十二条、《中华人民共和国税收征收管理法实施细则》第八十条、第八十一条规定的税务机关适用税收法律、行政法规不当或者执法行为违法，或因计算错误等失误原因造成的情形。综上，原告元某某公司主张的被诉《税务事项通知书》已经超过法律规定的追征期不能继续追缴的主张不成立，不予支持。

二、关于被诉《税务事项通知书》审定原告元某某公司应补缴土地增值税税额540 518.69元认定事实是否清楚以及原告元某某公司主张在2006年7月

1日之前已经售出的三套房屋应认定为普通住宅,应作税前扣除的主张是否成立的问题。

1. 关于确定原告元某某公司开发"金品家园"项目房地产收入审定数230 651 296.70元是否准确的问题。

被告新开河税务所在原告元某某公司提交的《鉴证报告》中列支收入的基础上,结合原告于2013年12月又售出房地产收入200万元的实际收入,通过向第三方天津市房地产市场服务中心调取的商品房合同信息,依据津地税流〔2005〕8号、津地税发〔2006〕3号、津地税地〔2007〕46号、津地税地〔2008〕45号、津地税地〔2010〕33号、津地税地〔2012〕6号、津地税地〔2014〕5号等文件中关于判定普通住宅的标准,按照成交日期将该项目普通住宅、非普通住宅的收入和成本重新划分,同时将天津市房地产市场服务中心的销售面积与《鉴证报告》可售面积的面积差部分涉及的补退收入,按比例进行了普通住宅、非普通住宅的确认。最终普通住宅确认收入163 270 429.46元,非普通住宅确认收入67 380 867.24元,确定原告转让房地产收入审定数为230 651 296.70元。故被告新开河税务所确定原告元某某公司转让房地产收入审定数为230 651 296.70元计算依据合法充分,结论准确。

2. 关于应扣除原告元某某公司开发"金品家园"项目的核定内容及数额是否准确的问题。

(1)关于原告取得土地使用权所支付的金额的审核。原告取得土地使用权所支付的金额列支有效凭证金额64 115 906.15元,审核时未做调整。按照普通与非普通住宅面积分摊比例,最终确认普通住宅土地成本为47 117 109.57元,非普通住宅土地成本16 998 796.58元。

(2)关于原告开发"金品家园"项目房地产开发成本的审核。根据会计准则相关要求,城镇土地使用税和清算审计费用应作为管理费用核算,因此调减不应列支在房地产开发成本中的清算审计费用151 976元,土地使用税235 458.50元。被告新开河税务所对《鉴证报告》中其他房地产开发成本相关内容整体采信。普通住宅和非普通住宅成本按照面积比例分摊确认。最终普通住宅确认开发成本59 907 409.25元,非普通住宅确认开发成本21 613 249.89元。

(3)关于原告房地产开发费用的审核。《国家税务总局关于土地增值税清算有关问题的通知》(国税函〔2010〕220号)中"三、房地产开发费用的扣除问题"规定:"(二)凡不能按转让房地产项目计算分摊利息支出或不能提供金融机构证明的,房地产开发费用在按'取得土地使用权所支付的金额'与'房地产开发成本'金额之和的10%以内计算扣除。全部使用自有资金,没有利息支出的,按照以上方法扣除。"原告提交的《鉴证报告》显示该项目全部使用自有资金，同时根据《天津市地方税务局关于土地增值税清算有关问题的公告》（2016年第25号）第五条"凡不能按转让房地产开发项目计算分摊利息支出或不能提供金融机构证明的，或全部使用自有资金的，房地产开发费用按'取得土地使用权所支付的金额'与'房地产开发成本'金额之和的10%计算扣除。"被告新开河税务所对原告房地产开发费用采用"取得土地使用权所支付的金额"与"房地产开发成本"金额之和的10%计算扣除。最终确认普通住宅开发费用10 702 451.88元，非普通住宅开发费用3 861 204.65元。

（4）关于核定原告开发"金品家园"项目与转让房地产有关的税金的审核。该项目列支与转让房地产有关的税金12 688 143.87元。增加收入后调增对应的营业税及附加113 031.25元，最终税金确定可扣除金额为12 801 175.12元。按照普通住宅和非普通住宅的收入比例划分，普通住宅列支税金9 061 528.76元，非普通住宅列支税金3 739 646.36元。

（5）关于财政部规定的核定原告开发"金品家园"项目加计扣除数的审核。该部分为土地增值税税制加计扣除，公式为（取得土地使用权所支付的金额＋房地产开发成本）×20%。最终确认普通住宅加计扣除21 404 903.77元，非普通住宅加计扣除7 722 409.29元。

（6）关于原告开发"金品家园"项目代收费用的审核。该部分未做调整，为企业代收的维修基金。最终确认普通住宅列支1 858 904.09元，非普通住宅列支670 650.91元。

3. 应纳税额的计算公式及计算过程。

（1）基本公式

①增值率＝（收入总额－扣除项目金额合计）÷扣除项目金额合计

②应缴土地增值税＝增值额×适用税率－扣除项目金额合计×速算扣除系数＝（收入总额－扣除项目金额合计）×适用税率－扣除项目金额合计×速算扣除系数

③清算应补税款＝应缴土地增值税－已缴土地增值税

（2）普通住宅税额计算

普通住宅增值率＝（普通住宅收入总额－普通住宅扣除项目金额合计）÷普通住宅扣除项目金额合计＝（163 270 429.46－150 052 307.33）÷150 052 307.33＝8.81%。

由于增值率未达到20%，适用免税。

（3）非普通住宅税额计算

①非普通住宅增值率＝（非普通住宅收入总额－非普通住宅扣除项目金额合计）÷非普通住宅扣除项目金额合计＝（67 380 867.24－54 605 957.67）÷

54 605 957.67 = 23.39%。

由于增值率未达到 50%，适用税率为 30%，速算扣除系数为 0。

②非普通住宅应缴土地增值税 =（非普通住宅收入总额 — 非普通住宅扣除项目金额合计）× 适用税率 — 非普通住宅扣除项目金额合计 × 速算扣除系数 =（67 380 867.24 — 54 605 957.67）× 30% — 0 = 3 832 472.87 元。

③非普通住宅已缴土地增值税 = 1 389 045.66 + 1 650 000 + 252 908.52 = 3 291 954.18 元（其中，1 389 045.66 元是纳税人于提交《鉴证报告》前预缴的，见被告新开河税务所提交证据第 15 页"纳税人提交的鉴证报告附件 2-2"最下方的合计数；1 650 000 元是纳税人于 2010 年 11 月 5 日预缴的；252 908.52 元是纳税人于 2014 年 1 月 13 日预缴的）。

非普通住宅清算应补税款 = 非普通住宅应缴土地增值税 — 非普通住宅已缴土地增值税 = 3 832 472.87 — 3 291 954.18 = 540 518.69 元。

被告新开河税务所鉴于上述情况，以原告提交的《鉴证报告》为依托，同时参照天津市房地产市场服务中心提供的商品房销售合同数据进行清算审核。根据对比天津市房地产市场服务中心提供的商品房销售合同数据，发现原告提供的《鉴证报告》未如实区分普通住宅与非普通住宅。被告新开河税务所依据《天津市房地产开发企业土地增值税清算管理办法》第十五条第（一）项"扣除项目金额中所归集的各项成本和费用必须是在清算项目开发中直接发生的或应当分摊的。纳税人分摊开发项目或者同时开发多个项目、同一项目中建造不同类型房地产的，其扣除项目金额的确定，按转让房地产的面积占总面积的比例计算分摊"的规定进行调整，将原告 2013 年销售房地产的收入纳入清算范围，确认该项目房地产销售收入合计 230 651 296.70 元。并依据《鉴证报告》和天津市房地产市场服务中心提供的《关于协助查询天津元某某投资担保有限公司等公司所开发项目商品房销售合同的复函》，按照各年度普通和非普通住宅的收入以及面积占比，依据国税发〔2006〕187 号《国家税务总局关于房地产开发企业土地增值税清算管理有关问题的通知》第四条第（五）项的规定，按照该面积占比比例确定了普通和非普通住宅各自的扣除金额，调取合同收入与《鉴证报告》收入差额部分为补退面积差收入，该部分亦按照该比例分摊确认普通和非普通住宅分别各自补退差收入，得出清算结论为：该项目清算应补税款为 540 518.69 元，其中普通住宅 0 元，非普通住宅 540 518.69 元。

综上所述，被告新开河税务所在确定原告元某某公司开发"金品家园"项目确定房地产收入审定数为 230 651 296.70 元的基础上，将原告取得土地使用权所支付的金额、房地产开发成本、房地产开发费用、与转让房地产有关的税金、财政部规定的加计扣除数及为企业代收的维修基金等六项费用扣除，依据计算公式，正确适用相应税率，从而确定原告元某某公司"金品家园"项目清算应补土地增值税税款为540 518.69元，符合《土地增值税清算管理规程》第十七条、第十八条、第十九条、第二十条的规定，其认定事实清楚，适用法律法规正确。

关于原告应补土地增值税税额，被告新开河税务所从有利于民营企业纳税人角度考虑，未依据《天津市房地产开发企业土地增值税清算管理办法》第十七条的规定对原告采取核定征收的征管手段，而是参照津万象土增鉴字〔2010〕018号《鉴证报告》及天津市房地产市场服务中心提供的商品房销售信息，经土地增值税清算委员会集体审议通过，重新计算原告开发"金品家园"项目土地增值税税额，已经充分考虑到原告元某某公司受疫情影响的实际经营状况，有利于优化营商环境和原告元某某公司的后续经营发展，并无不妥。

4. 对于原告元某某公司主张三套房产销售数额应做税前扣除的主张是否成立的问题。根据《中华人民共和国土地增值税暂行条例》第十条"纳税人应当自转让房地产合同签订之日起7日内向房地产所在地主管税务机关办理纳税申报，并在税务机关核定的期限内缴纳土地增值税"的规定，核定增值税额应以商品房买卖合同签订时间为准，而非以原告主张的实际销售时间为准。根据《关于调整我市普通住房标准及契税等房地产税收政策问题的通知》（津地税发〔2006〕3号）第一条第三款第（四）项、第六条之规定，由于原告主张的三套商品房买卖合同均显示签订时间为2006年7月1日后，该三套商品房应按照非普通住宅标准执行，应计入纳税金额。因此，原告的该项主张缺乏事实和法律依据，不予支持。

5. 关于被告新开河税务所适用公告送达津北税新通〔2021〕590号《税务事项通知书》及津北税新限改〔2021〕1480号《责令限期改正通知书》是否符合法律规定的问题。《中华人民共和国税收征收管理法》第十六条规定："从事生产、经营的纳税人，税务登记内容发生变化的，自工商行政管理机关办理变更登记之日起30日内或者在向工商行政管理机关申请办理注销登记之前，持有关证件向税务机关申报办理变更或者注销税务登记。"本案原告元某某公司在变更实际办公地址后，未在上述法律规定的期限内申报办理变更登记，被告新开河税务所在送达上述法律文书时，经过联系原告元某某公司的原会计（税务登记中留存的电话），被告知无代理权限，其亦未向被告新开河税务所提供变更后的办公地址。后被告新开河税务所在国家税务总局天津市税务局网站上公告送达上述法律文书，从程序上保障了原告元某某公司的合法权益，符合《全国税务稽查规范》（1.2版）"3.5.5.3操作规范"中第1条第（5）项第③点中可以"通过税务机关门户网站"公告送达的规定，并无不当之处。

关于第二个争议焦点，被告河北区税务局提供的证据能够证明其在收到原告的行政复议申请后，通知被告新开河税务所提供证据及法律依据，于法定期限内告知原告补正。在原告补正后予以受理并书面告知原告，并在审查后作出被诉《税务行政复议决定书》并送达原告及被告新开河税务所，其履行的复议程序合法。被告河北区税务局经审查，认为被告新开河税务所作出的被诉《税务事项通知书》认定事实清楚、适用法律正确，遂依据《中华人民共和国行政复议法》第二十八条第一款的规定，作出被诉《税务行政复议决定书》，决定维持并执行被告新开河税务所作出的被诉《税务事项通知书》，被诉《税务行政复议决定书》认定事实清楚、适用法律正确。

综上所述，被告新开河税务所作出的被诉《税务事项通知书》和被告河北区税务局作出的被诉《税务行政复议决定书》均具有合法性。原告元某某公司的诉讼请求缺乏事实和法律依据，不予支持。依据《中华人民共和国行政诉讼法》第六十九条之规定，判决驳回原告元某某公司的诉讼请求。案件受理费50元，由原告元某某公司负担。

元某某公司不服原审判决，提起上诉，其上诉请求为：1. 撤销一审判决，依法改判支持上诉人一审全部诉讼请求；2. 本案诉讼费由二被上诉人承担。事实与理由：原审判决认定事实不清，适用法律错误。一、上诉人在案涉税款征缴清算过程中不存在主观过错，被上诉人新开河税务所出具清算通知后，上诉人积极配合清算，已尽清算义务，清算流程已经完结。上诉人根据《鉴证报告》的结论所缴税款并非预缴，而是最终清算。新开河税务所口头通知上诉人进行清算。上诉人已委托万象税务所进行鉴证出具报告，并且2011年初按照要求提交了全套资料供审核。至此，被上诉人新开河税务所从未提出过上诉人提交资料不全的意见，也未再要求上诉人补充材料，应推断在启动清算程序之初上诉人已经提交了全部材料，上诉人已尽到清算义务。二、案涉土地增值税应适用《中华人民共和国税收征收管理法》第五十二条第一款3年税收征收期的规定，本案已过追征期。2010年10月上诉人已经履行了清算义务，但被上诉人新开河税务所未依照《天津市房地产开发企业土地增值税清算管理办法》（津地税〔2010〕49号）规定在90天内组织清算审核。上诉人达到"应当清算"条件后，被上诉人新开河税务所也未在3年追征期内责令上诉人申报。自2010年至被上诉人新开河税务所于2019年10月期间再次联系上诉人止，上诉人的注册地点、办公地点未发生过任何变化。被上诉人新开河税务所不作为导致清算工作延误，清算中断与上诉人无关。根据最高法院在审理（2015）行提字第13号"德发"案的裁判精神，只要纳税人不存在违反税法和税收征管的过错，税务机关原则上不能在3年期满后继续追征税款，本案案涉税款已过追征期。三、征缴税额不准确。1. 税务机关审核意见认为，《鉴证报告》中企业开发间接费列支城镇土地使用税235 458.5元予以调减，但《鉴证报告》中并未说明开发间接费用的构成，并不能得出列支城镇土地使用税的结论，该部分调整缺乏依据。2. 本案应当将认购协议签订时间确认为成交时间。最高人民法院《关于审理商品房买卖合同纠纷案件适用法律若干问题的解释》第五条规定，商品房的认购、订购、预订等协议，具备商品房销售管理办法第十六条规定的商品房买卖合同的主要内容，并且出卖人已经按照约定收受购房款的，该协议应当认定为商品房买卖合同。上诉人已在一审中提交三套房产的收据、认购协议，已具备了商品房买卖合同的主要内容，应当认定上诉人与买受人已经订立了商品房买卖合同，因此，三套房产不能以网签时间，而应以认购协议签订时间为成交时间，并以该时间为节点认定为普通住宅。

被上诉人新开河税务所辩称，原审法院认定事实清楚，证据确实充分，适用法律正确，程序合法，并无不当之处，应予维持。上诉人的上诉请求无事实和法律依据，请依法予以驳回。一、上诉人未尽清算义务，应承担少缴税款不能及时入库的纳税人责任。1. 上诉人未按《鉴证报告》全额缴税，并对此明知。2. 上诉人未进行清算申报。依据《国家税务总局关于印发〈土地增值税清算管理规程〉的通知》（国税发〔2009〕91号）及天津清算管理办法的规定，纳税人在办理土地增值税清算申报手续时应填写申报表、清算材料清单并提交有关资料，纳税人提交《鉴证报告》只是清算申报手续的附属条件之一。纳税人提交清算资料是以纳税人进行清算申报为前提的，清算程序启动后上诉人未能完成清算申报义务，也未提交其他清算资料。上诉人自2012年起以存放资料地点失火、管理档案人员更换等理由，变更实际经营地址等方式不再配合清算，但却不提供失火的报警资料，2019年后又以法人不在国内为由拒绝提供任何清算资料。3. 税务机关一直在督促上诉人进行清算申报。直至出具清算结论，上诉人都某进行清算申报，一直以预缴申报状态处理，按照当时的清算管理办法第三十三条规定，对以《鉴证报告》清算的项目，税务机关保留审核权、稽查权，每年进行抽查，并没有立即受理并作出审核结论的时间要求，税务机关未开展过审核工作。二、本案不适用税收征收期限的规定，未超征缴期限。上诉人只提交《鉴证报告》不提供其他清算资料，应当视为没有完成清算申报，应承担相应责任，不属于《中华人民共和国税收征收管理法》第五十二条，《中华人民共和国税收征收管理法实施细则》第八十条、第八十一条规定的情形，未超征缴期。本案与德发案完全不同，不存在参考意义。德发案是在纳税人完成申报手续并缴齐税款后，稽查检查重新核定了评估价格，是二手房转让过程中的土地增值税，与本案一手商品房的清算程序完全不同，本案清算程序尚未完结，不存在追征的概念。清算中的纳税期限是税务机关出具审核结论确定的，在×

号通知书出具之前，从未出具过其他任何载明缴款金额和缴款期限的文书，即便涉及追征期限也应当从13号通知书确定的缴税期限转日起算。三、征缴税额准确。1.《鉴证报告》附件2—10明确列支城镇土地使用税235 458.5元，根据《企业会计制度》第一百零四条规定，城镇土地使用税属于管理费用，应列为房地产开发费用，不应列在房地产开发成本——开发间接费项目下，因此审核做出调减。2. 依据网签备案时间为标准认定纳税金额符合法律规定。元某某公司补充提交的2套房产认购协议所载时间与网签时间一致，另一套房产未提交认购协议，只有定金收据，并不能支持其主张的三套房产归类为普通住宅，根据《中华人民共和国土地增值税暂行条例》第十条规定应以商品房买卖合同签订时间为准。

被上诉人河北区税务局辩称，其答辩意见与被上诉人新开河税务所答辩意见相同，上诉人元某某公司欠缴税款不受追征期的限制。

各方当事人向原审法院提供的证据均已随案移送本院。

庭审中，上诉人元某某公司提交了其单位工作人员记载材料（复议件）作为新证据，用以证明已配合税务机关完成查账，已经清算完成。二被上诉人庭审质证意见为，该证据不属于新的证据，且对该证据的真实性、合法性、关联性均不认可。本院审查认为，上诉人提供的上述证据材料不属于《最高人民法院关于行政诉讼证据若干问题的规定》第五十二条规定的"新的证据"，且无法实现其证明目的，本院不予采纳。

本院经审理查明的案件事实与原审判决认定的事实一致，本院予以确认。

本院认为，原审法院认定二被上诉人分别具有作出被诉通知及复议决定的主体资格及法定职权，符合《中华人民共和国土地增值税暂行条例》第十条、第十一条，《中华人民共和国土地增值税暂行条例实施细则》第十五条，《国家税务总局关于印发〈土地增值税清算管理规程〉的通知》（国税发〔2009〕91号）第五条第二款，《中华人民共和国行政复议法》（2017年修正）第十二条第二款，《税务行政复议规则》（2018年修正）第十七条的规定，并无不当。本案中，在上诉人元某某公司符合清算条件但未提供全部清算材料情况下，被上诉人新开河税务所结合案涉《鉴证报告》及天津市房地产市场服务中心提供的商品房销售信息，审定上诉人元某某公司应补缴土地增值税税额，并作出被诉通知后依法送达。该通知事实清楚，程序合法，符合《中华人民共和国土地增值税暂行条例》第二条、第四条、第十条的规定。

一、关于上诉人提出已尽清算义务，清算流程已经完结的主张。

《国家税务总局关于印发〈土地增值税清算管理规程〉的通知》（国税发〔2009〕91号）第九条、第十条分别规定了纳税人应进行清算以及主管税务机关可要求纳税人进行土地增值税清算的情形。该通知第十一条、第十二条规定，纳税人"满足条件之日起90日内到主管税务机关办理清算手续""应当在收到清算通知之日起90日内办理清算手续",并要提交土地增值税清算表及其附表、成本和费用的证明资料、纳税人委托税务中介机构审核鉴证的清算项目,还应报送中介机构出具的《土地增值税清算税款鉴证报告》等资料。本案中上诉人主张其收到被上诉人新开河税务所口头通知后,已经按照要求提交了包括《鉴证报告》在内的全部资料,但其未提交相关的证据予以证实。上诉人提出的应推定被上诉人新开河税务所收到其提交的全部资料,已完成清算申报义务的上诉理由不能成立。

《中华人民共和国土地增值税暂行条例实施细则》第十六条规定:"纳税人在项目全部竣工结算前转让房地产取得的收入,由于涉及成本确定或其他原因,而无法据以计算土地增值税的,可以预征土地增值税,待该项目全部竣工、办理结算后再进行清算,多退少补。具体办法由各省、自治区、直辖市地方税务局根据当地情况制定。"基于上述规定,税务机关对房地产开发企业征缴土地增值税是按照预缴+清算的模式进行管理。本案中,在案证据申报纳税记录、税收通用缴款书、工商银行电子缴税付款凭证中对上诉人2010年提交了《鉴证报告》后所缴纳的165万元以及上诉人涉案项目房屋销售达到100%以及后所缴纳的252 908.52元记载分别为"非普通住宅预征""土地增值税预征",可以证实上诉人所缴纳的款项系预征的税款,而非清算后所缴税款。上诉人亦未能提交证据证明清算已经完成。故上诉人提出的清算流程已经完结的主张不能成立。

二、关于上诉人提出涉案项目的土地增值税已经超过追征期的主张。

《中华人民共和国税收征收管理法实施细则》第八十三条规定:"税收征管法第五十二条规定的补缴和追征税款、滞纳金的期限,自纳税人、扣缴义务人应缴未缴或者少缴税款之日起计算。"《国家税务总局关于欠税追缴期限有关问题的批复》(国税函〔2005〕813号)载明:"按照《中华人民共和国税收征收管理法》和其他税收法律、法规的规定,纳税人有依法缴纳税款的义务。纳税人欠缴税款的,税务机关应当依法追征,直至收缴入库,任何单位和个人不得豁免。税务机关追缴税款没有追征期的限制。税收征管法第52条有关追征期限的规定,是指因税务机关或纳税人的责任造成未缴或少缴税款在一定期限内未发现的,超过此期限不再追征。纳税人已申报或税务机关已查处的欠缴税款,税务机关不受该条追征期规定的限制,应当依法无限期追缴税款。"《国家税务总局关于印发〈土地增值税清算管理规程〉的通知》(国税发〔2009〕91号)第三十二条规定:"土地增值税清算审核结束,主管税务机关应当将审核结果书面通知纳税人,并确定办理补、退税期限。"根据上述法规规定及批复,《中华人民共和国税收征收管理法》第五十二条规定适用于税务机关或纳税人的责任造成未缴或少缴税款在一定期限内未发现的,该条规定追征期限的起算点为应缴未缴或者少缴税款确定之日。涉及土地增值税的征缴,在未完成清算时应补、退税金额并未确定,期限亦未确定的情形下,不受《中华人民共和国税收征收管理法》第五十二条追征期的限制。同时本案中,上诉人、被上诉人新开河税务所均对发出清算通知无异议,也不存在应交税款未被发现的情形。上诉人关于涉案项目的土地增值税已经超过追征期的主张不能成立。

三、关于上诉人提出的征缴税额不准确的主张。

《中华人民共和国土地增值税暂行条例实施细则》第七条规定:"……(三)开发土地和新建房及配套设施的费用(以下简称房地产开发费用),是指与房地产开发项目有关的销售费用、管理费用、财务费用……"《财政部关于印发〈企业会计制度〉的通知》(财会〔2000〕25号)第一百零四条规定,城镇土地使用税属于管理费用,应列为房地产开发费用,不应列在房地产开发成本——开发间接费项目,而涉案《鉴证报告》在附件2-(10)《开发间接费用鉴证表》中列支城镇土地使用税。被上诉人新开河税务所审核时对此做出调减并无不当。《中华人民共和国土地增值税暂行条例》第十条规定:"纳税人应当自转让房地产合同签订之日起7日内向房地产所在地主管税务机关办理纳税申报,并在税务机关核定的期限内缴纳土地增值税。"《最高人民法院关于审理商品房买卖合同纠纷案件适用法律若干问题的解释》第五条规定:"商品房的认购、订购、预订等协议具备《商品房销售管理办法》第十六条规定的商品房买卖合同的主要内容,并且出卖人已经按照约定收受购房款的,该协议应当认定为商品房买卖合同。"本案中上诉人所提证据中收据为定金,不能证实其主张的涉案三套房屋符合上述司法解释规定的情形。被上诉人新开河税务所以网签时间为认定时间确定纳税金额符合规定。上诉人提出的审核结果金额不准确的主张不能成立。

需要指出的是,本案中自上诉人符合清算条件并提交《鉴证报告》至最终完成清算已10年有余,究其原因上诉人及被上诉人新开河税务所双方均有责任。上诉人自述以及在案证据可以证实在2013年涉案项目已经完成销售,上诉人应按当时有效的《天津市地方税务局关于印发〈天津市房地产开发企业土地增值税清算管理办法〉的通知》(津地税地〔2010〕49号)第六条、第九条的规定,在满足条件之日起90日内到主管税务机关办理清算手续,但其未按上述规定办理。且其在2019年10月21日给被上诉人河北区税务局的《情况说明》中自述,办公地址变更多次,且因失火致资料无从查找,但并未提交失火证明,故其对未及时清算审核负有责任。同时,虽然纳税人依法应当及时申报纳税,但税务机关也应主动履行监管、征税职责。《国家税务总局关于印发〈土地增值税清算管理规程〉的通知》(国税发〔2009〕91号)第十三条规定,"对纳税人符合清算条件、但报送的清算资料不全的，应要求纳税人在规定限期内补报，纳税人在规定的期限内补齐清算资料后，予以受理"，虽当时对税务机关要求纳税人补充材料期限无明确规定，但从效率角度出发，税务机关亦应及时通知补充。而本案中，在案证据不能证明被上诉人新开河税务所在通知上诉人进行清算后、上诉人提交的资料不全时，积极、及时通知上诉人补齐相关资料。被上诉人新开河税务所未积极履行其税收监管职责行为确有不妥，在此予以指出。综合考虑本案具体情况，本院认为，被上诉人新开河税务所未对上诉人采取核定征收的征管手段，已经从有利于企业的经营发展的角度考虑了上诉人的实际权益。

被上诉人河北区税务局依法受理了上诉人的复议申请，履行了通知提供证据，告知补正，进行审查等法定程序，作出被诉复议决定并依法送达，程序合法，并无不当。

综上，原审判决驳回上诉人的诉讼请求正确，本院应予维持。上诉人的上诉请求缺乏事实根据和法律依据，本院不予支持。依照《中华人民共和国行政诉讼法》第八十九条第一款第（一）项之规定，判决如下：

驳回上诉，维持原判。

2024 年 4 月 12 日

二、违法享受普通标准住房土地增值税优惠政策

（一）违法主体

转让国有土地使用权、地上的建筑物及其附着物（以下简称转让房地产）并取得收入的单位和个人。

（二）构成要件

1. 有下列情形之一的，免征土地增值税：

（1）纳税人建造普通标准住宅出售，增值额未超过扣除项目金额 20% 的。

（2）因国家建设需要依法征收、收回的房地产。

2. 普通标准住宅，是指按所在地一般民用住标准建造的居住用住宅。高级公寓、别墅、度假村等不属于普通标准住宅。普通准住宅与其他住宅的具体划分界限由各省、自治区、直辖市人民政府规定。

3. 计算增值额的扣除项目，具体包含以下几种情况。

（1）取得土地使用权所支付的金额，是指纳税人为取得土地使用权所支付的地价款和按国家统一规定交纳的有关费用。

（2）开发土地和新建房及配套设施（以下简称房地产开发）的成本，是指

纳税人房地产开发项目实际发生的成本（以下简称房地产开发成本），包括土地征用及拆迁补偿费、前期工程费、建筑安装工程费、基础设施费、公共配套设施费、开发间接费用。土地征用及拆迁补偿费，包括土地征用费、耕地占用税、劳动力安置费及有关地上、地下附着物拆迁补偿的净支出、安置动迁用房支出等。前期工程费，包括规划、设计、项目可行性研究和水文、地质、测绘、"三通一平"等支出。建筑安装工程费，是指以出包方式支付给承包单位的建筑安装工程费，以自营方式发生的建筑安装工程费。基础设施费，包括开发小区内道路、供水、供电、供气、排污、排洪、通讯、照明、环卫、绿化、等工程发生的支出。公共配套设施费，包括不能有偿转让的开发小区内公共配套设施发生的支出。开发间接费用，是指直接组织、管理开发项目发生的费用，包括工资、职工福利费、折旧费、修理费、办公费、水电费、劳动保护费、周转房摊销等。

（3）开发土地和新建房及配套设施的费用（以下简称房地产开发费用），是指与房地产开发项目有关的销售费用、管理费用、财务费用。财务费用中的利息支出，凡能够按转让房地产项目计算分摊并提供金融机构证明的，允许据实扣除，但最高不能超过按商业银行同类同期贷款利率计算的金额。其他房地产开发费用，按上述（1）（2）项规定计算的金额之和的5%以内计算扣除。凡不能按转让房地产项目计算分摊利息支出或不能提供金融机构证明的，房地产开发费用按上述（1）（2）项规定计算的金额之和的10%以内计算扣除。上述计算扣除的具体比例，由各省、自治区、直辖市人民政府规定。

（4）旧房及建筑物的评估价格，是指在转让已使用的房屋及建筑物时，由政府批准设立的房地产评估机构评定的重置成本价乘以成新度折扣率后的价格。评估价格须经当地税务机关确认。

（5）与转让房地产有关的税金，是指在转让房地产时缴纳的城市维护建设税、印花税。因转让房地产交纳的教育费附加，也可视同税金予以扣除。

（6）对从事房地产开发的纳税人可按上述（1）（2）项规定计算的金额之和，加计20%的扣除。

4.纳税人建造普通标准住宅出售，增值额未超过上述（1）（2）（3）（5）（6）项扣除项目金额之和20%的，免征土地增值税；增值额超过扣除项目金额之和20%的，应就其全部增值额按规定计税。

（三）法律责任

1.纳税人、扣缴义务人按照法律、行政法规规定或者税务机关依照法律、行政法规的规定确定的期限，缴纳或者解缴税款。

2.纳税人未按照规定期限缴纳税款的，扣缴义务人未按照规定期限解缴税款的，税务机关除责令限期缴纳外，从滞纳税款之日起，按日加收滞纳税款万分之五的滞纳金。

三、逃税罪

（一）违法主体

转让国有土地使用权、地上的建筑物及其附着物（以下简称转让房地产）并取得收入的单位和个人。

（二）构成要件

1. 纳税人在项目全部竣工结算前转让房地产取得的收入，由于涉及成本确定或其他原因，而无法据以计算土地增值税的，可以预征土地增值税，待该项目全部竣工、办理结算后再进行清算，多退少补。具体办法由各省、自治区、直辖市地方税务局根据当地情况制定。
2. 纳税人符合下列条件之一的，应进行土地增值税的清算：
（1）房地产开发项目全部竣工、完成销售的；
（2）整体转让未竣工决算房地产开发项目的；
（3）直接转让土地使用权的。
3. 对符合以下条件之一的，主管税务机关可要求纳税人进行土地增值税清算：
（1）已竣工验收的房地产开发项目，已转让的房地产建筑面积占整个项目可售建筑面积的比例在85%以上，或该比例虽未超过85%，但剩余的可售建筑面积已经出租或自用的；
（2）取得销售（预售）许可证满3年仍未销售完毕的；
（3）纳税人申请注销税务登记但未办理土地增值税清算手续的；
（4）省（自治区、直辖市、计划单列市）税务机关规定的其他情况。
对上述所列第（3）项情形，应在办理注销登记前进行土地增值税清算。

（三）法律责任

1. 纳税人采取欺骗、隐瞒手段进行虚假纳税申报或者不申报，逃避缴纳税款数额较大并且占应纳税额10%以上的，处3年以下有期徒刑或者拘役，并处罚金；数额巨大并且占应纳税额30%以上的，处3年以上7年以下有期徒刑，并处罚金。

2. 扣缴义务人采取上述所列手段，不缴或者少缴已扣、已收税款，数额较大的，依照上述规定处罚。

3. 实施危害税收征管犯罪，造成国家税款损失，行为人补缴税款、挽回税收损失，有效合规整改的，可以从宽处罚；犯罪情节轻微不需要判处刑罚的，可以不起诉或者免予刑事处罚；情节显著轻微危害不大的，不作为犯罪处理。

（四）典型案例

山东省禹城市人民法院
刑 事 判 决 书

（2019）鲁1482刑初30号

公诉机关：山东省禹城市人民检察院。

被告单位：禹城市中天房地产开发有限公司（以下简称中天公司），组织机构代码91×××，单位地址禹城市，法定代表人杨某峰。

被告人杨某峰，男，出生于黑龙江省伊春市，中天公司法定代表人，户籍所在地为山东省禹城市，居住地为禹城市。因涉嫌犯职务侵占罪，于2017年5月18日被刑事拘留，同年6月18日被监视居住；因涉嫌犯逃税罪，于2017年6月18日被刑事拘留，同年7月26日被执行逮捕，2018年2月26日被禹城市公安局取保候审。2019年1月11日，经本院决定，继续由禹城市公安局对其取保候审。

禹城市人民检察院以禹检公诉刑诉〔2019〕1号起诉书指控被告单位禹城市中天房地产开发有限公司、被告人杨某峰犯逃税罪，于2019年1月11日向本院提起公诉，本院当日立案受理，依法组成合议庭，适用普通程序，于2019年3月15日、2019年7月16日公开开庭审理了本案。禹城市人民检察院于2019年4月11日以补充侦查为由，建议延期审理，本院当日决定延期审理，同年5月10日恢复法庭审理。2019年8月10日，因被告人申请调取新的证据，本院决定延期审理一个月。本案现已审理终结。

禹城市人民检察院指控：禹城市中天房地产开发有限公司从2008年8月开始进行纳税申报。在被告人杨某峰任中天公司法定代表人期间，禹城市地税局发现中天公司在2014年度申报缴纳明显异常，2015年禹城市政府以"政府采购形式"聘请德州市税务事务所对中天公司2009年至2015年8月的纳税情况进行了检查，并于2015年12月9日出具税收评估自查报告。检查发现中天公司在法定纳税期间进行虚假申报、不申报，需要补缴各类税款共计3 770 532.14元。2016年4月11日，禹城市地税局根据检查报告依法对中天公司下达《责令限期改正通知书》对上述欠税进行催收，2016年4月份，中天公司补缴税款294 438.5元。2016年6月3日，禹城市地税局对剩余欠税向中天公司下达《强制执行催告书》，未果。2016年12月6日，禹城市地税局依法向中天公司下达《税收强制执行决定书》，并依法从中天公司农行账户（账号15785362×）中强制执行税款2 489 173.95元、滞纳金40 601.05元。经中天公司补缴及禹城市地税局强制执行，在侦查机关立案时，中天公司仍有986 919.71元税款不予补缴（包括个人所得税874.71元，企业所得税821 095.37元，土地增值税164 949.63元），逃避税款数额占2015年1—8月份应纳税额的16.45%。

公诉机关提交的证据有：1. 税收评估自查报告、企业信息等书证；2. 证人杨某、梁某、张某等人的证言；3. 被告人杨某峰的供述与辩解等。

公诉机关认为，被告单位禹城市中天房地产开发有限公司及其法定代表人杨某峰采取欺骗、隐瞒手段进行虚假纳税申报或者不申报，逃避缴纳税款986 919.71元，并且占应纳税额的16.45%，其行为触犯了《中华人民共和国刑法》第二百零一条之规定，犯罪事实清楚，证据确实、充分，应当以逃税罪追究其刑事责任，提请法院依法判处。

被告单位诉讼代表人及单位辩护人辩称，被告单位中天公司没有逃税罪的犯罪故意，欠缴税款是事实，但欠缴税款不等同逃税罪。且土地增值税系预征税，预征税并非应纳税款，不符合逃税罪的客观构成要件，因此，对公诉机关指控被告单位中天公司犯逃税罪的定性不认可。

被告人杨某峰辩称，1. 其主观上没有逃税的想法；2. 中天公司没有缴税是因为客观原因确实没有资金了；3. 起诉书中指控中天公司未缴纳的企业所得税和土地增值税在项目完毕后需要汇算清缴，据其所知公司目前是亏损状态，之前预缴的税款在汇算清缴后还需退还给公司；4. 房地产企业受客观情况制约，没有逃税可能。

被告人杨某峰的辩护人对公诉机关指控的罪名不认可，认为公诉机关指控被告人杨某峰犯逃税罪证据不足，其行为不符合逃税罪的犯罪构成：

1. 被告人杨某峰作为中天公司法定代表人，没有逃税罪的犯罪故意。（1）中天公司2015年开始预收房款后，公司财务人员便通过税务局的报税系统进行申报，但因系统中没有本案所涉及的企业所得税及土地增值税的税种认定，无法申报，而非拒不申报；（2）地税局2015年度税务检查时，查到中天公司可能涉嫌欠税漏税，要求企业进行自查，中天公司自查后，将公司所涉及的欠税情况全部在报告中体现并报备税务机关。2015年9月份地税局更改后台系统，将企业所得税及土地增值税等税种进行认定，中天公司随即进行申报。

2. 从现有证据来看，被告单位欠缴税款是事实，但欠税系行政管理范畴，刑事犯罪是严格证据犯罪，被告单位欠缴税款不等同逃税罪。(1)被告单位进行自查后，便向税务机关递交了应缴税款的自查报告，毫无隐瞒、如实申报。根据我国税收征管法相关规定，税务机关有权向被告单位责令限期改正、强制催告、强制征收，但不能以税务机关的行政决定作为对被告人定罪量刑的依据；(2)根据被告人供述，中天公司自2016年10月份被禹城市政府接管，被告人对公司失去控制权，亦无法进行资金的操作用以补缴税款。欠税是事实，但被告人没有逃税的主观故意，以刑事处罚代替行政强制措施违反刑法的法律规定及相关立法精神。

3. 根据《中华人民共和国土地增值税暂行条例实施细则》规定，土地增值税系预征税。逃税罪是对应缴而未缴税款的定罪，预征税并非应纳税款，不符合逃税罪客观构成要件。(1)根据细则第十六条规定，预征土地增值税待项目全部竣工、办理结算后再进行清算，多退少补；(2)据被告人供述，目前被告单位已有2000多万元的亏损，根据开发项目不断的延期决算，成本将会进一步扩大。如被告单位没有利润或亏损，税务机关应将扣缴的土地增值税款全部予以退还，若此落实，认定被告单位及杨某峰逃税相互矛盾。且税务机关划扣税款的顺序是否合理、是否有法律依据无证据支持。

4. 根据企业所得税法、《国家税务总局关于印发〈房地产开发经营业务企业所得税处理办法〉的通知》(国税发〔2009〕31号)规定，房地产企业的企业所得税在项目完工后需要结转成本，核定计税成本后进行纳税调整，才能得知企业所得，从而确定企业所得税缴纳数额。(1)对房地产企业来讲，企业所得税系预缴税款，会在项目决算后进行纳税调整；(2)根据国家税务总局关于未申报税款追缴期限问题的批复（国税函〔2009〕326号），《中华人民共和国税收征收管理法》第六十四条第二款规定的纳税人不进行纳税申报造成不缴或少缴应纳税款的情形不属于偷税、抗税、骗税，其追征期按照《中华人民共和国税收征收管理法》第五十二条规定的精神，一般为3年，特殊情况可以延长至5年。由该批复可以看出，税务总局对《中华人民共和国税收征收管理法》第六十四条第二款规定的情形持慎重的态度，不宜轻易认定纳税人上述情形为逃税行为。

5. 起诉书中对逃税比例计算错误。最高人民法院《关于审理偷税抗税刑事案件具体应用法律若干问题的解释》第三条规定，偷税数额占应纳税额的百分比，是指一个纳税年度中的各税种偷税总额与该纳税年度应纳税总额的比例。该处的纳税年度指的是整个会计年度，即分子系逃税额，分母为一个会计年度的应纳税额。公诉机关将该分母计算为2015年1—8月份应纳税额，计算错误。

6. 我国税务的相关税款征收规定政策性和专业性都较强，涉及税收征收如此专业化的问题，应由专业机构出具税务及会计司法鉴定。

经审理查明，禹城市中天房地产开发有限公司从2008年8月开始进行纳税申报。在被告人杨某峰任中天公司法定代表人期间，禹城市地税局发现中天公司在2014年度申报缴纳明显异常，2015年禹城市政府以"政府采购形式"聘请德州市税务事务所对中天公司2009年至2015年8月的纳税情况进行了检查，并于2015年12月9日以中天公司的名义出具了税收评估自查报告，对中天公司自2009年至2015年8月份期间未申报缴纳的税种、税款均有详细说明，未申报、缴纳的税款共计3 770 532.14元。

2016年4月11日，禹城市地税局根据自查报告依法对中天公司下达《责令限期改正通知书》对上述欠税进行催收，2016年4月份，中天公司补缴税款294 438.5元。2016年6月3日，禹城市地税局对剩余欠税向中天公司下达《强制执行催告书》，未果。2016年12月6日，禹城市地税局依法向中天公司下达《税收强制执行决定书》，并依法从中天公司农行账户（账号15785362×）中强制执行税款2 489 173.95元、滞纳金40 601.05元。经中天公司补缴及禹城市地税局强制执行，在侦查机关立案时，中天公司仍有986 919.71元税款不予补缴（包括个人所得税874.71元，企业所得税821 095.37元，土地增值税164 949.63元）。2015年全年，中天公司应纳税额为8 696 990.35元，当年未申报缴纳税额占全年应纳税额的11.35%。

上述事实有下列经当庭举证、质证、认定的证据证实：……

上述证据相互印证，足以认定。

关于被告单位中天公司及被告人杨某峰是否有逃税故意，本院认为，中天公司自2008年8月开始进行纳税申报，2014年度申报纳税明显异常，在2015年禹城市政府以"政府采购形式"聘请德州市税务事务所对中天公司纳税情况进行审计前一直未按实际情况向税务机关进行申报；审计并以中天公司的名义出具了自查报告之后，中天公司仍未及时向税务机关申报2015年1至8月份的税款，且经税务机关下达了责令限期改正通知书等文书后，亦未及时申报、缴纳。综上可以看出，中天公司具有逃避缴纳税款的主观故意，被告单位、被告人及其辩护人关于中天公司无逃税故意的辩解理由及辩护意见不予采纳。

关于被告单位、被告人及其辩护人辩称的，土地增值税系预征税，预征税并非应纳税款，不符合逃税罪客观构成要件的辩解理由及辩护意见，本院认为，首先，根据《中华人民共和国土地增值税暂行条例实施细则》第十六条规定，纳税人在项目全部竣工结算前转让房地产取得的收入，由于涉及成本确定或其他原因，而无法据以计算土地增值税的，可以预征土地增值税。该条规定说明土地增值税可以预征。其次，根据德州市税务事务所对中天公司纳税情况进行审计后，以中天公司名义出具的自查报告来看，土地增值税亦包含在中天公司应申报而未申报的税种范围内。因此，该项辩解理由及辩护意见不予采纳。

关于被告人杨某峰的辩护人提出的国家税务总局关于未申报税款追缴期限问题的批复，该批复称"纳税人不进行纳税申报造成不缴或少缴应纳税款的情形不属于偷税、抗税、骗税"，该批复中仅涉及纳税人"不申报"的问题，而逃税罪是纳税人采取欺骗、隐瞒手段进行虚假纳税申报或者不申报，因此，该批复不影响本案被告单位及被告人的定罪问题。

关于被告单位逃税比例的计算，根据最高人民法院《关于审理偷税抗税刑事案件具体应用法律若干问题的解释》第三条规定，偷税数额占应纳税额的百分比，是指一个纳税年度中的各税种偷税总额与该纳税年度应纳税总额的比例，应计算为逃税数额占2015年全年应纳数额的比例，即11.35%。被告人杨某峰的辩护人的该项辩护意见予以采纳。

中天公司的纳税情况已由专业机构作出审计，且以中天公司的名义出具了自查报告，被告单位中天公司及被告人杨某峰当庭表示对该份自查报告予以认可，被告人杨某峰的辩护人提出的要求专业机构出具税务及会计司法鉴定一事不予采纳。

综上，本院认为，被告单位禹城市中天房地产开发有限公司采取欺骗、隐瞒手段不进行纳税申报，逃避缴纳税款986 919.71元，且占应纳税额的11.35%，其行为构成逃税罪；被告人杨某峰作为该公司的法定代表人，亦构成逃税罪，公诉机关指控被告单位中天公司、被告人杨某峰犯逃税罪的罪名成立。中天公司虽未申报、缴纳税款，但能配合德州市税务事务所进行审计，逃税比例较低，且逃税数额多为预征税款，决定对被告单位中天公司、被告人杨某峰从轻处罚。根据被告单位禹城市中天房地产开发有限公司、被告人杨某峰犯罪的事实、性质、情节和对社会的危害程度及其认罪态度、悔罪表现，依照《中华人民共和国刑法》第二百零一条第一款、第二百一十一条、第三十条、第三十一条、第五十二条、第五十三条之规定，判决如下：

被告单位禹城市中天房地产开发有限公司犯逃税罪，判处罚金人民币50万元。

（罚金于判决生效后10日内缴纳。）

二、被告人杨某峰犯逃税罪，判处有期徒刑九个月零九天，并处罚金人民币5万元。

（刑期从判决执行之日起计算，判决执行以前先行羁押九个月零九天折抵刑期，罚金于判决生效后10日内缴纳。）

2019年9月11日

第四节　城镇土地使用税缴纳风险

一、偷逃城镇土地使用税

（一）违法主体

在城市、县城、建制镇、工矿区范围内使用土地的单位和个人。

（二）构成要件

1.城镇土地使用税以纳税人实际占用的土地面积为计税依据，依照规定税额计算征收。

2.城镇土地使用税每平方米年税额如下：

（1）大城市 1.5 元至 30 元；

（2）中等城市 1.2 元至 24 元；

（3）小城市 0.9 元至 18 元；

（4）县城、建制镇、工矿区 0.6 元至 12 元。

3.省、自治区、直辖市人民政府，应当在上述规定的税额幅度内，根据市政建设状况、经济繁荣程度等条件，确定所辖地区的适用税额幅度。

4.市、县人民政府应当根据实际情况，将本地区土地划分为若干等级，在省、自治区、直辖市人民政府确定的税额幅度内，制定相应的适用税额标准，报省、自治区、直辖市人民政府批准执行。

5.经省、自治区、直辖市人民政府批准，经济落后地区城镇土地使用税的适用税额标准可以适当降低，但降低额不得超过上述规定最低税额的 30%。经济发达地区城镇土地使用税的适用税额标准可以适当提高，但须报经财政部批准。

（三）法律责任

1.纳税人、扣缴义务人必须依照法律、行政法规的规定缴纳税款、代扣代缴、代收代缴税款。

2.对偷税、抗税、骗税的，税务机关追征其未缴或者少缴的税款、滞纳金或者所骗取的税款，不受前款规定期限的限制。

3.纳税人伪造、变造、隐匿、擅自销毁账簿、记账凭证，或者在账簿上多列支出或者不列、少列收入，或者经税务机关通知申报而拒不申报或者进行虚假的纳税申报，不缴或者少缴应纳税款的，是偷税。对纳税人偷税的，由税务机关追缴其不缴或者少缴的税款、滞纳金，并处不缴或者少缴的税款50%以上5倍以下的罚款；构成犯罪的，依法追究刑事责任。

（四）典型案例

广东省高级人民法院
行 政 裁 定 书

（2019）粤行申886号

再审申请人（一审原告、二审上诉人）：广东国兴农业高新技术开发有限公司。

被申请人（一审被告、二审被上诉人）：国家税务总局佛山市税务局第一稽查局（原佛山市顺德区地方税务局稽查局）。

被申请人（一审被告、二审被上诉人）：国家税务总局佛山市顺德区税务局（原佛山市顺德区地方税务局）。

申请人广东国兴农业高新技术开发有限公司（以下简称国兴农业公司）因诉原佛山市顺德区地方税务局稽查局（以下简称原顺德区地税稽查局）、原佛山市顺德区地方税务局（以下简称原顺德区地税局）税务行政处理及行政复议纠纷一案，不服广东省佛山市中级人民法院（2018）粤06行终557号行政判决，向本院申请再审。本院依法组成合议庭对本案进行了审查，现已审查终结。

国兴农业公司申请再审称：1.《中华人民共和国城镇土地使用税暂行条例》明确规定，城镇土地使用税的纳税义务人为土地实际占用人，土地权属人并不一定是实际占用人，认为土地权属人就是纳税义务人的观点是错误的。2.税务执法实务中，一般是按实际占用的法律标准征收城镇土地使用税。3.涉案土地在尚未取得征地批文之前不征收城镇土地使用税。再审请求：撤销原一、二审判决，对本案进行再审。

原顺德区地税稽查局提交意见称：1.我局作出的行政行为认定事实清楚，原佛山市国土资源局已在出让合同约定的土地交付日向申请人实际交付土地，申请人也于出让合同约定的土地交付日按现状土地条件实际接收土地，申请人已实际占用涉案土地并获得巨大经济利益。2.我局依据《中华人民共和国税收征收管理法》《中华人民共和国城镇土地使用税暂行条例》《广东省城镇土地使用税实施细则》等规定，认定申请人偷税，并作出追缴城镇土地使用税及滞纳金的决定，适用法律正确，程序合法。3.涉案土地何时取得征地批文与被申请人作出的行政行为无关。再审请求：驳回申请人的再审申请。

原顺德区地税局提交意见称：根据原顺德区地税稽查局提供的证据证明，申请人实施了隐瞒土地应税项目的行为，进行了虚假纳税申报，造成了少缴税款的后果事实清楚，证据确凿。我局作出的复议决定认定事实清楚，证据充分，适用法律正确，程序合法。再审请求：驳回申请人的再审申请。

本院认为，本案为税务行政处理及行政复议纠纷，争议焦点为原顺德区地税稽查局作出的顺地税稽处〔2017〕13号《税务处理决定书》（以下简称涉案税务决定书），以及原顺德区地税局作出的顺地税行复〔2017〕1号《行政复议决定书》（以下简称涉案复议决定），是否合法。

《中华人民共和国城镇土地使用税暂行条例》第二条第一款规定："在城市、县城、建制镇、工矿区范围内使用土地的单位和个人，为城镇土地使用税（以下简称城镇土地使用税）的纳税人，应当依照本条例的规定缴纳城镇土地使用税。"第九条规定："新征收的土地，依照下列规定缴纳城镇土地使用税：……（二）征收的非耕地，自批准征收次月起缴纳城镇土地使用税。"《中华人民共和国税收征收管理法》（2015年修正）第四条第三款规定："纳税人、扣缴义务人必须依照法律、行政法规的规定缴纳税款、代扣代缴、代收代缴税款。"第五十二条第三款规定："对偷税、抗税、骗税的，税务机关追征其未缴或者少缴的税款、滞纳金或者所骗取的税款，不受前款规定期限的限制。"第六十三条第一款规定："纳税人伪造、变造、隐匿、擅自销毁账簿、记账凭证，或者在账簿上多列支出或者不列、少列收入，或者经税务机关通知申报而拒不申报或者进行虚假的纳税申报，不缴或者少缴应纳税款的，是偷税。……"《财政部 国家税务总局关于房产税、城镇土地使用税有关政策的通知》（财税〔2006〕186号，以下简称财税〔2006〕186号通知）中第二项中明确："以出让或转让方式有偿取得土地使用权的，应由受让方从合同约定交付土地时间的次月起缴纳城镇土地使用税。"

根据申请人申请再审提交的材料反映，申请人国兴农业公司于2006年、2007年与原广东省佛山市国土资源局签订《国有土地使用权出让合同》，取得大良碧桂路东侧的三宗土地，作为物流仓储用地，直至国兴农业公司于2010年9月将三宗土地卖给佛山市顺德区土地储备发展中心，其仍未依法对上述三宗土地持有期间向主管税务机关如实申报并缴纳城镇土地使用税，原顺德区地税稽查局以国兴农业公司逃避缴纳税款为由对国兴农业公司进行税务稽查立案。在查明相关事实后，原顺德区地税稽查局于2017年9月20日召开稽查局案件集体审理会议，对国兴农业公司涉嫌逃避缴纳税款进行集体审理，并于同日作出涉案税务决定书，告知申请人应补缴相应的城镇土地使用税及税款滞纳金。国兴农业公司不服涉案税务决定书，申请行政复议，原顺德区地税局作出涉案复议决定，维持了涉案税务决定书。

一、二审法院经审理认定，本案中国兴农业公司是负有纳税义务的单位，在其与原广东省佛山市国土资源局签订了三份《国有土地使用权出让合同》后，就应从三份合同约定的交付土地的时间起缴纳城镇土地使用税，原顺德区地税稽查局根据相关部门提供的信息，对国兴农业公司进行立案查处，经过调查取证及集体审理后，作出涉案税务决定书，事实清楚、程序合法，原顺德区地税稽查局虽未在涉案税务决定书将财税〔2006〕186号通知列为处理依据，确有不妥，但不影响涉案税务决定书结果的正确性。一审、二审法院据此判决驳回申请人关于撤销涉案税务决定书及复议决定的诉讼请求，经本院审查，并无不当。申请人申请再审主张，原一、二审判决认定事实不清、适用法律错误等，再审请求撤销原一、二审判决，因理据不足，本院不予采纳。

综上，国兴农业公司的再审申请不符合《中华人民共和国行政诉讼法》第九十一条规定的情形。依照《最高人民法院关于适用〈中华人民共和国行政诉讼法〉的解释》第一百一十六条第二款的规定，裁定如下：

驳回国兴农业公司的再审申请。

2020年9月27日

二、未依法缴纳城镇土地使用税

（一）违法主体

在城市、县城、建制镇、工矿区范围内使用土地的单位和个人。

（二）构成要件

1. 城镇土地使用税以纳税人实际占用的土地面积为计税依据，依照规定税额计算征收。

2. 城镇土地使用税每平方米年税额如下：

（1）大城市1.5元至30元；

（2）中等城市1.2元至24元；

（3）小城市0.9元至18元；

（4）县城、建制镇、工矿区0.6元至12元。

3. 城镇土地使用税按年计算、分期缴纳。缴纳期限由省、自治区、直辖市人民政府确定。

4. 下列土地免征城镇土地使用税：

（1）国家机关、人民团体、军队自用的土地；

（2）由国家财政部门拨付事业经费的单位自用的土地；

（3）宗教寺庙、公园、名胜古迹自用的土地；

（4）市政街道、广场、绿化地带等公共用地；

（5）直接用于农、林、牧、渔业的生产用地；

（6）经批准开山填海整治的土地和改造的废弃土地，从使用的月份起免缴城镇土地使用税5年至10年；

（7）由财政部另行规定免税的能源、交通、水利设施用地和其他用地。

5.新征收的土地，依照下列规定缴纳城镇土地使用税：

（1）征收的耕地，自批准征收之日起满1年时开始缴纳城镇土地使用税；

（2）征收的非耕地，自批准征收次月起缴纳城镇土地使用税。

（三）法律责任

1.纳税人、扣缴义务人必须依照法律、行政法规的规定缴纳税款、代扣代缴、代收代缴税款。

2.纳税人未按照规定期限缴纳税款的，扣缴义务人未按照规定期限缴纳税款的，税务机关除责令限期缴纳外，从滞纳税款之日起，按日加收滞纳税款万分之五的滞纳金。

三、违法享受保障性住房税收优惠政策

（一）违法主体

享受保障性住房税收优惠政策的单位与个人。

（二）构成要件

1.对保障性住房项目建设用地免征城镇土地使用税。对保障性住房经营管理单位与保障性住房相关的印花税，以及保障性住房购买人涉及的印花税予以免征。

2.在商品住房等开发项目中配套建造保障性住房的，依据政府部门出具的相关材料，可按保障性住房建筑面积占总建筑面积的比例免征城镇土地使用税、印花税。

3.企事业单位、社会团体以及其他组织转让旧房作为保障性住房房源且增值额未超过扣除项目金额20%的，免征土地增值税。

4.对保障性住房经营管理单位回购保障性住房继续作为保障性住房房源的，免征契税。

5.对个人购买保障性住房，减按1%的税率征收契税。

6.保障性住房项目免收各项行政事业性收费和政府性基金，包括防空地下室易地建设费、城市基础设施配套费、教育费附加和地方教育附加等。

7.享受税费优惠政策的保障性住房项目，按照城市人民政府认定的范围确定。城市人民政府住房城乡建设部门将本地区保障性住房项目、保障性住房经营管理单位等信息及时提供给同级财政、税务部门。

8.纳税人享受上述规定的税费优惠政策，应按相关规定申报办理。

9.上述政策自2023年10月1日起执行。

（三）法律责任

1.纳税人弄虚作假享受上述税收优惠政策的，由税务机关追缴税款及滞纳金并依照《中华人民共和国税收征收管理法》的相关规定追究法律责任。

2.税务人员徇私舞弊或者玩忽职守，不征或者少征应征税款，致使国家税收遭受重大损失，构成犯罪的，依法追究刑事责任；尚不构成犯罪的，依法给予行政处分。

（四）典型案例

2023年10月，陕西省税务局公布一起税务人员失职失责受到责任追究的案例：经查，陕西省汉中市某县税务局税收管理员张某某在开展"一般纳税人错误享受'六税'优惠政策"风险应对任务时，未准确掌握相关政策规定，核查把关不认真，风险应对不到位，应发现未发现纳税人违规享受小微企业税费优惠政策问题，造成企业少缴税款。目前，陕西省汉中市某县税务局已追回少缴税款，并对负有主要责任的风险核查人员张某某追究执法过错责任。

第九章 行为税缴纳风险

第一节 印花税缴纳风险

一、违法不缴纳印花税

（一）违法主体

在中华人民共和国境内书立应税凭证、进行证券交易的单位和个人。

（二）构成要件

1. 应税凭证，是指《中华人民共和国印花税法》法所附《印花税税目税率表》列明的合同、产权转移书据和营业账簿。

2. 同一应税凭证由两方以上当事人书立的，按照各自涉及的金额分别计算应纳税额。

3. 印花税的纳税义务发生时间为纳税人书立应税凭证或者完成证券交易的当日。

（三）法律责任

纳税人未按照规定期限缴纳税款的，扣缴义务人未按照规定期限解缴税款的，税务机关除责令限期缴纳外，从滞纳税款之日起，按日加收滞纳税款万分之五的滞纳金。

二、营业账簿未依法缴纳印花税

（一）违法主体

在中华人民共和国境内书立应税凭证、进行证券交易的单位和个人。

（二）构成要件

1. 应税凭证，是指《中华人民共和国印花税法》所附《印花税税目税率表》列明的合同、产权转移书据和营业账簿。
2. 印花税的税目、税率，依照《中华人民共和国印花税法》所附《印花税税目税率表》执行。
3. 印花税的计税依据如下：
（1）应税合同的计税依据，为合同所列的金额，不包括列明的增值税税款；
（2）应税产权转移书据的计税依据，为产权转移书据所列的金额，不包括列明的增值税税款；
（3）应税营业账簿的计税依据，为账簿记载的实收资本（股本）、资本公积合计金额；
（4）证券交易的计税依据，为成交金额。
4. 已缴纳印花税的营业账簿，以后年度记载的实收资本（股本）、资本公积合计金额比已缴纳印花税的实收资本（股本）、资本公积合计金额增加的，按照增加部分计算应纳税额。
5. 营业账簿的税率为实收资本（股本）、资本公积合计金额的万分之二点五。

（三）法律责任

1. 纳税人未按照规定期限缴纳税款的，扣缴义务人未按照规定期限解缴税款的，税务机关除责令限期缴纳外，从滞纳税款之日起，按日加收滞纳税款万分之五的滞纳金。
2. 纳税人不进行纳税申报，不缴或者少缴应纳税款的，由税务机关追缴其不缴或者少缴的税款、滞纳金，并处不缴或者少缴税款50%以上5倍以下的罚款。

三、产权转移书据未依法缴纳印花税

（一）违法主体

在中华人民共和国境内书立应税凭证、进行证券交易的单位和个人。

（二）构成要件

1.应税凭证，是指《中华人民共和国印花税法》所附《印花税税目税率表》列明的合同、产权转移书据和营业账簿。

2.印花税的税目、税率，依照《中华人民共和国印花税法》所附《印花税税目税率表》执行。

3.印花税的计税依据如下：

（1）应税合同的计税依据，为合同所列的金额，不包括列明的增值税税款；

（2）应税产权转移书据的计税依据，为产权转移书据所列的金额，不包括列明的增值税税款；

（3）应税营业账簿的计税依据，为账簿记载的实收资本（股本）、资本公积合计金额；

（4）证券交易的计税依据，为成交金额。

4.应税合同、产权转移书据未列明金额的，印花税的计税依据按照实际结算的金额确定。计税依据按照上述规定仍不能确定的，按照书立合同、产权转移书据时的市场价格确定；依法应当执行政府定价或者政府指导价的，按照国家有关规定确定。

5.同一应税凭证由两方以上当事人书立的，按照各自涉及的金额分别计算应纳税额。

6.下列凭证免征印花税：

（1）应税凭证的副本或者抄本；

（2）依照法律规定应当予以免税的外国驻华使馆、领事馆和国际组织驻华代表机构为获得馆舍书立的应税凭证；

（3）中国人民解放军、中国人民武装警察部队书立的应税凭证；

（4）农民、家庭农场、农民专业合作社、农村集体经济组织、村民委员会购买农业生产资料或者销售农产品书立的买卖合同和农业保险合同；

（5）无息或者贴息借款合同、国际金融组织向中国提供优惠贷款书立的借款合同；

（6）财产所有权人将财产赠与政府、学校、社会福利机构、慈善组织书立的产权转移书据；

（7）非营利性医疗卫生机构采购药品或者卫生材料书立的买卖合同；

（8）个人与电子商务经营者订立的电子订单。

（三）法律责任

1. 纳税人未按照规定期限缴纳税款的，扣缴义务人未按照规定期限解缴税款的，税务机关除责令限期缴纳外，从滞纳税款之日起，按日加收滞纳税款万分之五的滞纳金。

2. 纳税人不进行纳税申报，不缴或者少缴应纳税款的，由税务机关追缴其不缴或者少缴的税款、滞纳金，并处不缴或者少缴税款50%以上5倍以下的罚款。

四、虚增资本等虚假交易不缴纳印花税

（一）违法主体

在中华人民共和国境内书立应税凭证、进行证券交易的单位和个人。

（二）构成要件

1. 应税合同、产权转移书据未列明金额，在后续实际结算时确定金额的，纳税人应当于书立应税合同、产权转移书据的首个纳税申报期申报应税合同、产权转移书据书立情况，在实际结算后下一个纳税申报期，以实际结算金额计算申报缴纳印花税。

2. 印花税按季、按年或者按次计征。应税合同、产权转移书据印花税可以按季或者按次申报缴纳，应税营业账簿印花税可以按年或者按次申报缴纳，具体纳税期限由各省、自治区、直辖市、计划单列市税务局结合征管实际确定。

3. 未履行的应税合同、产权转移书据，已缴纳的印花税不予退还及抵缴税款。

4. 纳税人多贴的印花税票，不予退税及抵缴税款。

（三）法律责任

1. 纳税人未按照规定期限缴纳税款的，扣缴义务人未按照规定期限解缴税款的，税务机关除责令限期缴纳外，从滞纳税款之日起，按日加收滞纳税款万分之五的滞纳金。

2. 纳税人不进行纳税申报，不缴或者少缴应纳税款的，由税务机关追缴其不缴或者少缴的税款、滞纳金，并处不缴或者少缴税款50%以上5倍以下的罚款。

3. 纳税人超过应纳税额缴纳的税款，税务机关发现后应当立即退还；纳税人自结算缴纳税款之日起3年内发现的，可以向税务机关要求退还多缴的税款并加算银行同期存款利息，税务机关及时查实后应当立即退还；涉及从国库中

退库的，依照法律、行政法规有关国库管理的规定退还。

第二节　环境保护税缴纳风险

一、环境保护税应纳税额计算错误

（一）违法主体

在中华人民共和国领域和中华人民共和国管辖的其他海域，直接向环境排放应税污染物的企业事业单位和其他生产经营者。

（二）构成要件

1.应税污染物的计税依据，按照下列方法确定：
（1）应税大气污染物按照污染物排放量折合的污染当量数确定；
（2）应税水污染物按照污染物排放量折合的污染当量数确定；
（3）应税固体废物按照固体废物的排放量确定；
（4）应税噪声按照超过国家规定标准的分贝数确定。

2.纳税人按照规定须安装污染物自动监测设备并与生态环境主管部门联网的，当自动监测设备发生故障、设备维护、启停炉、停运等状态时，应当按照相关法律法规和《固定污染源烟气（SO_2、NO_x、颗粒物）排放连续监测技术规范》（HJ 75—2017）、《水污染源在线监测系统数据有效性判别技术规范》（HJ/T 356—2007）等规定，对数据状态进行标记，以及对数据缺失、无效时段的污染物排放量进行修约和替代处理，并按标记、处理后的自动监测数据计算应税污染物排放量。相关纳税人当月不能提供符合国家规定和监测规范的自动监测数据的，应当按照排污系数、物料衡算方法计算应税污染物排放量。纳入排污许可管理行业的纳税人，其应税污染物排放量的监测计算方法按照排污许可管理要求执行。

3.纳税人主动安装使用符合国家规定和监测规范的污染物自动监测设备，但未与生态环境主管部门联网的，可以按照自动监测数据计算应税污染物排放量；不能提供符合国家规定和监测规范的自动监测数据的，应当按照监测机构出具的符合监测规范的监测数据或者排污系数、物料衡算方法计算应税污染物排放量。

4.纳税人委托监测机构监测应税污染物排放量的，应当按照国家有关规定制定监测方案，并将监测数据资料及时报送生态环境主管部门。监测机构实施的监测项目、方法、时限和频次应当符合国家有关规定和监测规范要求。监测机构出具的监测报告应当包括应税水污染物种类、浓度值和污水流量；应税大气污染物种类、浓度值、排放速率和烟气量；执行的污染物排放标准和排放浓度限值等信息。监测机构对监测数据的真实性、合法性负责，凡发现监测数据弄虚作假的，依照相关法律法规的规定追究法律责任。

5. 纳税人采用委托监测方式，在规定监测时限内当月无监测数据的，可以沿用最近一次的监测数据计算应税污染物排放量，但不得跨季度沿用监测数据。纳税人采用监测机构出具的监测数据申报减免环境保护税的，应当取得申报当月的监测数据；当月无监测数据的，不予减免环境保护税。有关污染物监测浓度值低于生态环境主管部门规定的污染物检出限的，除有特殊管理要求外，视同该污染物排放量为零。生态环境主管部门、计量主管部门发现委托监测数据失真或者弄虚作假的，税务机关应当按照同一纳税期内的监督性监测数据或者排污系数、物料衡算方法计算应税污染物排放量。

6. 在建筑施工、货物装卸和堆存过程中无组织排放应税大气污染物的，按照生态环境部规定的排污系数、物料衡算方法计算应税污染物排放量；不能按照生态环境部规定的排污系数、物料衡算方法计算的，按照省、自治区、直辖市生态环境主管部门规定的抽样测算的方法核定计算应税污染物排放量。

7. 纳税人因环境违法行为受到行政处罚的，应当依据相关法律法规和处罚信息计算违法行为所属期的应税污染物排放量。生态环境主管部门发现纳税人申报信息有误的，应当通知税务机关处理。

（三）法律责任

纳税人未按照规定期限缴纳税款的，扣缴义务人未按照规定期限解缴税款的，税务机关除责令限期缴纳外，从滞纳税款之日起，按日加收滞纳税款万分之五的滞纳金。

（四）典型案例

甲企业属水泥行业，主要污染物有烟尘、二氧化硫、氮氧化物、一般性粉尘，持有排污许可证，属于重点排污企业，主要排放口已安装自动监测设备。

按相关规定，监测设备至少每3个月开展一次监测数据比对校验。但税务人员在检查中发现，甲企业在两年间，仅对二氧化硫进行过1次比对校验。在季节性停工、监测数据比对时，由于设备暂停运行，甲企业也未对数据进行修约和替代处理。

在纳税申报时，企业财务人员简单采用不合规的监测数据，导致应纳税额计算错误。

对照上述规定，甲企业的排污数据监测显然不符合规范，按月重新计算了环境保护税。

最终，甲企业补缴环境保护税并缴纳相应的滞纳金共计1 200余万元。

二、违法享受环境保护税免税优惠

（一）违法主体

在中华人民共和国领域和中华人民共和国管辖的其他海域，直接向环境排放应税污染物的企业事业单位和其他生产经营者。

（二）构成要件

1. 在中华人民共和国领域和中华人民共和国管辖的其他海域，直接向环境排放应税污染物的企业事业单位和其他生产经营者为环境保护税的纳税人，应当依照本法规定缴纳环境保护税。

2. 应税污染物，是指《中华人民共和国环境保护法》所附《环境保护税税目税额表》《应税污染物和当量值表》规定的大气污染物、水污染物、固体废物和噪声。

3. 有下列情形之一的，不属于直接向环境排放污染物，不缴纳相应污染物的环境保护税：

（1）企业事业单位和其他生产经营者向依法设立的污水集中处理、生活垃圾集中处理场所排放应税污染物的；

（2）企业事业单位和其他生产经营者在符合国家和地方环境保护标准的设施、场所贮存或者处置固体废物的。

4. 依法设立的城乡污水集中处理、生活垃圾集中处理场所超过国家和地方规定的排放标准向环境排放应税污染物的，应当缴纳环境保护税。

5. 企业事业单位和其他生产经营者贮存或者处置固体废物不符合国家和地方环境保护标准的，应当缴纳环境保护税。

（三）法律责任

纳税人未按照规定期限缴纳税款的，扣缴义务人未按照规定期限解缴税款的，税务机关除责令限期缴纳外，从滞纳税款之日起，按日加收滞纳税款万分之五的滞纳金。

（四）典型案例

甲企业是一家污水处理厂，主要处理工业园区内企业排放的工业污水，少量处理生活污水，对化学需氧量、氨氮、总磷、总氮等安装了连续在线监测设备，同时通过委托监测的方式，对其余应税大气和水污染物每月、每季度或每半年检测一次，所有检测污染物指标均不超标。

据此，甲企业在进行环境保护税信息采集时，按照城乡污水集中处理场所免税优惠，进行了申报。

从税法角度上看，甲企业主要处理工业园区内企业排放的工业污水，不符合享受环境保护税免税优惠的主体条件。同时，由于甲企业相关立项批复与排污许可证的企业性质界定自相矛盾，不符合享受环境保护税优惠的条件。

最终，甲企业自查补缴环境保护税并缴纳相应的滞纳金共计650余万元。

第十章

涉税犯罪风险

第一节 税款类犯罪风险

一、逃税罪

（一）违法主体

逃税的纳税人、扣缴义务人。

（二）构成要件

1.纳税人采取欺骗、隐瞒手段进行虚假纳税申报或者不申报，逃避缴纳税款数额较大并且占应纳税额10%以上的。

2.扣缴义务人采取上述所列手段，不缴或者少缴已扣、已收税款，数额较大的。

3.对多次实施上述行为，未经处理的，按照累计数额计算。

4.有上述逃税行为，经税务机关依法下达追缴通知后，补缴应纳税款，缴纳滞纳金，已受行政处罚的，不予追究刑事责任；但是，5年内因逃避缴纳税款受过刑事处罚或者被税务机关给予2次以上行政处罚的除外。

5.纳税人进行虚假纳税申报，具有下列情形之一的，应当认定为《中华人民共和国刑法》第二百零一条第一款规定的"欺骗、隐瞒手段"：

（1）伪造、变造、转移、隐匿、擅自销毁账簿、记账凭证或者其他涉税资料的；

（2）以签订"阴阳合同"等形式隐匿或者以他人名义分解收入、财产的；

（3）虚列支出、虚抵进项税额或者虚报专项附加扣除的；

（4）提供虚假材料，骗取税收优惠的；

（5）编造虚假计税依据的；

（6）为不缴、少缴税款而采取的其他欺骗、隐瞒手段。

6. 具有下列情形之一的，应当认定为《中华人民共和国刑法》第二百零一条第一款规定的"不申报"：

（1）依法在登记机关办理设立登记的纳税人，发生应税行为而不申报纳税的；

（2）依法不需要在登记机关办理设立登记或者未依法办理设立登记的纳税人，发生应税行为，经税务机关依法通知其申报而不申报纳税的；

（3）其他明知应当依法申报纳税而不申报纳税的。

7. 扣缴义务人采取上述所列手段，不缴或者少缴已扣、已收税款，数额较大的，依照《中华人民共和国刑法》第二百零一条第一款的规定定罪处罚。扣缴义务人承诺为纳税人代付税款，在其向纳税人支付税后所得时，应当认定扣缴义务人"已扣、已收税款"。

8. 纳税人逃避缴纳税款10万元以上、50万元以上的，应当分别认定为《中华人民共和国刑法》第二百零一条第一款规定的"数额较大""数额巨大"。扣缴义务人不缴或者少缴已扣、已收税款"数额较大"及"数额巨大"的认定标准，依照上述规定。

9. 纳税人有《中华人民共和国刑法》第二百零一条第一款规定的逃避缴纳税款行为，在公安机关立案前，经税务机关依法下达追缴通知后，在规定的期限或者批准延缓、分期缴纳的期限内足额补缴应纳税款，缴纳滞纳金，并全部履行税务机关作出的行政处罚决定的，不予追究刑事责任。但是，5年内因逃避缴纳税款受过刑事处罚或者被税务机关给予2次以上行政处罚的除外。纳税人有逃避缴纳税款行为，税务机关没有依法下达追缴通知的，依法不予追究刑事责任。

10.《中华人民共和国刑法》第二百零一条第一款规定的"逃避缴纳税款数额"，是指在确定的纳税期间，不缴或者少缴税务机关负责征收的各税种税款的总额。

11.《中华人民共和国刑法》第二百零一条第一款规定的"应纳税额"，是指应税行为发生年度内依照税收法律、行政法规规定应当缴纳的税额，不包括海关代征的增值税、关税等及纳税人依法预缴的税额。

12.《中华人民共和国刑法》第二百零一条第一款规定的"逃避缴纳税款数额占应纳税额的百分比"，是指行为人在一个纳税年度中的各税种逃税总额与该纳税年度应纳税总额的比例；不按纳税年度确定纳税期的，按照最后一次逃税行为发生之日前一年中各税种逃税总额与该年应纳税总额的比例确定。纳税义务存续期间不足一个纳税年度的，按照各税种逃税总额与实际发生纳税义务期间应纳税总额的比例确定。

13. 逃税行为跨越若干个纳税年度，只要其中一个纳税年度的逃税数额及百分比达到《中华人民共和国刑法》第二百零一条第一款规定的标准，即构成逃税罪。各纳税年度的逃税数额应当累计计算，逃税额占应纳税额百分比应当按照各逃税年度百分比的最高值确定。

14.《中华人民共和国刑法》第二百零一条第三款规定的"未经处理"，包括未经行政处理和刑事处理。

15. 明知他人实施危害税收征管犯罪而仍为其提供账号、资信证明或者其他帮助的，以相应犯罪的共犯论处。

（三）法律责任

1. 纳税人采取欺骗、隐瞒手段进行虚假纳税申报或者不申报，逃避缴纳税款数额较大并且占应纳税额10%以上的，处3年以下有期徒刑或者拘役，并处罚金；数额巨大并且占应纳税额30%以上的，处3年以上7年以下有期徒刑，并处罚金。

2. 扣缴义务人采取上述所列手段，不缴或者少缴已扣、已收税款，数额较大的，依照上述规定处罚。

3. 实施危害税收征管犯罪，造成国家税款损失，行为人补缴税款、挽回税收损失，有效合规整改的，可以从宽处罚；犯罪情节轻微不需要判处刑罚的，可以不起诉或者免予刑事处罚；情节显著轻微危害不大的，不作为犯罪处理。

二、抗税罪

（一）违法主体

抗税的纳税人、扣缴义务人及其他主体。

（二）构成要件

1. 以暴力、威胁方法拒不缴纳税款的。

2. 以暴力、威胁方法拒不缴纳税款，具有下列情形之一的，应当认定为《中华人民共和国刑法》第二百零二条规定的"情节严重"：

（1）聚众抗税的首要分子；

（2）故意伤害致人轻伤的；
（3）其他情节严重的情形。

3.实施抗税行为致人重伤、死亡，符合《中华人民共和国刑法》第二百三十四条或者第二百三十二条规定的，以故意伤害罪或者故意杀人罪定罪处罚。

（三）法律责任

1.以暴力、威胁方法拒不缴纳税款的，处3年以下有期徒刑或者拘役，并处拒缴税款1倍以上5倍以下罚金。

2.情节严重的，处3年以上7年以下有期徒刑，并处拒缴税款1倍以上5倍以下罚金。

3.实施危害税收征管犯罪，造成国家税款损失，行为人补缴税款、挽回税收损失，有效合规整改的，可以从宽处罚；犯罪情节轻微不需要判处刑罚的，可以不起诉或者免予刑事处罚；情节显著轻微危害不大的，不作为犯罪处理。

三、逃避追缴欠税罪

（一）违法主体

逃避追缴欠税的纳税人。

（二）构成要件

1.纳税人欠缴应纳税款，采取转移或者隐匿财产的手段，致使税务机关无法追缴欠缴的税款。

2.纳税人欠缴应纳税款，为逃避税务机关追缴，具有下列情形之一的，应当认定为《中华人民共和国刑法》第二百零三条规定的"采取转移或者隐匿财产的手段"：

（1）放弃到期债权的；
（2）无偿转让财产的；
（3）以明显不合理的价格进行交易的；
（4）隐匿财产的；
（5）不履行税收义务并脱离税务机关监管的；
（6）以其他手段转移或者隐匿财产的。

3.明知他人实施危害税收征管犯罪而仍为其提供账号、资信证明或者其他帮助的，以相应犯罪的共犯论处。

（三）法律责任

1. 纳税人欠缴应纳税款，采取转移或者隐匿财产的手段，致使税务机关无法追缴欠缴的税款，数额在 1 万元以上不满 10 万元的，处 3 年以下有期徒刑或者拘役，并处或者单处欠缴税款 1 倍以上 5 倍以下罚金；

2. 数额在 10 万元以上的，处 3 年以上 7 年以下有期徒刑，并处欠缴税款 1 倍以上 5 倍以下罚金。

3. 实施危害税收征管犯罪，造成国家税款损失，行为人补缴税款、挽回税收损失，有效合规整改的，可以从宽处罚；犯罪情节轻微不需要判处刑罚的，可以不起诉或者免予刑事处罚；情节显著轻微危害不大的，不作为犯罪处理。

四、骗取出口退税罪

（一）违法主体

骗取出口退税的纳税人。

（二）构成要件

1. 以假报出口或者其他欺骗手段，骗取国家出口退税款，数额较大的。

2. 纳税人缴纳税款后，采取上述规定的欺骗方法，骗取所缴纳的税款的，依照《中华人民共和国刑法》第二百零一条的规定（逃税罪）定罪处罚；骗取税款超过所缴纳的税款部分，依照骗取出口退税罪的规定处罚。

3. 具有下列情形之一的，应当认定为《中华人民共和国刑法》第二百零四条第一款规定的"假报出口或者其他欺骗手段"：

（1）使用虚开、非法购买或者以其他非法手段取得的增值税专用发票或者其他可以用于出口退税的发票申报出口退税的；

（2）将未负税或者免税的出口业务申报为已税的出口业务的；

（3）冒用他人出口业务申报出口退税的；

（4）虽有出口，但虚构应退税出口业务的品名、数量、单价等要素，以虚增出口退税额申报出口退税的；

（5）伪造、签订虚假的销售合同，或者以伪造、变造等非法手段取得出口报关单、运输单据等出口业务相关单据、凭证，虚构出口事实申报出口退税的；

（6）在货物出口后，又转入境内或者将境外同种货物转入境内循环进出并申报出口退税的；

（7）虚报出口产品的功能、用途等，将不享受退税政策的产品申报为退税产品的；

（8）以其他欺骗手段骗取出口退税款的。

4. 骗取国家出口退税款数额 10 万元以上、50 万元以上、500 万元以上的，应当分别认定为《中华人民共和国刑法》第二百零四条第一款规定的"数额较大""数额巨大""数额特别巨大"。

5. 具有下列情形之一的，应当认定为《中华人民共和国刑法》第二百零四条第一款规定的"其他严重情节"：

（1）两年内实施虚假申报出口退税行为 3 次以上，且骗取国家税款 30 万元以上的；

（2）5 年内因骗取国家出口退税受过刑事处罚或者 2 次以上行政处罚，又实施骗取国家出口退税行为，数额在 30 万元以上的；

（3）致使国家税款被骗取 30 万元以上并且在提起公诉前无法追回的；

（4）其他情节严重的情形。

6. 具有下列情形之一的，应当认定为《中华人民共和国刑法》第二百零四条第一款规定的"其他特别严重情节"：

（1）两年内实施虚假申报出口退税行为 5 次以上，或者以骗取出口退税为主要业务，且骗取国家税款 300 万元以上的；

（2）5 年内因骗取国家出口退税受过刑事处罚或者 2 次以上行政处罚，又实施骗取国家出口退税行为，数额在 300 万元以上的；

（3）致使国家税款被骗取 300 万元以上并且在提起公诉前无法追回的；

（4）其他情节特别严重的情形。

7. 实施骗取国家出口退税行为，没有实际取得出口退税款的，可以比照既遂犯从轻或者减轻处罚。

8. 从事货物运输代理、报关、会计、税务、外贸综合服务等中介组织及其人员违反国家有关进出口经营规定，为他人提供虚假证明文件，致使他人骗取国家出口退税款，情节严重的，依照《中华人民共和国刑法》第二百二十九条的规定（提供虚假证明文件罪）追究刑事责任。

9. 明知他人实施危害税收征管犯罪而仍为其提供账号、资信证明或者其他帮助的，以相应犯罪的共犯论处。

（三）法律责任

1. 以假报出口或者其他欺骗手段，骗取国家出口退税款，数额较大的，处

5年以下有期徒刑或者拘役,并处骗取税款1倍以上5倍以下罚金。

2. 数额巨大或者有其他严重情节的,处5年以上10年以下有期徒刑,并处骗取税款1倍以上5倍以下罚金。

3. 数额特别巨大或者有其他特别严重情节的,处10年以上有期徒刑或者无期徒刑,并处骗取税款1倍以上5倍以下罚金或者没收财产。

4. 实施危害税收征管犯罪,造成国家税款损失,行为人补缴税款、挽回税收损失,有效合规整改的,可以从宽处罚;犯罪情节轻微不需要判处刑罚的,可以不起诉或者免予刑事处罚;情节显著轻微危害不大的,不作为犯罪处理。

第二节　发票类犯罪风险

一、虚开增值税专用发票、用于骗取出口退税、抵扣税款发票罪

（一）违法主体

虚开增值税专用发票、用于骗取出口退税、抵扣税款发票的单位和个人。

（二）构成要件

1. 虚开增值税专用发票或者虚开用于骗取出口退税、抵扣税款的其他发票的。

2. 虚开增值税专用发票或者虚开用于骗取出口退税、抵扣税款的其他发票,是指有为他人虚开、为自己虚开、让他人为自己虚开、介绍他人虚开行为之一的。

3. 具有下列情形之一的,应当认定为《中华人民共和国刑法》第二百零五条第一款规定的"虚开增值税专用发票或者虚开用于骗取出口退税、抵扣税款的其他发票":

（1）没有实际业务,开具增值税专用发票、用于骗取出口退税、抵扣税款的其他发票的;

（2）有实际应抵扣业务,但开具超过实际应抵扣业务对应税款的增值税专用发票、用于骗取出口退税、抵扣税款的其他发票的;

（3）对依法不能抵扣税款的业务,通过虚构交易主体开具增值税专用发票、用于骗取出口退税、抵扣税款的其他发票的;

（4）非法篡改增值税专用发票或者用于骗取出口退税、抵扣税款的其他发票相关电子信息的;

（5）违反规定以其他手段虚开的。

4. 为虚增业绩、融资、贷款等不以骗抵税款为目的，没有因抵扣造成税款被骗损失的，不以本罪论处，构成其他犯罪的，依法以其他犯罪追究刑事责任。

5. 虚开增值税专用发票、用于骗取出口退税、抵扣税款的其他发票，税款数额在10万元以上的，应当依照《中华人民共和国刑法》第二百零五条的规定定罪处罚；虚开税款数额在50万元以上、500万元以上的，应当分别认定为《中华人民共和国刑法》第二百零五条第一款规定的"数额较大""数额巨大"。

6. 具有下列情形之一的，应当认定为《中华人民共和国刑法》第二百零五条第一款规定的"其他严重情节"：

（1）在提起公诉前，无法追回的税款数额达到30万元以上的；

（2）5年内因虚开发票受过刑事处罚或者2次以上行政处罚，又虚开增值税专用发票或者虚开用于骗取出口退税、抵扣税款的其他发票，虚开税款数额在30万元以上的；

（3）其他情节严重的情形。

7. 具有下列情形之一的，应当认定为《中华人民共和国刑法》第二百零五条第一款规定的"其他特别严重情节"：

（1）在提起公诉前，无法追回的税款数额达到300万元以上的；

（2）5年内因虚开发票受过刑事处罚或者2次以上行政处罚，又虚开增值税专用发票或者虚开用于骗取出口退税、抵扣税款的其他发票，虚开税款数额在300万元以上的；

（3）其他情节特别严重的情形。

8. 以同一购销业务名义，既虚开进项增值税专用发票、用于骗取出口退税、抵扣税款的其他发票，又虚开销项的，以其中较大的数额计算。

9. 以伪造的增值税专用发票进行虚开，达到上述规定标准的，应当以虚开增值税专用发票罪追究刑事责任。

10. 明知他人实施危害税收征管犯罪而仍为其提供账号、资信证明或者其他帮助的，以相应犯罪的共犯论处。

（三）法律责任

1. 虚开增值税专用发票或者虚开用于骗取出口退税、抵扣税款的其他发票的，处3年以下有期徒刑或者拘役，并处2万元以上20万元以下罚金；虚开的税款数额较大或者有其他严重情节的，处3年以上10年以下有期徒刑，并处5万元以上50万元以下罚金；虚开的税款数额巨大或者有其他特别严重情节的，处10年以上有期徒刑或者无期徒刑，并处5万元以上50万元以下罚金或者没收财产。

2. 单位犯上述规定之罪的，对单位判处罚金，并对其直接负责的主管人员和其他直接责任人员，处 3 年以下有期徒刑或者拘役；虚开的税款数额较大或者有其他严重情节的，处 3 年以上 10 年以下有期徒刑；虚开的税款数额巨大或者有其他特别严重情节的，处 10 年以上有期徒刑或者无期徒刑。

3. 实施危害税收征管犯罪，造成国家税款损失，行为人补缴税款、挽回税收损失，有效合规整改的，可以从宽处罚；犯罪情节轻微不需要判处刑罚的，可以不起诉或者免予刑事处罚；情节显著轻微危害不大的，不作为犯罪处理。

（四）典型案例

甘肃省高级人民法院
刑 事 裁 定 书

（2023）甘刑终 1 号

原公诉机关：甘肃省平凉市人民检察院。

上诉人（原审被告人）：石某，男，1970 年出生于吉林省永吉县，小学文化，住吉林市昌邑区。2018 年 5 月 18 日因本案被平凉市公安局刑事拘留，同年 6 月 16 日被逮捕。2021 年 8 月 30 日被平凉市中级人民法院取保候审。

上诉人（原审被告人）：刘某，男，1984 出生于陕西省泾阳县，高中文化，无业，住泾阳县。2018 年 7 月 14 日因本案被平凉市公安局刑事拘留，同年 8 月 16 日被逮捕。现羁押于泾川县看守所。

原审被告单位：平某（原平凉市十里铺粮库）。

原审被告人：杨某某，男，1956 年出生于甘肃省灵台县，汉族，高中文化，原平凉市十里铺粮库法定代表人、主任，住平凉市崆峒区。2018 年 5 月 11 日因本案被平凉市公安局刑事拘留，同年 6 月 8 日被释放，6 月 14 日被刑事拘留，6 月 22 日被逮捕。现羁押于崇信县看守所。

原审被告人：余某，男，1980 年出生于甘肃省平凉市崆峒区，回族，大专文化，住平凉市崆峒区。2018 年 5 月 11 日因本案被平凉市公安局刑事拘留，同年 6 月 16 日被逮捕。2021 年 11 月 10 日被平凉市中级人民法院取保候审。

原审被告人：郝某某，男，1968 年出生于甘肃省平凉市崆峒区，汉族，中专文化，住平凉市崆峒区。2018 年 5 月 14 日因本案被平凉市公安局刑事拘留，同年 6 月 16 日被逮捕。2022 年 5 月 14 日被平凉市中级人民法院取保候审。

原审被告人：马某某，女，1977 年 3 月 5 日出生于甘肃省庆阳市西峰区，汉族，大专文化，住平凉市崆峒区。2018 年 5 月 11 日因本案被平凉市公安局刑事拘留，同年 6 月 16 日被逮捕。2021 年 12 月 31 日被平凉市中级人民法院取保候审。

原审被告人：刘某某，化名刘某，男，1984年出生于广东省饶平县，汉族，中专文化，无业，住饶平县。2018年6月26日因本案被平凉市公安局刑事拘留，同年7月11日被逮捕。2022年6月5日被平凉市中级人民法院取保候审。

原审被告人：姚某，男，1978年出生于陕西省淳化县，汉族，高中文化，无业，住淳化县。2018年7月15日因本案被平凉市公安局刑事拘留，同年8月16日被逮捕。2021年7月14日被平凉市中级人民法院取保候审。

原审被告人：付某某，男，1977年出生于河南省叶县，汉族，大学文化，住深圳市南山区。2018年5月21日因本案被平凉市公安局刑事拘留，同年6月16日被逮捕。2022年11月20日被平凉市中级人民法院取保候审。

辩护人：朱某某、聂某某，北京市京都律师事务所律师。

原审被告人：安某某，女，1970年出生于甘肃省灵台县，汉族，高中文化，住平凉市崆峒区。2018年5月25日因本案被平凉市公安局取保候审，2019年7月30日被平凉市中级人民法院重新取保候审，2021年9月22日再次被平凉市中级人民法院取保候审。

甘肃省平凉市中级人民法院审理平凉市人民检察院指控原审被告单位原平凉市十里铺粮库及原审被告人杨某某、余某、郝某某、马某某、刘某某、石某、刘某、姚某、付某某、安某某犯虚开增值税专用发票罪一案，于2019年12月26日作出（2019）甘08刑初6号刑事判决。宣判后，平凉市人民检察院以适用法律错误、量刑不当为由提出抗诉，原审被告人杨某某、马某某、刘某某、石某、刘某、姚某、付某某提出上诉。我院审理后，以原审认定部分事实不清，证据不足为由，发回平凉市中级人民法院重新审判。平凉市中级人民法院另行组成合议庭，于2022年7月25日作出（2021）甘08刑初9号刑事判决。宣判后，原审被告人石某、刘某不服提出上诉。本院受理后依法组成合议庭，经阅卷、讯问上诉人、原审被告人，审查上诉理由，听取辩护人的辩护意见，认为本案事实清楚，决定不开庭审理。现已审理终结。

原审判决认定，2014年至2015年期间，被告单位平某（原平凉市十里铺粮库）为解决单位困难，赚取开票手续费，被告人杨某某分别伙同被告人石某、刘某，以被告单位名义，在没有真实货物交易的情况下，为福建、广西、海南、上海、广东、山东、北京等地69家公司，虚开增值税专用发票873张，价税合计823 471 650.3元、税额94 735 675.81元，用于抵扣增值税专用发票722张，抵扣税额79 869 813.59元。被告人付某某与平凉市窑店粮库负责人王某某联系后要求该粮库向深圳嘉谷有限公司虚开增值税专用发票10张，税价合计1 000万元、税额1 150 442.50元，全部用于抵扣进项税额。

另查明，因本案部分违法事实和其他违法行为，平凉市国家税务局稽查局于2018年2月1日已先行对原平凉市十里铺粮库予以行政处罚，处以罚款45万元。

原审判决认定上述事实的证据有：受案登记表、涉案犯罪案件移送书、案件信息移送表、立案决定书、搜查笔录、调取证据清单、扣押清单、购销合同、增值税专用发票、记账凭证、出入库单、结算单、联合经营协议、税收违法案件协查回复函、银行账户交易明细、营业执照、组织机构代码证、税务登记证、开户许可证、增值税一般纳税人资格证、粮食收购许可证、内资企业基本信息、职务任命、刑事裁定书、刑事判决书、证人证言及辨认笔录、被告人供述等。

原判认为，被告单位原平凉市十里铺粮库、被告人杨某某、余某、郝某某、马某某、安某某以非法获取开票"手续费"为目的，虚开增值税专用发票为他人骗取抵扣税款提供便利的行为，违反国家增值税专用发票管理规定，在没有真实货物购销的情况下，以虚构交易关系、资金流水等为手段，为他人虚开增值税专用发票873张，涉案税额94 735 675.81元，数额巨大，造成国家税款79 869 813.59元被抵扣；被告人石某、刘某某以骗取税款为目的，介绍原平凉市十里铺粮库为他人虚开增值税专用发票497张，涉案税额53 770 806.85元，数额巨大，致国家税款49 830 759.76元被抵扣；被告人刘某、姚某以骗取税款为目的，介绍原平凉市十里铺粮库为他人虚开增值税专用发票税额40 964 868.96元，数额巨大，造成国家税款30 039 053.83元被抵扣；被告人付某某以骗取税款为目的，让平凉市窑店粮库为自己虚开增值税专用发票10张，涉案税额1 150 442.5元全部用于抵扣，给国家造成税款损失，数额较大，其行为均已构成虚开增值税专用发票罪。在单位犯罪中，被告人杨某某系主要责任人，是单位犯罪的组织者、决策者和指挥者，在单位犯罪中处于支配地位，对单位犯罪的实施起决定性作用，系主犯；被告人付某某直接以抵扣税款为目的，让窑店粮库为自己虚开发票并全部用于抵扣，在犯罪过程中起主要作用，系主犯，分别应按其参与或组织、指挥的全部犯罪处罚。被告人余某、郝某某、马某某、安某某以其在单位的业务分工执行被告单位和主要责任人的决定，被动参与犯罪活动，在犯罪活动中起次要或辅助作用，属从犯，均应减轻处罚。被告人石某、刘某、刘某某、姚某等受上游幕后人员指使，为追逐利益，在被告单位与受票公司之间居间介绍，与以受票公司名义进项抵扣税款的发起者、幕后操纵者的上游犯罪有所区别，但与单位内部人员相比，其积极参与犯罪活动，主观恶性及社会危害性相对较大，应承担较大的刑事责任。被告单位收取的开票收益全部用于发放职工工资和正常开支，同以谋取个人私利、用于挥霍浪费的犯罪有根本区别；被告人余某、郝某某、刘某、姚某、马某某、安某某、石某、刘某某到案后能如实供述自己的全部或主要罪行，能积极认罪，有悔罪表现；被告人石某已向被告单位退赔部分费用，均可从轻处罚。被告人马某某、安某某并非单位犯罪中起重要作用的骨干分子和积极分子，被动接受领导安排完成交办事务，综合考量被告人马某某犯罪情节较轻，有悔罪表现，没有再犯的危险，宣告缓刑对其所居住社区没有重大不良影响，可对其宣告缓刑。因被告人安某某身处犯罪末节，作为单位普通职工受各层级领导安排完成开票事务，其主观恶性和社会危害性小，犯罪情节轻微，可对其免予刑事处罚。被告单位在税务机关查处过程中已被行政处罚并缴纳部分罚款，其承担的罚金刑依法应在45万元罚款中予以折抵。依照《中华人民共和国刑法》第二百零五条、第五十二条、第三十条、第三十一条、第二十五条第一款、第二十六条第一款、第四款、第二十七条、第六十七条第三款、第七十二条第一款、第三十七条、《中华人民共和国行政处罚法》第三十五条第二款之规定，以被告单位平某犯虚开增值税专用发票罪，判处罚金20万元（行政机关已经给予罚款的，应当折抵相应罚金，即在45万元罚款中折抵罚金20万元）；被告人杨某某犯虚开增值税专用发票罪，判处有期徒刑11年6个月；被告人石某犯虚开增值税专用发票罪，判处有期徒刑6年，并处罚金8万元；被告人刘某犯虚开增值税专用发票罪，判处有期徒刑5年，并处罚金7万元；被告人付某某犯虚开增值税专用发票罪，判处有期徒刑4年6个月，并处罚金6万元；被告人刘某某犯虚开增值税专用发票罪，判处有期徒刑4年，并处罚金7万元；被告人余某犯虚开增值税专用发票罪，判处有期徒刑3年6个月；被告人郝某某犯虚开增值税专用发票罪，判处有期徒刑3年；被告人姚某犯虚开增值税专用发票罪，判处有期徒刑3年，并处罚金5万元；被告人马某某犯虚开增值税专用发票罪，判处有期徒刑2年，缓刑3年；被告人安某某犯虚开增值税专用发票罪，免予刑事处罚。

上诉人石某及其辩护人提出：1. 一审法院认定上诉人石某为46家公司虚开增值税专用发票497份、价税合计467 373 200元、税额53 768 598.06元、抵扣税款49 729 272.42元的事实不清、证据不足；2. 一审法院认定石某在犯罪中的作用、参与程度及主观恶性大于被告人刘某某是罚过其罪；3. 一审判决对上诉人石某的量刑过重，依法应当改判比被告人刘某某更轻的刑罚。

上诉人刘某提出：对其判处的刑期、罚金过重。

原审被告人付某某的辩护人提出：一审判决认定嘉谷公司与窑店粮库之间没有真实货物交易事实不清、证据不足，认定付某某联系虚开系认定事实错误。

经审理查明：

一、2014—2015年，原审被告单位平某（原平凉市十里铺粮库）为解决单位困难，赚取开票手续费，原审被告人杨某某分别伙同上诉人石某、刘某，以原审被告单位名义，在没有真实货物交易的情况下，为福建、广西、海南、上海、广东、山东、北京等地69家公司，虚开增值税专用发票873张，价税合计823 471 650.3元，税额947 356 75.81元，用于抵扣增值税专用发票722张，抵扣税额79 869 813.59元。2018年2月1日，平凉市国家税务局稽查局对原平凉市十里铺粮库因本案部分违法事实和其他违法行为予以行政处罚，处以罚款45万元。

具体事实分述如下：

（一）2015年初，石某到原平凉十里铺粮库与该粮库时任主任杨某某商定虚开增值税专用发票事宜，后石某或原审被告人刘某某以受票公司名义与原平凉市十里铺粮库签订虚假玉米购销合同，向该粮库转入资金作为虚假货款，杨某某或原审被告人余某安排财务人员查验资金到账后，原审被告人马某某按杨某某或余某的安排，让原审被告人安某某按照购销合同信息开具增值税专用发票。马某某安排马也在银行柜台或石某、刘某某自行通过持有的原平凉市十里铺粮库银行公户网银U盾将先前转入的货款转出到二人提供的他人私人账户。石某将开票手续费转入原十里铺粮库出纳祁飞的个人银行账户后，安某某或马某某将开具的增值税专用发票交给石某。安某某根据开具发票的数量、金额让仓储部开具虚假出、入库单，后由会计袁朝霞做会计凭证。以上述方式，原平凉市十里铺粮库通过石某、刘某某向福建宝业中建贸易有限公司等46家公司，虚开增值税专用发票497张，价税合计467 392 400.2元、税额53 770 806.85元，其中449张用于抵扣税额49 830 759.76元。

上述事实有下列证据证实：……

（二）2014年底，刘某与杨某某联系后，得知原平凉十里铺粮库能开具增值税专用发票，遂伙同原审被告人姚某与杨某某商定，由原平凉十里铺粮库为刘某上线"吴某某"联系的受票公司虚开增值税专用发票并按票面每吨粮食20元给付手续费。2015年，刘某、姚某多次到原平凉十里铺粮库，由姚某与杨某某、原审被告人郝某某或姚某与杨某某或刘某与郝某某签订虚假小麦购销合同，在无真实交易情况下，虚假向原平凉十里铺粮库转入货款，杨某某、郝某某安排财务人员开具增值税专用发票。马某某在查验到受票公司资金进入被告单位后，安排安某某按照购销合同、受票公司信息等资料开具增值税专用发票，安排马也通过网银转账或银行柜台将转入的资金转账给刘某指定的银行账户，形成资金回流。后刘某、姚某将手续费转账给原平凉市十里铺粮库出纳祁飞私人账户。安某某将虚开的增值税专用发票数量、金额信息提供给仓储部，仓储部人员出具虚假出、入库单据后交安某某附账。袁某某根据被告单位提交的资料记账。通过上述方式，被告单位向北京春丽秋广商贸有限公司等23家公司，虚开增值税专用发票376张、税价合计356 079 250.1元、税额40 964 868.96元，其中 273 张用于抵扣税额 30 039 058.83 元。

上述事实有下列证据证明：……

二、2014 年 4 月 4 日，原审被告人付某某与时任平凉市窑店粮库主任王某某联系，在没有真实货物交易情况下，平凉市窑店粮库为深圳市嘉谷贸易有限公司虚开增值税专用发票 10 张，税价合计 1 000 万元，税额 1 150 442.50 元，全部用于抵扣进项税额。

上述事实有下列证据证明：……

认定本案上述事实还有下列证据证实：……

以上证据，均经一审公开开庭出示、质证、辩论。经审查，证据来源合法，内容客观、真实，本院予以确认。

二审审理过程中，上诉人石某辩护人向本院提交刘某某向石某转账 1 万元的业务凭证。

对上诉人的上诉理由及辩护人的辩护意见综合评判如下：

原审被告人余某、马某某等人的供述、上诉人石某在侦查阶段的供述与农副产品购销合同、银行交易明细、原十里铺粮库向石某的黑龙江省牡丹江农垦吉盛粮食经销有限公司开具的《发货通知书》等书证相互印证证实，石某与原十里铺粮库具体联系开票、签订合同及领取发票事宜，在无真实货物交易的情况下，让原十里铺粮库为福建宝业中建贸易有限公司等 46 家公司开具增值税专用发票 497 份，原审法院根据其在本案中的地位、作用作出相应判决，量刑适当，故上诉人石某及其辩护人所提上诉理由及辩护意见不能成立，本院不予采纳。

上诉人石某的辩护人向本院提交刘某某向石某转账 1 万元的业务凭证仅可证明刘某某向石某转账 1 万元的事实，并不能证明此 1 万元的具体用途，不能据此判断石某、刘某某二人在本案中的地位、作用，不足以否定原审认定的事实。

上诉人刘某以非法获取利益为目的，介绍原平凉市十里铺粮库为他人虚开增值税专用发票税额 40 964 868.96 元，数额巨大，造成国家税款 30 039 053.83 元被抵扣，给国家造成巨额的税款损失，应判处 10 年以上有期徒刑，原审法院根据其在本案中的地位、作用，综合考虑其受上游幕后人员指使，到案后能如实供述自己的全部或主要罪行，能认罪、悔罪等具体情节，对其量刑适当，故上诉人刘某所提上诉理由不予采纳。

证人夏某某、王某某、陈某某的证言与原审被告人付某某在侦查阶段的供述相互印证，证实窑店粮库与嘉谷公司之间的合同、嘉谷公司与甘肃金谷公司之间的合同均为虚假的合同，窑店粮库与嘉谷公司之间、嘉谷公司与金谷公司之间并无真实的贸易，在没有真实贸易的情况下，付某某让窑店粮库给其经营的嘉谷公司虚开了增值税专用发票 10 份，税价合计 1 000 万元，税额

1 150 442.50 元，均已认证抵扣，给国家税款造成了损失，构成虚开增值税专用发票罪，原审定罪准确，量刑适当，付某某的辩护人所提辩护意见不能成立，不予采纳。

本院认为，原审被告单位平某、原审被告人杨某某、付某某、刘某某、余某、郝某某、姚某、马某某、安某某、上诉人石某、刘某违反国家税收征管和发票管理规定，在没有货物购销的情况下，为他人虚开、介绍他人虚开或让他人为自己虚开增值税专用发票，数额巨大或较大，其行为均已构成虚开增值税专用发票罪。原审认定事实清楚，证据确实、充分，定罪准确，量刑适当，审判程序合法。依照《中华人民共和国刑事诉讼法》第二百三十六条第一款第（一）项、第二百四十四条之规定，拟裁定：

驳回上诉，维持原判。

2023 年 3 月 28 日

二、虚开发票罪

（一）违法主体

虚开发票的单位和个人。

（二）构成要件

1. 虚开《中华人民共和国刑法》第二百零五条规定以外的其他发票，情节严重的。

2. 具有下列情形之一的，应当认定为《中华人民共和国刑法》第二百零五条之一第一款规定的"虚开刑法第二百零五条规定以外的其他发票"：

（1）没有实际业务而为他人、为自己、让他人为自己、介绍他人开具发票的；

（2）有实际业务，但为他人、为自己、让他人为自己、介绍他人开具与实际业务的货物品名、服务名称、货物数量、金额等不符的发票的；

（3）非法篡改发票相关电子信息的；

（4）违反规定以其他手段虚开的。

3. 具有下列情形之一的，应当认定为《中华人民共和国刑法》第二百零五条之一第一款规定的"情节严重"：

（1）虚开发票票面金额 50 万元以上的；

（2）虚开发票 100 份以上且票面金额 30 万元以上的；

（3）5 年内因虚开发票受过刑事处罚或者 2 次以上行政处罚，又虚开发票，票面金额达到第一、二项规定的标准60%以上的。

4. 具有下列情形之一的，应当认定为《中华人民共和国刑法》第二百零五条之一第一款规定的"情节特别严重"：

（1）虚开发票票面金额250万元以上的；

（2）虚开发票500份以上且票面金额150万元以上的；

（3）5年内因虚开发票受过刑事处罚或者2次以上行政处罚，又虚开发票，票面金额达到第一、二项规定的标准60%以上的。

5. 以伪造的发票进行虚开，达到上述规定的标准的，应当以虚开发票罪追究刑事责任。

6. 明知他人实施危害税收征管犯罪而仍为其提供账号、资信证明或者其他帮助的，以相应犯罪的共犯论处。

（三）法律责任

1. 虚开《中华人民共和国刑法》第二百零五条规定以外的其他发票，情节严重的，处2年以下有期徒刑、拘役或者管制，并处罚金；情节特别严重的，处2年以上7年以下有期徒刑，并处罚金。

2. 单位犯虚开发票罪的，对单位判处罚金，并对其直接负责的主管人员和其他直接责任人员，依照上述规定处罚。

3. 实施危害税收征管犯罪，造成国家税款损失，行为人补缴税款、挽回税收损失，有效合规整改的，可以从宽处罚；犯罪情节轻微不需要判处刑罚的，可以不起诉或者免予刑事处罚；情节显著轻微危害不大的，不作为犯罪处理。

（四）典型案例

上海市第二中级人民法院
刑 事 裁 定 书

（2023）沪02刑终1075号

原公诉机关：上海市黄浦区人民检察院。

上诉人（原审被告人）：董某1（绰号：老外），男，1988年12月10日出生于江西省乐平市，初中肄业文化，某某公司1法定代表人，户籍所在地江西省景德镇市乐平市，住江西省景德镇市乐平市。因本案于2023年3月16日被刑事拘留，同年4月21日被逮捕。现羁押于上海市黄浦区看守所。

上诉人（原审被告人）：石某，男，1982年3月3日出生于江西省乐平市，中专文化，某某公司2、某某公司3财务，户籍所在地江西省景德镇市乐平市。曾因犯虚开发票罪于2020年9月被判处有期徒刑2年，并处罚金人民币3万元。

因本案于2023年2月23日被刑事拘留，同年3月31日被逮捕。现羁押于上海市黄浦区看守所。

上海市黄浦区人民法院审理上海市黄浦区人民检察院指控原审被告人董某1、石某犯虚开发票罪一案，于2023年11月2日作出（2023）沪0101刑初556号刑事判决。原审被告人董某1、石某不服，向本院提出上诉。本院受理后，依法组成合议庭，公开开庭审理了本案。现已审理终结。

上海市黄浦区人民法院依据证人朱某1、董某2、张某、童某、胡某、周某、王某1、金某、李某、王某2、王某3、许某、姚某、朱某2、陆某、倪某、汲某等人的证言，涉案公司营业执照、相关发票、记账凭证、某某机关出具的涉案开票公司的涉税事项调查证明材料及发票销项情况，公安机关搜查证、搜查笔录、扣押决定书、扣押笔录、扣押清单及相关照片，相关微信号及聊天记录截图，某某事务所有限公司出具的审计报告，石某的前科刑事判决书，公安机关出具的到案经过及工作情况，代管款收据和银行转账凭证，被告人董某1、石某的供述和辩解等证据判决认定：

2022年9月，被告人石某在明知被告人董某1为从事虚开发票业务而收购空壳公司的情况下，托人代为注册某某公司4、某某公司5、某某公司6、某某公司7并以人民币26 000元（以下币种均为人民币）的价格将上述四家公司出售给董某1。

2022年11月期间，董某1将上述四家公司的税控盘、数字证书、营业执照等交予朱某1使用，并教授朱某1开具发票的方法、向朱某1推送购买虚开发票的客户等，在没有实际业务的情况下，共同以上述四家公司的名义，向某某公司8、某某公司9等多家公司、企业虚开增值税普通发票440份，价税合计3 100余万元，从中赚取开票费。

2023年2月23日，民警在本市松江区内抓获石某。同年3月16日，民警在江西省景德镇市乐平市将董某1抓获。到案后，两名被告人对上述基本作案事实供认不讳。

另查明：2023年3月16日，董某1被民警抓获后指认朱某1，并带领民警抓获朱某1。

审理期间，石某在家属帮助下退赔了违法所得26 000元并预缴罚金。

上海市黄浦区人民法院认为，被告人董某1、石某的行为已构成虚开发票罪。在共同犯罪中，董某1系主犯，石某系从犯，对石某应减轻处罚。石某系累犯，应从重处罚。董某1、石某到案后能如实供述自己的罪行，可以从轻处罚。董某1具有立功表现，可以从轻处罚。石某认罪认罚，可以从宽处理。石某退缴了违法所得并预缴罚金，可酌情从轻处罚。据此，依照《中华人民共和国刑法》第二百零五条之一第一款、第二十五条第一款、第二十六条第一款、第四款、第二十七条、第六十五条第一款、第六十七条第三款、第六十八条、第五十二条、第五十三条、第六十四条和《中华人民共和国刑事诉讼法》第十五条之规定，以虚开发票罪分别判处董某1有期徒刑2年6个月，并处罚金50 000元；判处石某有期徒刑1年4个月，并处罚金15 000元；董某1的违法所得57 200元应予追缴，连同石某退缴在案的违法所得26 000元一并予以没收。

上诉人董某1及其辩护人认为董某1在共同犯罪中不是主犯，原判量刑过重，请求二审法院对董某1再予从轻处罚。上诉人石某当庭表示撤回上诉，其辩护人对石某撤回上诉不持异议。

上海市人民检察院第二分院认为原审诉讼程序合法有效，证据确实、充分，定罪准确，量刑适当，建议二审法院驳回董某1的上诉，维持原判，对石某撤回上诉不持异议。

二审经审理查明的事实和认定依据与原判相同。

本院认为，董某1与石某和他人结伙虚开增值税普通发票，情节特别严重，其行为已构成虚开发票罪，依法均应予刑事处罚。

经查，2022年9月，董某1收购某某公司4、某某公司5、某某公司6、某某公司7四家空壳公司，2022年11月期间，董某1将上述四家公司的税控盘、数字证书、营业执照等交予朱某1使用，并教授朱某1开具发票的方法、向朱某1推送虚开发票的客户等，在没有实际业务的情况下，以上述四家公司的名义，向某某公司8、某某公司9等多家公司、企业虚开增值税普通发票440份，价税合计3 100余万元，从中赚取开票费。董某1在共同犯罪中起主要作用，系主犯。原判认定董某1、石某犯虚开发票罪的事实清楚，证据确实、充分，审判程序合法，定罪准确，综合两人的犯罪情节量刑适当，董某1及其辩护人的意见不能成立，准予石某撤回上诉。上海市人民检察院第二分院的意见正确，应予支持。依照《中华人民共和国刑事诉讼法》第二百三十六条第一款第（一）项之规定，裁定如下：

驳回董某1上诉，维持原判。

2024年2月26日

三、伪造、出售伪造的增值税专用发票罪

（一）违法主体

伪造、出售伪造的增值税专用发票的单位和个人。

（二）构成要件

1. 伪造或者出售伪造的增值税专用发票的。

2. 伪造或者出售伪造的增值税专用发票，具有下列情形之一的，应当依照《中华人民共和国刑法》第二百零六条的规定（伪造、出售伪造的增值税专用发票罪）定罪处罚：

（1）票面税额10万元以上的；

（2）伪造或者出售伪造的增值税专用发票10份以上且票面税额6万元以上的；

（3）违法所得1万元以上的。

3. 伪造或者出售伪造的增值税专用发票票面税额50万元以上的，或者50份以上且票面税额30万元以上的，应当认定为《中华人民共和国刑法》第二百零六条第一款规定的"数量较大"。

4. 5年内因伪造或者出售伪造的增值税专用发票受过刑事处罚或者2次以上行政处罚，又实施伪造或者出售伪造的增值税专用发票行为，票面税额达到上述第3条规定的标准60%以上的，或者违法所得5万元以上的，应当认定为《中华人民共和国刑法》第二百零六条第一款规定的"其他严重情节"。

5. 伪造或者出售伪造的增值税专用发票票面税额500万元以上的，或者500份以上且票面税额300万元以上的，应当认定为《中华人民共和国刑法》第二百零六条第一款规定的"数量巨大"。

6. 5年内因伪造或者出售伪造的增值税专用发票受过刑事处罚或者2次以上行政处罚，又实施伪造或者出售伪造的增值税专用发票行为，票面税额达到上述第5条规定的标准60%以上的，或者违法所得50万元以上的，应当认定为《中华人民共和国刑法》第二百零六条第一款规定的"其他特别严重情节"。

7. 伪造并出售同一增值税专用发票的，以伪造、出售伪造的增值税专用发票罪论处，数量不重复计算。

8. 变造增值税专用发票的，按照伪造增值税专用发票论处。

9. 明知他人实施危害税收征管犯罪而仍为其提供账号、资信证明或者其他帮助的，以相应犯罪的共犯论处。

（三）法律责任

1. 伪造或者出售伪造的增值税专用发票的，处3年以下有期徒刑、拘役或者管制，并处2万元以上20万元以下罚金；数量较大或者有其他严重情节的，处3年以上10年以下有期徒刑，并处5万元以上50万元以下罚金；数量巨大或者有其他特别严重情节的，处 10 年以上有期徒刑或者无期徒刑，并处 5 万元以上 50 万元以下罚金或者没收财产。

2. 单位犯上述规定之罪的，对单位判处罚金，并对其直接负责的主管人员和其他直接责任人员，处 3 年以下有期徒刑、拘役或者管制；数量较大或者有其他严重情节的，处 3 年以上 10 年以下有期徒刑；数量巨大或者有其他特别严重情节的，处 10 年以上有期徒刑或者无期徒刑。

3. 实施危害税收征管犯罪，造成国家税款损失，行为人补缴税款、挽回税收损失，有效合规整改的，可以从宽处罚；犯罪情节轻微不需要判处刑罚的，可以不起诉或者免于刑事处罚；情节显著轻微危害不大的，不作为犯罪处理。

四、非法出售增值税专用发票罪

（一）违法主体

非法出售增值税专用发票的单位和个人。

（二）构成要件

1. 非法出售增值税专用发票的。

2. 非法出售增值税专用发票的，依照上述有关伪造、出售伪造的增值税专用发票罪的定罪量刑标准定罪处罚。

3. 明知他人实施危害税收征管犯罪而仍为其提供账号、资信证明或者其他帮助的，以相应犯罪的共犯论处。

（三）法律责任

1. 非法出售增值税专用发票的，处 3 年以下有期徒刑、拘役或者管制，并处 2 万元以上 20 万元以下罚金；

2. 数量较大的，处 3 年以上 10 年以下有期徒刑，并处 5 万元以上 50 万元以下罚金；

3. 数量巨大的，处 10 年以上有期徒刑或者无期徒刑，并处 5 万元以上 50 万元以下罚金或者没收财产。

4. 实施危害税收征管犯罪，造成国家税款损失，行为人补缴税款、挽回税收损失，有效合规整改的，可以从宽处罚；犯罪情节轻微不需要判处刑罚的，可以不起诉或者免于刑事处罚；情节显著轻微危害不大的，不作为犯罪处理。

五、非法购买增值税专用发票、购买伪造的增值税专用发票罪

（一）违法主体

非法购买增值税专用发票、购买伪造的增值税专用发票的单位和个人。

（二）构成要件

1. 非法购买增值税专用发票或者购买伪造的增值税专用发票的，处 5 年以下有期徒刑或者拘役，并处或者单处 2 万元以上 20 万元以下罚金。

2. 非法购买增值税专用发票或者购买伪造的增值税专用发票票面税额 20 万元以上的，或者 20 份以上且票面税额 10 万元以上的，应当依照《中华人民共和国刑法》第二百零八条第一款的规定（非法购买增值税专用发票、购买伪造的增值税专用发票罪）定罪处罚。

3. 非法购买真、伪两种增值税专用发票的，数额累计计算，不实行数罪并罚。

4. 非法购买增值税专用发票或者购买伪造的增值税专用发票又虚开或者出售的，分别依照《中华人民共和国刑法》第二百零五条（虚开增值税专用发票、用于骗取出口退税、抵扣税款发票罪）、第二百零六条（伪造、出售伪造的增值税专用发票罪）、第二百零七条（非法出售增值税专用发票罪）的规定定罪处罚。

5. 购买伪造的增值税专用发票又出售的，以出售伪造的增值税专用发票罪定罪处罚；非法购买增值税专用发票用于骗取抵扣税款或者骗取出口退税款，同时构成非法购买增值税专用发票罪与虚开增值税专用发票罪、骗取出口退税罪的，依照处罚较重的规定定罪处罚。

6. 明知他人实施危害税收征管犯罪而仍为其提供账号、资信证明或者其他帮助的，以相应犯罪的共犯论处。

（三）法律责任

1. 非法购买增值税专用发票或者购买伪造的增值税专用发票的，处 5 年以下有期徒刑或者拘役，并处或者单处 2 万元以上 20 万元以下罚金。

2. 实施危害税收征管犯罪，造成国家税款损失，行为人补缴税款、挽回税收损失，有效合规整改的，可以从宽处罚；犯罪情节轻微不需要判处刑罚的，可以不起诉或者免予刑事处罚；情节显著轻微危害不大的，不作为犯罪处理。

（四）典型案例

福建省泉州市中级人民法院
刑 事 裁 定 书

（2020）闽05刑终988号

原公诉机关：福建省石狮市人民检察院。

上诉人（原审被告人）：林某狮，男，1953年6月30日出生于福建省石狮市，香港特别行政区居民，汉族，小学文化，住石狮市。因涉嫌犯虚开增值税专用发票罪于2018年3月26日被刑事拘留，同年4月29日被逮捕。现羁押于石狮市看守所。

福建省石狮市人民法院审理福建省石狮市人民检察院指控原审被告人林某狮犯虚开增值税专用发票罪、挪用资金罪、故意销毁会计凭证罪一案，于2020年8月14日作出（2019）闽0581刑初1322号刑事判决。原审被告人林某狮不服，提出上诉。本院依法组成合议庭，公开开庭审理了本案，泉州市人民检察院指派检察员苏静、黄文波出庭履行职务，上诉人林某狮及其辩护人到庭参加诉讼。现已审理终结。

原判认定：

一、非法购买增值税专用发票

被告人林某狮系富××集团有限公司的四名股东之一，持有该公司25%的股份。经富××集团有限公司发起，富××股份有限公司于2012年6月29日设立，富××集团公司持有该公司61.92%的股份。2014年6月30日，富××股份有限公司发行H股，并在香港联合交易所主板上市。被告人林某狮为富××股份有限公司的董事，自2014年起开始负责分管该公司的财务工作，于2015年6月26日被选举为该公司的执行董事。

为虚增富××股份有限公司营业额及套取融资款项供公司进行支配，2014年12月至2016年12月间，被告人林某狮指使公司业务人员与供应商联系，在没有真实货物交易的情况下，以支付开票方价税合计5%~10%开票费不等的价格，从广东、浙江、江苏、河北、河南等省份共16家供应商处购买增值税专用发票共计2 510份，票面金额累计达384 264 191.04元。（具体供应商开票情况详见附表）

二、挪用资金

……

三、故意销毁会计凭证

……

原判认定上述事实的证据有：……

原判认为，被告人林某狮作为富××股份有限公司分管财务的主管人员，为单位牟取非法利益，向他人非法购买增值税专用发票计2 510份，票面金额累计达384 264 191.04元，其行为已构成非法购买增值税专用发票罪；被告人林某狮利用职务上的便利，挪用公司资金计29 580 316.72元进行营利活动，数额巨大，挪用公司资金计1 130 704.24归个人使用，数额较大、超过3个月未还，其行为已构成挪用资金罪；被告人林某狮指使他人故意销毁依法应当保存的公司会计凭证，情节严重，其行为已构成故意销毁会计凭证罪。鉴于涉案被挪用的资金已归还，就被告人林某狮所犯挪用资金罪，在量刑时可酌情予以考虑。被告人林某狮在判决宣告以前一人犯数罪，应依法对其实行数罪并罚。据此，原审法院作出判决：被告人林某狮犯非法购买增值税专用发票罪，判处有期徒刑3年，并处罚金人民币10万元；犯挪用资金罪，判处有期徒刑4年；犯故意销毁会计凭证罪，判处有期徒刑一年，并处罚金人民币5万元；决定执行有期徒刑7年，并处罚金人民币15万元。

上诉人林某狮诉称：1.一审判决关于上诉人犯非法买卖增值税专用发票的事实认定不清。上诉人在富××股份有限公司没有担任财务职务，没有指使公司工作人员非法购买增值税专用发票，不应对富××股份有限公司单位实施的非法购买增值税专用发票的行为负直接负责的主管人员责任。富××公司在其2014年返回前就存在为公司增加业绩而购买增值税发票的行为，其只是在支付凭证上签字。上诉人不构成非法购买增值税专用发票罪。2.一审判决关于上诉人挪用资金罪的事实认定不清，证据不足。……综上，请求二审法院查清事实，改判上诉人无罪。其辩护人提出相同的辩护意见。

出庭检察人员认为：一审判决认定的上诉人林某狮犯非法购买增值税专用发票罪、挪用资金罪、故意销毁会计凭证罪的犯罪事实清楚，证据确实、充分，足以认定。上诉人林某狮非法购买增值税专用发票的犯罪事实，有富××公司相关财务人员及开票公司经营者的证言、上诉人林某狮的供述、外购鞋税票往来进项情况表、增值税专用发票、产成品明细表、企业存款对账单、记账凭证、业务回单、银行存款明细表、应收款三栏明细账等证据证实；其挪用资金罪的犯罪事实，有富××公司相关财务人员的证言、上诉人林某狮的供述、林某狮的个人借款清单和情况表、专项审计报告等证据证实；其故意销毁会计凭证的犯罪事实，有富××股份有限公司财务人员的证言、专项审计报告等证据证实。建议二审法院驳回上诉，维持原判。

经审理查明，原判认定上诉人林某狮犯购买增值税专用发票罪、挪用资金罪、故意销毁会计凭证罪的事实清楚，相关证据均经原审庭审质证，且能相互印证，可作为定案依据。证据确实充分，本院予以确认。

关于上诉人林某狮及其辩护人提出其不应对富××股份有限公司单位实施的非法购买增值税专用发票行为负直接负责的主管人员责任的诉辩意见。经查，证人林某1、林某2、陈某1、黄某1、李某1、李某2、陈某2、林某3、郑某1、林某5等多名证人证实上诉人林某狮在富××股份有限公司担任执行董事并负责分管公司财务工作，富××股份有限公司为稳定上市公司业绩有让供应商多开具增值税专用发票，经办人员需呈报林某狮审批。林某狮在侦查阶段对上述事实亦多次供述在案，并有富××股份有限公司2015年6月26日的公告、"互转类通知书"等凭证予以印证。上诉人林某狮作为富××股份有限公司分管财务工作的公司执行董事，授权他人操作非法购买增值税专用发票事宜，并积极与部分供应商商定开票点数，属于在单位实施的犯罪中起决定、批准、授意、纵容、指挥等作用的人员，应当认定其为富××股份有限公司单位实施的非法购买增值税专用发票行为中直接负责的主管人员。故上诉人林某狮及其辩护人提出其不构成非法购买增值税专用发票罪的诉辩意见与查明的事实不符，不予采纳。

关于上诉人林某狮及其辩护人提出其不构成挪用资金罪的诉辩意见。……

关于上诉人林某狮及其辩护人提出其不构成故意销毁会计凭证罪的诉辩意见。……

本院认为，上诉人林某狮作为富××股份有限公司分管财务的主管人员，为单位牟取非法利益，向他人非法购买增值税专用发票计2 510份，票面金额累计达384 264 191.04元，其行为已构成非法购买增值税专用发票罪；上诉人林某狮利用职务上的便利，挪用公司资金计29 580 316.72元进行营利活动，数额巨大，挪用公司资金计1 130 704.24元归个人使用，数额较大、超过3个月未还，其行为已构成挪用资金罪；上诉人林某狮指使他人故意销毁依法应当保存的公司会计凭证，情节严重，其行为已构成故意销毁会计凭证罪。上诉人林某狮在判决宣告以前一人犯数罪，依法对其数罪并罚。鉴于涉案被挪用的资金已归还，对上诉人林某狮所犯挪用资金罪予以从轻处罚。原审判决认定事实清楚，定罪和适用法律正确，审判程序合法，根据上诉人林某狮的犯罪事实、性质和具体情节作出的量刑适当。据此，依照《中华人民共和国刑法》第二百零八条第一款、第二百一十一条、第二百七十二条第一款、第一百六十二条之一第一款、第六十九条第一、三款及《最高人民法院、最高人民检察院关于办理贪污贿赂刑事案件适用法律若干问题的解释》第十一条第二款、第六条及《中华人民共和国刑事诉讼法》第二百三十六条第一款第（一）项的规定，裁定如下：

驳回上诉，维持原判。

2020年12月24日

六、非法制造、出售非法制造的用于骗取出口退税、抵扣税款发票罪等犯罪

（一）违法主体

非法制造、出售非法制造的用于骗取出口退税、抵扣税款发票的单位和个人。

（二）构成要件

1. 伪造、擅自制造或者出售伪造、擅自制造的可以用于骗取出口退税、抵扣税款的其他发票的。

2. 伪造、擅自制造或者出售伪造、擅自制造的上述规定以外的其他发票的，构成非法制造、出售非法制造的发票罪。

3. 非法出售可以用于骗取出口退税、抵扣税款的其他发票的，构成非法出售用于骗取出口退税、抵扣税款发票罪。

4. 非法出售上述第3条规定以外的其他发票的，构成非法出售发票罪。

5. 伪造、擅自制造或者出售伪造、擅自制造的用于骗取出口退税、抵扣税款的其他发票，具有下列情形之一的，应当依照《中华人民共和国刑法》第二百零九条第一款的规定（非法制造、出售非法制造的用于骗取出口退税、抵扣税款发票罪）定罪处罚：

（1）票面可以退税、抵扣税额10万元以上的；

（2）伪造、擅自制造或者出售伪造、擅自制造的发票10份以上且票面可以退税、抵扣税额6万元以上的；

（3）违法所得1万元以上的。

6. 伪造、擅自制造或者出售伪造、擅自制造的可以用于骗取出口退税、抵扣税款的其他发票票面可以退税、抵扣税额50万元以上的，或者50份以上且票面可以退税、抵扣税额30万元以上的，应当认定为《中华人民共和国刑法》第二百零九条第一款规定的"数量巨大"；伪造、擅自制造或者出售伪造、擅自制造的可以用于骗取出口退税、抵扣税款的其他发票票面可以退税、抵扣税额500万元以上的，或者500份以上且票面可以退税、抵扣税额300万元以上的，应当认定为《中华人民共和国刑法》第二百零九条第一款规定的"数量特别巨大"。

7. 伪造、擅自制造或者出售伪造、擅自制造《中华人民共和国刑法》第二百零九条第二款规定的发票，具有下列情形之一的，应当依照该款的规定（非

法制造、出售非法制造的发票罪）定罪处罚：

（1）票面金额 50 万元以上的；

（2）伪造、擅自制造或者出售伪造、擅自制造发票 100 份以上且票面金额 30 万元以上的；

（3）违法所得 1 万元以上的。

8. 伪造、擅自制造或者出售伪造、擅自制造《中华人民共和国刑法》第二百零九条第二款规定的发票，具有下列情形之一的，应当认定为"情节严重"：

（1）票面金额 250 万元以上的；

（2）伪造、擅自制造或者出售伪造、擅自制造发票 500 份以上且票面金额 150 万元以上的；

（3）违法所得 5 万元以上的。

9. 非法出售用于骗取出口退税、抵扣税款的其他发票的，定罪量刑标准依照上述第 5 条、第 6 条的规定执行。

10. 非法出售增值税专用发票、用于骗取出口退税、抵扣税款的其他发票以外的发票的，定罪量刑标准依照上述第 7 条、第 8 条的规定执行。

11. 明知他人实施危害税收征管犯罪而仍为其提供账号、资信证明或者其他帮助的，以相应犯罪的共犯论处。

（三）法律责任

1. 伪造、擅自制造或者出售伪造、擅自制造的可以用于骗取出口退税、抵扣税款的其他发票的，处 3 年以下有期徒刑、拘役或者管制，并处 2 万元以上 20 万元以下罚金；数量巨大的，处 3 年以上 7 年以下有期徒刑，并处 5 万元以上 50 万元以下罚金；数量特别巨大的，处 7 年以上有期徒刑，并处 5 万元以上 50 万元以下罚金或者没收财产。

2. 伪造、擅自制造或者出售伪造、擅自制造的上述规定以外的其他发票的，处 2 年以下有期徒刑、拘役或者管制，并处或者单处 1 万元以上 5 万元以下罚金；情节严重的，处 2 年以上 7 年以下有期徒刑，并处 5 万元以上 50 万元以下罚金。

3. 非法出售可以用于骗取出口退税、抵扣税款的其他发票的，依照上述第 1 条的规定处罚。

4. 非法出售上述第 3 条规定以外的其他发票的，依照上述第 2 条的规定处罚。

5. 实施危害税收征管犯罪，造成国家税款损失，行为人补缴税款、挽回税收损失，有效合规整改的，可以从宽处罚；犯罪情节轻微不需要判处刑罚的，可以不起诉或者免予刑事处罚；情节显著轻微危害不大的，不作为犯罪处理。

七、盗窃罪与诈骗罪

（一）违法主体

盗窃发票与骗取发票的个人。

（二）构成要件

1. 盗窃增值税专用发票或者可以用于骗取出口退税、抵扣税款的其他发票的，依照《中华人民共和国刑法》第二百六十四条的规定（盗窃罪）定罪处罚。

2. 使用欺骗手段骗取增值税专用发票或者可以用于骗取出口退税、抵扣税款的其他发票的，依照《中华人民共和国刑法》第二百六十六条的规定（诈骗罪）定罪处罚。

3. 明知他人实施危害税收征管犯罪而仍为其提供账号、资信证明或者其他帮助的，以相应犯罪的共犯论处。

（三）法律责任

1. 盗窃公私财物，数额较大的，或者多次盗窃、入户盗窃、携带凶器盗窃、扒窃的，处3年以下有期徒刑、拘役或者管制，并处或者单处罚金；数额巨大或者有其他严重情节的，处3年以上10年以下有期徒刑，并处罚金；数额特别巨大或者有其他特别严重情节的，处10年以上有期徒刑或者无期徒刑，并处罚金或者没收财产。

2. 诈骗公私财物，数额较大的，处3年以下有期徒刑、拘役或者管制，并处或者单处罚金；数额巨大或者有其他严重情节的，处3年以上10年以下有期徒刑，并处罚金；数额特别巨大或者有其他特别严重情节的，处10年以上有期徒刑或者无期徒刑，并处罚金或者没收财产。

3. 实施危害税收征管犯罪，造成国家税款损失，行为人补缴税款、挽回税收损失，有效合规整改的，可以从宽处罚；犯罪情节轻微不需要判处刑罚的，可以不起诉或者免予刑事处罚；情节显著轻微危害不大的，不作为犯罪处理。

八、持有伪造的发票罪

（一）违法主体

持有伪造的发票的单位和个人。

（二）构成要件

1. 明知是伪造的发票而持有，数量较大的。

2. 具有下列情形之一的，应当认定为《中华人民共和国刑法》第二百一十条之一第一款规定的"数量较大"：

（1）持有伪造的增值税专用发票或者可以用于骗取出口退税、抵扣税款的其他发票票面税额50万元以上的；或者50份以上且票面税额25万元以上的；

（2）持有伪造的前项规定以外的其他发票票面金额100万元以上的，或者100份以上且票面金额50万元以上的。

3. 持有的伪造发票数量、票面税额或者票面金额达到上述规定的标准5倍以上的，应当认定为《中华人民共和国刑法》第二百一十条之一第一款规定的"数量巨大"。

4. 明知他人实施危害税收征管犯罪而仍为其提供账号、资信证明或者其他帮助的，以相应犯罪的共犯论处。

（三）法律责任

1. 明知是伪造的发票而持有，数量较大的，处2年以下有期徒刑、拘役或者管制，并处罚金；数量巨大的，处2年以上7年以下有期徒刑，并处罚金。

2. 单位犯持有伪造的发票罪的，对单位判处罚金，并对其直接负责的主管人员和其他直接责任人员，依照上述规定处罚。

3. 实施危害税收征管犯罪，造成国家税款损失，行为人补缴税款、挽回税收损失，有效合规整改的，可以从宽处罚；犯罪情节轻微不需要判处刑罚的，可以不起诉或者免予刑事处罚；情节显著轻微危害不大的，不作为犯罪处理。

（四）典型案例

山东省德州市中级人民法院
刑事判决书

（2021）鲁14刑终69号

原公诉机关：山东省平原县人民检察院。

上诉人（原审被告人）：王某莹，女，1958年1月28日出生于北京市西城区，满族，大学文化，原东方能源（平原）燃气有限公司董事长（以下简称东方公司）、中石气（涞水）燃气有限公司法定代表人（以下简称中石气涞水公司）、辉煌能源（安平）燃气有限公司董事长（以下简称辉煌安平公司）、紫阳绿风科技（北京）有限责任公司法定代表人、董事长（以下简称紫阳绿风公司），户籍地及住址均系北京市西城区。因涉嫌犯职务侵占罪、挪用资金罪于2019年7月3日被刑事拘留，2019年8月9日被平原县公安局取保候审，因涉嫌犯持有伪造的发票罪于2019年8月27日被逮捕。现羁押于德州市看守所。

山东省平原县人民法院审理平原县人民检察院指控原审被告人王某莹犯职务侵占罪、挪用资金罪、持有伪造的发票罪一案，于2021年2月3日作出（2020）鲁1426刑初71号刑事判决。宣判后，原审被告人王某莹不服，提出上诉。本院依法组成合议庭，于2021年9月16日公开开庭审理了本案。德州市人民检察院指派检察员孙暖、书记员李岩出庭履行职务，东方新能源（平原）有限公司诉讼代理人北京市京都律师事务所律师张启明、辉煌能源（安平）燃气有限公司诉讼代理人山东众成清泰（德州）律师事务所律师梁彬，上诉人王某莹的辩护人张晓彬、张远图到庭参加诉讼，上诉人王某莹通过远程视频方式参加庭审。审理期间，经德州市人民检察院申请，本院决定延期审理一次。现已审理终结。

原审判决认定：

一、职务侵占罪

……

二、挪用资金罪

……

三、持有伪造的发票罪

2014年9月至2016年5月，被告人王某莹利用担任东方公司董事长、中石气涞水公司法定代表人等职务便利，指使公司财务人员将108张伪造的增值税普通发票入账，伪造发票金额共计人民币4 173.85万元。

以上事实，有经原审庭审举证、质证、认证的东方公司等涉案公司记账凭证、银行交易明细等书证，证人杨某、张某等的证言，山东实信司法鉴定所司法鉴定意见书等鉴定意见，搜查辨认提取等笔录，被告人王某莹的供述和辩解等证据证实。

原审法院认为，被告人王某莹利用职务上的便利，利用伪造和虚开的发票进行平账、以长期股权投资名义套取公司款项购买房产等手段，将本单位财物非法占为己有，数额巨大；被告人王某莹利用职务上的便利，挪用公司资金归个人使用，数额巨大；被告人王某莹明知是伪造的发票而持有，其行为已构成职务侵占罪、挪用资金罪、持有伪造的发票罪，依法应予以数罪并罚。依照《中华人民共和国刑法》第二百七十一条第一款、第二百七十二条第一款、第二百一十条之一第一款、第六十九条、第六十四条、第五十二条、第五十三条规定，以被告人王某莹犯职务侵占罪，判处有期徒刑八年，并处没收个人财产人民币50万元；犯挪用资金罪，判处有期徒刑5年；犯持有伪造的发票罪，判处有期徒刑 2 年，并处罚金人民币 10 万元，数罪并罚，决定执行有期徒刑 12 年；没收个人财产人民币 50 万元，并处罚金人民币 10 万元。责令被告人王某莹退赔所侵占公司资金 6 521.65 万元；责令被告人王某莹将所挪用资金 5 241.13 万元返还原单位。

宣判后，被告人王某莹以"1. 其对职务侵占罪不认可，指控其犯罪的第一项至第六项，财务已平账。2. 对挪用资金罪不认可，以个人名义购买的房产是为公司购买的，目的是节省税款；公司资金转到其个人银行卡转账均是用于公司贸易，不应计入其私人用款；对追加起诉数额不认可，存在公私财产混同情况。3. 持有伪造的发票均是公司贸易、日常经营等产生的费用，发票来源其不清楚"等为由，提出上诉。

二审审理期间，上诉人王某莹于 2021 年 7 月 6 日撤回上诉理由，对原审判决认定的事实证据无异议，自愿认罪认罚，退赔退缴所有款项，希望从轻处罚。

上诉人王某莹的辩护人提出如下辩护意见：1. 王某莹亲属代为履行退赔、返还义务，并已取得被害单位谅解，依法可从轻处罚。2. 王某莹亲属代为履行附加刑，系判决生效前积极履行法律义务；3. 王某莹自愿认罪认罚，应从宽处理；4. 王某莹作为民营企业家，对于其存在经营不规范导致犯罪问题，应以包容态度处理；5. 王某莹在经营过程中，对平原的经营发展作出了一定贡献，可予以酌定从轻处罚；6. 依照《最高人民法院最高人民检察院关于常见犯罪的量刑指导意见（试行）》可以减少基准刑 60% 以下；7. 根据法律规定，依照从旧兼从轻的原则，应认定王某莹职务侵占、挪用资金数额巨大，量刑起点为 3 年有期徒刑，可在 3 至 5 年内确定宣告刑；并希望尽快解除查封扣押措施。

东方新能源（平原）有限公司诉讼代理人、辉煌能源（安平）燃气有限公司诉讼代理人确认单位已收到退赔款项并出具了谅解书，建议依法对上诉人王某莹从轻处罚。

出庭检察员发表如下出庭意见：本案犯罪事实清楚，证据确实、充分，诉讼程序合法，适用法律、定罪正确，鉴于二审期间上诉人王某莹自愿认罪认罚，与被害单位达成谅解，积极退赃退赔，积极缴纳罚金及没收财产，可以适用认罪认罚程序从轻处罚，建议依法改判。

经二审审理查明的事实及证据与一审相同。

另查明，东方能源（平原）燃气有限公司于 2021 年 2 月 24 日变更为东方新能源（平原）有限公司。2021 年 6 月 21 日，上诉人王某莹之子王某磊代为向中石气（涞水）燃气有限公司、东方新能源（平原）有限公司、辉煌能源（安平）燃气有限公司、紫阳绿风科技（北京）有限责任公司分别退款 82.91 万元、10 466.69 万元、513.18 万元、700 万元，共计退款 11 762.78 万元，取得上述单位的谅解。

二审期间，上诉人王某莹的辩护人提交如下证据：……

本院于2021年9月13日对边少卿所作笔录证实，其系中石气（涞水）燃气有限公司、东方新能源（平原）有限公司、辉煌能源（安平）燃气有限公司、紫阳绿风科技（北京）有限责任公司的法定代表人，四单位收到了王某莹家属退赔的原审判决确定的全部款项，四单位及其本人均对王某莹的行为表示谅解，请求对王某莹从轻处罚。

上述证据经二审开庭举证、质证，均无异议，予以采纳。

……

关于上诉人王某莹及其辩护人所提"王某莹亲属代为履行退赔、返还义务，已取得被害单位谅解，并积极代为履行附加刑等法律义务，自愿认罪认罚，应从宽处理"的上诉理由及辩护意见，以及出庭检察员所提"二审期间王某莹自愿认罪认罚，与被害单位达成谅解，积极退赃退赔，积极缴纳罚金及没收财产，可以适用认罪认罚程序从轻处罚"的出庭意见，经查属实，予以采纳。

本院认为，上诉人王某莹利用职务上的便利，利用伪造和虚开的发票进行平账、以长期股权投资名义套取公司款项购买房产等手段，将本单位财物6521.65万元非法占为己有，其行为构成职务侵占罪；上诉人王某莹利用职务上的便利，挪用公司资金5241.13万元归个人使用，其行为构成挪用资金罪；上诉人王某莹明知是伪造的发票而持有，其行为构成持有伪造的发票罪。上诉人王某莹犯数罪，依法应数罪并罚。鉴于二审期间，上诉人王某莹自愿认罪认罚，亲属代为退赔返还全部损失并取得单位谅解，积极缴纳罚金及没收财产，依法从轻处罚。依照1997年修订的《中华人民共和国刑法》第二百七十一条第一款、第二百七十二条第一款、《中华人民共和国刑法》第十二条、第二百一十条之一第一款、第六十九条、第六十四条、第五十二条、第五十三条、《中华人民共和国刑事诉讼法》第十五条、第二百三十六条第一款（二）项、《最高人民法院关于适用〈中华人民共和国刑事诉讼法〉的解释》第三百五十七条的规定，判决如下：

一、维持山东省平原县人民法院（2020）鲁1426刑初71号刑事判决第一项职务侵占罪、挪用资金罪的定罪及持有伪造的发票罪的定罪、量刑部分，即"被告人王某莹犯职务侵占罪、挪用资金罪；犯持有伪造的发票罪，判处有期徒刑2年，并处罚金人民币10万元"。

二、撤销山东省平原县人民法院（2020）鲁1426刑初71号刑事判决第一项职务侵占罪、挪用资金罪的量刑及决定刑部分以及第二项，即"一、判处有期徒刑8年，并处没收个人财产人民币50万元；判处有期徒刑5年；数罪并罚，决定执行有期徒刑12年，并处没收个人财产人民币50万元，并处罚金人民币

10万元。二、责令被告人王某莹退赔所侵占公司资金6 521.65万元；责令被告人王某莹将所挪用资金5 241.13万元返还原单位"。

三、上诉人（原审被告人）王某莹犯职务侵占罪，判处有期徒刑5年，并处没收个人财产人民币50万元；犯挪用资金罪，判处有期徒刑3年；犯持有伪造的发票罪，判处有期徒刑2年，并处罚金人民币10万元；数罪并罚，决定执行有期徒刑7年，并处没收个人财产人民币50万元、罚金人民币10万元。

（刑期自判决执行之日起计算，判决前先行羁押的，羁押一日折抵刑期一日，即自2019年8月27日起至2026年7月19日止；没收个人财产、罚金已缴纳）。

2021年9月28日

九、单位犯危害税收征管罪的

（一）违法主体

犯危害税收征管罪的单位。

（二）构成要件

单位犯《中华人民共和国刑法》第二百零一条（逃税罪）、第二百零三条（逃避追缴欠税罪）、第二百零四条（骗取出口退税罪、逃税罪）、第二百零七条（非法出售增值税专用发票罪）、第二百零八条（非法购买增值税专用发票、购买伪造的增值税专用发票罪，虚开增值税专用发票、用于骗取出口退税、抵扣税款发票罪）、第二百零九条（非法制造、出售非法制造的用于骗取出口退税、抵扣税款发票罪，非法制造、出售非法制造的发票罪，非法出售用于骗取出口退税、抵扣税款发票罪，非法出售发票罪）规定之罪的。

（三）法律责任

1. 单位犯《中华人民共和国刑法》第二百零一条、第二百零三条、第二百零四条、第二百零七条、第二百零八条、第二百零九条规定之罪的，对单位判处罚金，并对其直接负责的主管人员和其他直接责任人员，依照各该条的规定处罚。

2. 实施危害税收征管犯罪，造成国家税款损失，行为人补缴税款、挽回税收损失，有效合规整改的，可以从宽处罚；犯罪情节轻微不需要判处刑罚的，可以不起诉或者免予刑事处罚；情节显著轻微危害不大的，不作为犯罪处理。

第三节 税务人员犯罪风险

一、徇私舞弊不征、少征税款罪

（一）违法主体

具有税款征收职责的税务人员。

（二）构成要件

1.税务机关的工作人员徇私舞弊，不征或者少征应征税款，致使国家税收遭受重大损失的。

2.徇私舞弊不征、少征税款罪是指税务机关工作人员徇私舞弊，不征、少征应征税款，致使国家税收遭受重大损失的行为。涉嫌下列情形之一的，应予立案：

（1）为徇私情、私利，违反规定，对应当征收的税款擅自决定停征、减征或者免征，或者伪造材料，隐瞒情况，弄虚作假，不征、少征应征税款，致使国家税收损失累计达10万元以上的；

（2）徇私舞弊不征、少征应征税款不满10万元，但具有索取或者收受贿赂或者其他恶劣情节的。

（三）法律责任

税务机关的工作人员徇私舞弊，不征或者少征应征税款，致使国家税收遭受重大损失的，处5年以下有期徒刑或者拘役；造成特别重大损失的，处5年以上有期徒刑。

二、徇私舞弊发售发票、抵扣税款、出口退税罪

（一）违法主体

具有发售发票、抵扣税款、出口退税管理职责的税务人员。

（二）构成要件

1.税务机关的工作人员违反法律、行政法规的规定，在办理发售发票、抵

扣税款、出口退税工作中，徇私舞弊，致使国家利益遭受重大损失的。

2.徇私舞弊发售发票、抵扣税款、出口退税罪是指税务机关工作人员违反法律、行政法规的规定，在办理发售发票、抵扣税款、出口退税工作中徇私舞弊，致使国家利益遭受重大损失的行为。涉嫌下列情形之一的，应予立案：

（1）为徇私情、私利，违反法律、行政法规的规定，伪造材料，隐瞒情况，弄虚作假，对不应发售的发票予以发售，对不应抵扣的税款予以抵扣，对不应给予出口退税的给予退税，或者擅自决定发售不应发售的发票、抵扣不应抵扣的税款、给予出口退税，致使国家税收损失累计达10万元以上的；

（2）徇私舞弊，致使国家税收损失累计不满10万元，但具有索取、收受贿赂或者其他恶劣情节的。

（三）法律责任

税务机关的工作人员违反法律、行政法规的规定，在办理发售发票、抵扣税款、出口退税工作中，徇私舞弊，致使国家利益遭受重大损失的，处5年以下有期徒刑或者拘役；致使国家利益遭受特别重大损失的，处5年以上有期徒刑。

三、徇私舞弊不移交刑事案件罪

（一）违法主体

应当将税务执法案件移交司法机关追究刑事责任的税务人员。

（二）构成要件

1.行政执法人员徇私舞弊，对依法应当移交司法机关追究刑事责任的不移交，情节严重的。

2.徇私舞弊不移交刑事案件罪是指行政执法人员，徇私情、私利，伪造材料，隐瞒情况，弄虚作假，对依法应当移交司法机关追究刑事责任的刑事案件，不移交司法机关处理，情节严重的行为。涉嫌下列情形之一的，应予立案：

（1）对依法可能判处3年以上有期徒刑、无期徒刑、死刑的犯罪案件不移交的；

（2）3次以上不移交犯罪案件，或者一次不移交犯罪案件涉及3名以上犯罪嫌疑人的；

（3）司法机关发现并提出意见后，无正当理由仍然不予移交的；

（4）以罚代刑，放纵犯罪嫌疑人，致使犯罪嫌疑人继续进行违法犯罪活动的；

（5）行政执法部门主管领导阻止移交的；

（6）隐瞒、毁灭证据，伪造材料，改变刑事案件性质的；

（7）直接负责的主管人员和其他直接责任人员为牟取本单位私利而不移交刑事案件，情节严重的；

（8）其他情节严重的情形。

（三）法律责任

行政执法人员徇私舞弊，对依法应当移交司法机关追究刑事责任的不移交，情节严重的，处3年以下有期徒刑或者拘役；造成严重后果的，处3年以上7年以下有期徒刑。

四、故意泄露国家秘密罪与过失泄露国家秘密罪

（一）违法主体

具有保守国家秘密义务的税务人员。

（二）构成要件

1. 国家机关工作人员违反保守国家秘密法的规定，故意或者过失泄露国家秘密，情节严重的。

2. 故意泄露国家秘密罪是指国家机关工作人员或者非国家机关工作人员违反保守国家秘密法，故意使国家秘密被不应知悉者知悉，或者故意使国家秘密超出了限定的接触范围，情节严重的行为涉嫌下列情形之一的，应予立案：

（1）泄露绝密级国家秘密1项（件）以上的；

（2）泄露机密级国家秘密2项（件）以上的；

（3）泄露秘密级国家秘密3项（件）以上的；

（4）向非境外机构、组织、人员泄露国家秘密，造成或者可能造成危害社会稳定、经济发展、国防安全或者其他严重危害后果的；

（5）通过口头、书面或者网络等方式向公众散布、传播国家秘密的；

（6）利用职权指使或者强迫他人违反国家保守秘密法的规定泄露国家秘密的；

（7）以牟取私利为目的泄露国家秘密的；

（8）其他情节严重的情形。

3.过失泄露国家秘密罪是指国家机关工作人员或者非国家机关工作人员违反保守国家秘密法，过失泄露国家秘密，或者遗失国家秘密载体，致使国家秘密被不应知悉者知悉或者超出了限定的接触范围，情节严重的行为。涉嫌下列情形之一的，应予立案：

（1）泄露绝密级国家秘密1项（件）以上的；

（2）泄露机密级国家秘密3项（件）以上的；

（3）泄露秘密级国家秘密4项（件）以上的；

（4）违反保密规定，将涉及国家秘密的计算机或者计算机信息系统与互联网相连接，泄露国家秘密的；

（5）泄露国家秘密或者遗失国家秘密载体，隐瞒不报、不如实提供有关情况或者不采取补救措施的；

（6）其他情节严重的情形。

（三）法律责任

国家机关工作人员违反保守国家秘密法的规定，故意或者过失泄露国家秘密，情节严重的，处3年以下有期徒刑或者拘役；情节特别严重的，处3年以上7年以下有期徒刑。

五、滥用职权罪与玩忽职守罪

（一）违法主体

具有税务执法职责的税务人员。

（二）构成要件

1.国家机关工作人员滥用职权或者玩忽职守，致使公共财产、国家和人民利益遭受重大损失的。《中华人民共和国刑法》另有规定的，依照规定。

2.国家机关工作人员徇私舞弊，犯上述罪的。《中华人民共和国刑法》另有规定的，依照规定。

3.国家机关工作人员滥用职权或者玩忽职守，具有下列情形之一的，应当认定为《中华人民共和国刑法》第三百九十七条规定的"致使公共财产、国家和人民利益遭受重大损失"：

（1）造成死亡1人以上，或者重伤3人以上，或者轻伤9人以上，或者重伤2人、轻伤3人以上，或者重伤1人、轻伤6人以上的；

（2）造成经济损失30万元以上的；

（3）造成恶劣社会影响的；

（4）其他致使公共财产、国家和人民利益遭受重大损失的情形。

4.具有下列情形之一的，应当认定为《中华人民共和国刑法》第三百九十七条规定的"情节特别严重"：

（1）造成伤亡达到第3条第（1）项规定人数3倍以上的；

（2）造成经济损失150万元以上的；

（3）造成第3条规定的损失后果，不报、迟报、谎报或者授意、指使、强令他人不报、迟报、谎报事故情况，致使损失后果持续、扩大或者抢救工作延误的；

（4）造成特别恶劣社会影响的；

（5）其他特别严重的情节。

5.国家机关工作人员实施滥用职权或者玩忽职守犯罪行为，触犯《中华人民共和国刑法》分则第九章第三百九十八条至第四百一十九条规定的，依照该规定定罪处罚。国家机关工作人员滥用职权或者玩忽职守，因不具备徇私舞弊等情形，不符合《中华人民共和国刑法》分则第九章第三百九十八条至第四百一十九条的规定，但依法构成第三百九十七条规定的犯罪的，以滥用职权罪或者玩忽职守罪定罪处罚。

6.国家机关工作人员实施渎职犯罪并收受贿赂，同时构成受贿罪的，除《中华人民共和国刑法》另有规定外，以渎职犯罪和受贿罪数罪并罚。

7.国家机关工作人员实施渎职行为，放纵他人犯罪或者帮助他人逃避刑事处罚，构成犯罪的，依照渎职罪的规定定罪处罚。

8.国家机关工作人员与他人共谋，利用其职务行为帮助他人实施其他犯罪行为，同时构成渎职犯罪和共谋实施的其他犯罪共犯的，依照处罚较重的规定定罪处罚。

9.国家机关工作人员与他人共谋，既利用其职务行为帮助他人实施其他犯罪，又以非职务行为与他人共同实施该其他犯罪行为，同时构成渎职犯罪和其他犯罪的共犯的，依照数罪并罚的规定定罪处罚。

10.国家机关负责人员违法决定，或者指使、授意、强令其他国家机关工作人员违法履行职务或者不履行职务，构成《中华人民共和国刑法》分则第九章规定的渎职犯罪的，应当依法追究刑事责任。

11.以"集体研究"形式实施的渎职犯罪，应当依照《中华人民共和国刑法》分则第九章的规定追究国家机关负有责任的人员的刑事责任。对于具体执行人员，应当在综合认定其行为性质、是否提出反对意见、危害结果大小等情节的基础上决定是否追究刑事责任和应当判处的刑罚。

12. 以危害结果为条件的渎职犯罪的追诉期限，从危害结果发生之日起计算；有数个危害结果的，从最后一个危害结果发生之日起计算。

13. 上述规定的"经济损失"，是指渎职犯罪或者与渎职犯罪相关联的犯罪立案时已经实际造成的财产损失，包括为挽回渎职犯罪所造成损失而支付的各种开支、费用等。立案后至提起公诉前持续发生的经济损失，应一并计入渎职犯罪造成的经济损失。

14. 债务人经法定程序被宣告破产，债务人潜逃、去向不明，或者因行为人的责任超过诉讼时效等，致使债权已经无法实现的，无法实现的债权部分应当认定为渎职犯罪的经济损失。

15. 渎职犯罪或者与渎职犯罪相关联的犯罪立案后，犯罪分子及其亲友自行挽回的经济损失，司法机关或者犯罪分子所在单位及其上级主管部门挽回的经济损失，或者因客观原因减少的经济损失，不予扣减，但可以作为酌定从轻处罚的情节。

（三）法律责任

1. 国家机关工作人员滥用职权或者玩忽职守，致使公共财产、国家和人民利益遭受重大损失的，处3年以下有期徒刑或者拘役；情节特别严重的，处3年以上7年以下有期徒刑。《中华人民共和国刑法》另有规定的，依照规定。

2. 国家机关工作人员徇私舞弊，犯上述罪的，处5年以下有期徒刑或者拘役；情节特别严重的，处5年以上10年以下有期徒刑。《中华人民共和国刑法》另有规定的，依照规定。

六、贪污罪

（一）违法主体

税务机关中的国家工作人员。

（二）构成要件

国家工作人员利用职务上的便利，侵吞、窃取、骗取或者以其他手段非法占有公共财物的，是贪污罪。

（三）法律责任

1. 对犯贪污罪的，根据情节轻重，分别依照下列规定处罚：

（1）贪污数额较大或者有其他较重情节的，处3年以下有期徒刑或者拘役，并处罚金；

（2）贪污数额巨大或者有其他严重情节的，处3年以上10年以下有期徒刑，并处罚金或者没收财产；

（3）贪污数额特别巨大或者有其他特别严重情节的，处10年以上有期徒刑或者无期徒刑，并处罚金或者没收财产；数额特别巨大，并使国家和人民利益遭受特别重大损失的，处无期徒刑或者死刑，并处没收财产。

2. 对多次贪污未经处理的，按照累计贪污数额处罚。

3. 犯贪污罪，在提起公诉前如实供述自己罪行、真诚悔罪、积极退赃，避免、减少损害结果的发生，有第（1）项规定情形的，可以从轻、减轻或者免除处罚；有第（2）项、第（3）项规定情形的，可以从轻处罚。

4. 犯贪污罪，有第（3）项规定情形被判处死刑缓期执行的，人民法院根据犯罪情节等情况可以同时决定在其死刑缓期执行2年期满依法减为无期徒刑后，终身监禁，不得减刑、假释。

七、受贿罪

（一）违法主体

税务机关中的国家工作人员。

（二）构成要件

1. 国家工作人员利用职务上的便利，索取他人财物的，或者非法收受他人财物，为他人谋取利益的，是受贿罪。

2. 国家工作人员在经济往来中，违反国家规定，收受各种名义的回扣、手续费，归个人所有的，以受贿论处。

（三）法律责任

1. 对犯受贿罪的，根据受贿所得数额及情节，依照《中华人民共和国刑法》第三百八十三条的规定（贪污罪的处罚规定）处罚。索贿的从重处罚。

2. 贪污或者受贿数额在3万元以上不满20万元的，应当认定为《中华人民共和国刑法》第三百八十三条第一款规定的"数额较大"，依法判处3年以下有期徒刑或者拘役，并处罚金。

3. 贪污数额在1万元以上不满3万元，具有下列情形之一的，应当认定为《中华人民共和国刑法》第三百八十三条第一款规定的"其他较重情节"，依法判处3年以下有期徒刑或者拘役，并处罚金：

（1）贪污救灾、抢险、防汛、优抚、扶贫、移民、救济、防疫、社会捐助等特定款物的；

（2）曾因贪污、受贿、挪用公款受过党纪、行政处分的；

（3）曾因故意犯罪受过刑事追究的；

（4）赃款赃物用于非法活动的；

（5）拒不交代赃款赃物去向或者拒不配合追缴工作，致使无法追缴的；

（6）造成恶劣影响或者其他严重后果的。

4.受贿数额在1万元以上不满3万元，具有上述第（2）项至第（6）项规定的情形之一，或者具有下列情形之一的，应当认定为《中华人民共和国刑法》第三百八十三条第一款规定的"其他较重情节"，依法判处3年以下有期徒刑或者拘役，并处罚金：

（1）多次索贿的；

（2）为他人谋取不正当利益，致使公共财产、国家和人民利益遭受损失的；

（3）为他人谋取职务提拔、调整的。

5.贪污或者受贿数额在20万元以上不满300万元的，应当认定为《中华人民共和国刑法》第三百八十三条第一款规定的"数额巨大"，依法判处3年以上10年以下有期徒刑，并处罚金或者没收财产。

6.贪污数额在10万元以上不满20万元，具有上述第3条规定的情形之一的，应当认定为《中华人民共和国刑法》第三百八十三条第一款规定的"其他严重情节"，依法判处3年以上10年以下有期徒刑，并处罚金或者没收财产。

7.受贿数额在10万元以上不满20万元，具有上述第4条规定的情形之一的，应当认定为《中华人民共和国刑法》第三百八十三条第一款规定的"其他严重情节"，依法判处3年以上10年以下有期徒刑，并处罚金或者没收财产。

8.贪污或者受贿数额在300万元以上的，应当认定为《中华人民共和国刑法》第三百八十三条第一款规定的"数额特别巨大"，依法判处10年以上有期徒刑、无期徒刑或者死刑，并处罚金或者没收财产。

9.贪污数额在150万元以上不满300万元，具有上述第3条规定的情形之一的，应当认定为《中华人民共和国刑法》第三百八十三条第一款规定的"其他特别严重情节"，依法判处10年以上有期徒刑、无期徒刑或者死刑，并处罚金或者没收财产。

10.受贿数额在150万元以上不满300万元，具有上述第4条规定的情形之一的，应当认定为《中华人民共和国刑法》第三百八十三条第一款规定的"其他特别严重情节"，依法判处10年以上有期徒刑、无期徒刑或者死刑，并处罚金或者没收财产。

11. 贪污、受贿数额特别巨大，犯罪情节特别严重、社会影响特别恶劣、给国家和人民利益造成特别重大损失的，可以判处死刑。

12. 符合上述第11条规定的情形，但具有自首、立功，如实供述自己罪行、真诚悔罪、积极退赃，或者避免、减少损害结果的发生等情节，不是必须立即执行的，可以判处死刑缓期2年执行。

13. 符合上述第11条规定情形的，根据犯罪情节等情况可以判处死刑缓期2年执行，同时裁判决定在其死刑缓期执行2年期满依法减为无期徒刑后，终身监禁，不得减刑、假释。

14. 贿赂犯罪中的"财物"，包括货币、物品和财产性利益。财产性利益包括可以折算为货币的物质利益如房屋装修、债务免除等，以及需要支付货币的其他利益如会员服务、旅游等。后者的犯罪数额，以实际支付或者应当支付的数额计算。

15. 具有下列情形之一的，应当认定为"为他人谋取利益"，构成犯罪的，应当依照《中华人民共和国刑法》关于受贿犯罪的规定定罪处罚：

（1）实际或者承诺为他人谋取利益的；

（2）明知他人有具体请托事项的；

（3）履职时未被请托，但事后基于该履职事由收受他人财物的。

16. 国家工作人员索取、收受具有上下级关系的下属或者具有行政管理关系的被管理人员的财物价值3万元以上，可能影响职权行使的，视为承诺为他人谋取利益。

17. 对多次受贿未经处理的，累计计算受贿数额。

18. 国家工作人员利用职务上的便利为请托人谋取利益前后多次收受请托人财物，受请托之前收受的财物数额在1万元以上的，应当一并计入受贿数额。

19. 国家工作人员出于贪污、受贿的故意，非法占有公共财物、收受他人财物之后，将赃款赃物用于单位公务支出或者社会捐赠的，不影响贪污罪、受贿罪的认定，但量刑时可以酌情考虑。

20. 特定关系人索取、收受他人财物，国家工作人员知道后未退还或者上交的，应当认定国家工作人员具有受贿故意。

21. 国家工作人员利用职务上的便利，收受他人财物，为他人谋取利益，同时构成受贿罪和《中华人民共和国刑法》分则第三章第三节、第九章规定的渎职犯罪的，除《中华人民共和国刑法》另有规定外，以受贿罪和渎职犯罪数罪并罚。

22. 贪污贿赂犯罪分子违法所得的一切财物，应当依照《中华人民共和国刑法》第六十四条的规定予以追缴或者责令退赔,对被害人的合法财产应当及时返还。对尚未追缴到案或者尚未足额退赔的违法所得,应当继续追缴或者责令退赔。

23. 对贪污罪、受贿罪判处3年以下有期徒刑或者拘役的,应当并处10万元以上50万元以下的罚金;判处3年以上10年以下有期徒刑的,应当并处20万元以上犯罪数额二倍以下的罚金或者没收财产;判处10年以上有期徒刑或者无期徒刑的,应当并处50万元以上犯罪数额二倍以下的罚金或者没收财产。

(四)典型案例

陕西省高级人民法院
刑事裁定书

(2020)陕刑终94号

原公诉机关:陕西省西安市人民检察院。

上诉人(原审被告人):张某,男,1958年6月24日出生于安徽省芜湖市,汉族,大学文化程度,住西安市雁塔区×路×号×小区。2011年4月任西安市临潼区地方税务局党组成员、副局长,2013年3月任西安市地方税务局工会主席,2018年6月退休。2019年3月7日被西安市监察委员会采取留置措施,2019年9月6日因涉嫌犯受贿罪被刑事拘留,同年9月19日被逮捕。现羁押于西安市看守所。

西安市中级人民法院审理西安市人民检察院指控原审被告人张某犯受贿罪一案,于2019年12月23日作出(2019)陕01刑初209号刑事判决。宣判后,被告人张某不服,提出上诉。本院受理后,依法组成合议庭,经过阅卷、讯问上诉人,听取辩护人意见,认为事实清楚,决定不开庭审理。现已审理终结。

原审判决认定,2012年,上诉人张某在担任西安市临潼区地方税务局副局长期间,利用职务上的便利,为安徽申达建设工程有限公司临潼项目部负责人霍某某谋取利益,收受霍某某送予的人民币20万元。2012年底张某担任西安市地税局工会负责人,代表局里与西安煜星置业有限公司项目经理王某甲对接地税局团购房项目后,收受该公司购房优惠款11.94万元。后因他人案发,张某担心受牵连,向煜星公司补交房款11.94万元。上述事实,有张某的任职文件、相关发票、银行交易明细、国家税务局出具情况说明、购房合同、付款凭证;证人霍某某、李某甲、刘某某、王某甲、张某甲等人的证言及被告人张某的供述和辩解等证据证明。据此,原审法院认为,被告人张某身为国家工作人员,利用职务上的便利,为他人谋取利益,收受他人财物共计人民币31.94万元,其行为已构成受贿罪。张某归案后能够如实供述犯罪事实,退缴全部赃款,认罪认罚，依法可从轻处罚。依照《中华人民共和国刑法》第三百八十五条第一款、第三百八十六条、第三百八十三条第一款第（二）项、第二款、第三款、第六十七条第三款、第六十四条和最高人民法院、最高人民检察院《关于办理贪污贿赂刑事案件适用法律若干问题的解释》第二条第一款、第十九条第一款及《中华人民共和国监察法》第四十四条第三款之规定，判决：一、被告人张某犯受贿罪，判处有期徒刑3年，并处罚金人民币20万元。二、退缴在案的赃款31.94万元依法没收，由扣押机关上缴国库。

张某上诉及其辩护人提出，张某具有自首情节，归案后退缴全部赃款，认罪认罚，原审判决量刑时没有充分考虑上述情节，量刑过重。另其辩护人还提出，原审判决认定事实错误，张某获取购房优惠11.94万元与任职没有关系，其没有受贿故意，亦不存在权钱交易情形，而且案发前已经将全部优惠款进行了补交，故涉案的购房优惠款11.94万元不应计入受贿数额。

经审理查明：

一、2011年10月初，张某在担任西安市临潼区地方税务局副局长期间，让李某甲给安徽申达建设工程有限公司临潼项目部负责人霍某某在开具发票时予以关照。2013年3月份霍某某为感谢张某提供的帮助及以后能够继续得到其帮助，在张某居住的泛美花园小区外，送给张某人民币20万元。张某收受后，将其中12万元分两次存入其华夏银行小寨支行银行账户，其余8万元用于日常开支。

上述事实，有下列经过一审庭审举证、质证的证据证明：……

二、2012年底原西安市地税局决定由工会负责团购房事宜。时任该局工会负责人的张某代表地税局与西安煜星置业有限公司进行对接，并在团购房项目建设期间，帮助协调解决矛盾、催缴房款，积极推动项目建设。2016年7月张某选购一套团购房，西安煜星置业有限公司项目经理王某甲为感谢张某在项目建设期间给予的帮助，与张某约定交款时给其优惠。2018年6月29日张某以3 500元/平方米的价格支付了房款，明显低于正常团购房价4 040元/平方米的价格，实际获取优惠11.94万元。2019年1月因他人案发，张某担心受到牵连，便于同月31日向西安煜星置业有限公司补交了11.94万元房款。

上述事实，有下列经一审庭审举证、质证的证据证明：……

本院认为，上诉人张某身为国家工作人员，利用职务上的便利，为他人谋取利益，非法收受他人财物共计人民币31.94万元，其行为已构成受贿罪。张某归案后能够如实供述犯罪事实，退缴全部赃款，认罪认罚，具有悔罪表现，依法可从轻处罚。对张某提出的上诉理由及其辩护人的辩护意见，经查，张某在担任西安市地税局工会主席期间，利用职务上便利，为西安煜星置业有限公司建设的聚福苑项目提供帮助，退休后接受该公司给予的购房优惠款11万余元，

符合受贿罪的构成要件，张某因他人被调查，担心受到牵连，于案发前补缴房款行为，并不影响受贿罪构成；另在案证据不能证明张某具有自动投案的事实或主动坦白侦查机关并不掌握的其受贿犯罪事实的情节，依法不构成自首。原审判决根据张某犯罪的情节，认罪、悔罪表现，对其已经从轻处罚，量刑适当。故对其上诉理由和辩护人的辩护意见不予采纳。综上，原审判决认定事实清楚，证据确实、充分，定罪准确，量刑适当。审判程序合法。依照《中华人民共和国刑事诉讼法》第二百三十六条第一款（一）项之规定，裁定如下：

驳回上诉，维持原判。

2020 年 5 月 15 日